알프레드아들러

사회적 거리

관심

이 책은 <삶의 의미>라는 제목으로 출간된 바가 있음을 밝힙니다.

알프레드 아들러 사회적 관심

초판 1쇄 발행   2022년 2월 15일

원제   Social Interest(1938)
지은이   알프레드 아들러
옮긴이   정명진
펴낸이   정명진
디자인   정다희
펴낸곳   도서출판 부글북스
등록번호   제300-2005-150호
등록일자   2005년 9월 2일
주소   서울시 노원구 공릉로 63길 14(하계동 청구빌라 101동 203호)
              (01830)
전화   02-948-7289
전자우편   00123korea@hanmail.net
ISBN   979-11-5920-144-8 03180

SOCIAL INTEREST

알프레드아들러
사회적 거리
관심

알프레드아들러 지음 정명진 옮김

서문

진료소에서 정신 질환을 다루는 상담 의사로, 그리고 학교와 가족들 사이에서 심리학자와 선생으로 살면서, 나는 아주 많은 인간을 연구할 기회를 지속적으로 누릴 수 있었다. 나는 나 자신의 경험을 바탕으로 설명하고 증명할 수 없는 진술은 절대로 하지 않는 것을 철칙으로 삼았다. 그런 원칙을 지키고 있는 내가 인간의 운명을 건성으로 연구하는 수 밖에 없었던 사람들의 선입견과 충돌을 빚는 것은 절대로 놀라운 일이 아니다.

그런 충돌이 벌어질 때, 나는 다른 연구자들의 핵심적인 주장을 객관적으로 조사하려고 노력했다. 나 자신이 엄격한 원칙이나 선입견에 얽매이지 않고 "모든 것은 또한 다른 무엇일 수 있다."는 격언을 소중히 여기고 있기 때문에, 그런 식의 조사는 생각보다 훨씬 쉬웠다.

개인의 특이성은 절대로 짧은 공식으로 표현될 수 없으며, 일반 원칙들은 심지어 개인 심리학이 제시한 것들, 그러니까 나 자신이 만든 것까지도 유일한 어떤 개인이 발견되거나 실종될 수 있는 영역에 예비적으로 불을 밝히는 역할밖에 하지 못한다. 따라서 유연성과 미세한 차이에 대한 공감을 강조한 나이 원칙에 부여한 가치는 나의 어떤 확신을 매번 더욱 강화시켰다. 그 확신이란 바로 개인이 어린 시절 초기에 자유로이 발휘하는 독창력과, 훗날, 그러니까 아이가 이미 자신의 삶을 위한 행동 법칙을 확고히 채택했을 때 겪게 되는 제한적인 능력에 관한 것이었다. 아이에게 완성과 성취, 탁월 또는 진화를 위해 분투할 수 있는 범위를 넓게 인정하는 이 견해에 따르면, 환경의 영향들과 양육 방식은 아이가 삶의 방식을 실제로 구축하는 데 쓰는 재료로 여겨질 수 있다.

그리고 또 하나의 확신이 나에게 추가로 강요되었다. 아이가 삶의 방식을 건설하는 행위가 '영원의 관점'에서 이뤄져야만 제대로 된다는 것이다. 삶의 방식이 삶에 따르기 마련인 온갖 시련 앞에서 후퇴하지 않고 버틸 수 있으려면, 반드시 그런 관점이 필요하다.

아이는 언제나 변화하는 문제들을 끊임없이 직면하고 있다. 그런데 이 문제들은 아이가 평소에 훈련을 통해 얻은 (조건) 반사들이나 타고난 정신적 능력에 의해서 해결되지 않는다. 훈련을 통해 얻은 조건 반사나 타고난 정신적 능력만을 갖춘 아이를 새로운 문제가 지속적으로 제기되는 세상의 시련에 노출시키는 것은 대단히 위험한 모험이다. 삶의 방식의 경로를 반드시 따르게 되어 있는, 지칠 줄 모르는 아이의 독창적인 정신이 해결해야 하는 어려운 문제들이 언제나 줄을 서서 기다리고 있으니 말이다.

다양한 심리학파들에서 이름을 얻은 모든 것은 같은 경로를 따르고 있다. 본능들과 충동들, 감정, 사고, 행위, 쾌락과 고통을 대하는 태도, 마지막으로 이기심과 사회적 감정이 그런 것들이다.

삶의 방식은 모든 표현 형식들을 지휘한다. 전체가 부분들을 지배하는 것이다. 만약 어떤 오류가 존재한다면, 그 오류는 행동의 법칙에서 발견되고 삶의 방식의 최종 목표에서 발견되지 그 목표의 부분적 표현에서 발견되지는 않는다.

이 연구에서 나에게 강한 인상을 안겨준 세 번째 사실은 이것이다. 정신생활에서 인과성처럼 보이는 모든 것은 많은 심리학자들이 독단적인 주장을 기계적이거나 육체적인 것으로 위장해 보여주려는 경향 때문이라는 점이다. 그런 심리학자들은 비유를 위해 어떤 때는 아래위로 움직이는 펌프의 손잡이를, 또 어떤 때는 극성을 지닌 자석을, 또 어떤 때는 기본적인 욕구를 충족시키려고 발버둥치는 동물을 동원하고 있다.

그런 관점에서 보면, 인간의 정신생활에 나타나는 근본적인 변형들은 거의 관찰되지 않는다. 물리학이 심리학자들의 발밑에서 인과성이라는 토대를 빼앗아 버리고 그것 대신에 사건들의 결과에서 통계적인 확률을 선호하는 쪽으로 말하고 있기 때문에, 정신적 사건에서 인과성을 부정한다는 이유로 개인 심리학에 쏟아지고 있는 공격에 대해서는 더 이상 심각하게 생각할 필요가 없다. 그릇된 행동들의 수많은 변형들은 그릇된 행동으로 '이해될' 수 있지만 인과적으로 파악될 수는 없다는 것이 이젠 평범한 사람들에게도 분명히 이해될 것이다.

지금 우리 개인 심리학자들은 너무나 많은 심리학자들이 딛고 서 있는 절대적 확신이라는 토대를 버리려 하고 있다. 그래서 이제 우리에게는 인간을 평가할 수 있는 기준이 한 가지밖에 없다. 개인이 저마다 인간으로서 피할 수 없는 삶의 문제들에 봉착할 때 보이는 행동이 유일한 기준이다.

모든 개인 앞에는 예외 없이 3가지 문제가 놓여 있다. 동료 인간들과 직업과 사랑을 대하는 태도가 그 문제들이다. 이 3가지 문제들은 모두 첫 번째 문제를 통해 서로 연결되어 있다. 이 문제들은 인과성의 문제가 아니다. 그것들은 인간이라면 절대로 피하지 못하는 것들이다. 그것들은 인간과 인간 사회, 인간과 우주적인 요소들, 인간과 이성(異性) 사이의 관계에서 비롯된다. 이 문제들의 해결이 인류의 운명과 행복을 결정한다.

사람은 전체의 일부다. 사람의 가치도 이 문제들을 개인적으로 직접 해결하는 데에 달려 있다. 그 문제들은 반드시 풀어야 하는 수학 과제 같은 것으로 여겨질 수 있다. 실패의 정도가 심할수록, 그릇된 삶의 방식을 가진 사람을 위협하는 골칫거리도 그 만큼 더 많아진다. 그럼에도 그 사람의 사회적 감정의 신뢰성이 시험대에 오르지 않는 한, 골칫거리가 없는 것처럼 보인다.

외적 요인, 즉 협동과 동료 의식을 요구하는 과제와의 거리적 가까움이 언제나 실수를 보여주는 증상들의 원인이다. 그 증상들은 양육의 어려움과 신경증, 정신 신경증, 자살, 범죄, 마약 중독, 성적 도착 등이다.

만약 사회생활에 제대로 적응하지 못하고 있다는 사실이 그런 식으로 드러난다면, 이런 질문이 제기된다. 사회적 감정의 성장이 언제, 어떻게 힘을 잃게 되었는가? 이것은 단순히 이론적인 질문이 아니라 치료에 매우 중요한 질문이다. 이에 대한 적절한 설명을 제공할 사건들을 찾는 과정에, 우리는 어쩌다 어린 시절 초기에, 그리고 경험이 보여주는 바와 같이, 건전한 발달에 장애가 될 수 있는 상황들에 주목하게 된다. 그러나 이런 방해의 발견은 언제나 아이가 그 방해에 그릇되게 반응했다는 사실을 수반한다. 그때 드러나는 상황을 더욱 면밀히 조사하면, 어떤 때는 합당한 간섭이 그릇된 반응을 불렀고, 또 어떤 때는 잘못된 간섭이 잘못된 반응을 불렀고, 또 다른 때는, 훨씬 드물게 일어나는 일이긴 하지만, 잘못된 간섭이 정말 엉뚱하게도 올바른 반응을 야기했다는 사실이 드러날 수 있다. 또 그 방향으로 추가적인 조치들이 취해진 것도 확인된다. 그 방향은 언제나 정복을 목표로 잡고 있으며, 거기에 반대하는 영향들은 아이가 이미 선택한 경로를 포기하도록 만들지 못한다.

따라서 교육은 그 범위가 아무리 넓게 책정되어 있다 하더라도 선한 영향들이 효력을 발휘하도록 허용하는 것을 의미할 뿐만 아니라, 훗날 그릇된 형성이 일어나는 경우에 향상의 길을 부드럽게 열어주기 위해서 아이의 독창력이 그 영향들을 바탕으로 형성한 것이 무엇인지를 정확히 확인하는 것까지를 의미한다. 보다 훌륭한 이 길은 모든 경우에 협동과 타인들에 대한 관심을 증대시키는 방법인 것으로 확인된다.

아이가 자신의 행동 법칙을 발견하기만 하면, 나름의 특별한 경향들을 가진, 아이의 다른 모든 능력도 이 행동 법칙과 연결된다. 이 행동 법칙은 개인의 생체 리듬과 기질, 활동, 특히 사회적 감정의 크기를 두드러지게 드러내며, 이런 현상들은 생후 2년째 되는 해에도 종종 확인되고 5년째 되는 해에는 어김없이 확인된다.

이 책은 주로 이 행동 법칙과 연결된 통각을, 말하자면 사람이 자기 자신과 외부 세계를 보는 방식을 다룰 것이다. 바꿔 말하면, 아이가, 그리고 동일선상에 있는 훗날의 성인이 자기 자신과 세상에 대해 품고 있는 인식을 다룰 것이라는 뜻이다. 더욱이, 이 인식은 검사 대상이 된 사람의 말과 생각으로부터 끌어내어질 수 없다. 그 사람의 말과 생각은 모두 정복을 목표로 잡고 있는 행동 법칙의 영향을 너무나 강하게 받고 있으며, 따라서 자책이 일어나고 있는 경우에도 갈망의 눈길은 높은 곳을 향하고 있다.

아주 중요한 것은 전체로서의 삶, 그러니까 내가 구체적으로 '삶의 방식'이라고 이름을 붙인 것이 아이에 의해서 그것을 적절히 표현할 언어도 없고 개념도 없는 시기에 구축된다는 사실이다. 만약 아이가 지능을 더 발달시킨다면, 아이는 말로는 절대로 이해되지 않는 탓에 비판의 대상이 될 수도 없는 어떤 행동을 통해 그렇게 한다. 그 행동은 심지어 경험의 비판으로부터도 벗어나 있다. 여기에 억압된 무의식 같은 문제는 절대로 없다. 그것은 이해되지 않은 그 무엇인가의 문제이며, 이해력을 벗어나 있는 그 무엇인가의 문제이다. 그러나 전문가에게 상담을 청하는 사람은 삶의 방식과, 해결에 사회적 감정이 요구되는 삶의 문제들에 반응하는 방식을 나름대로 갖고 있다.

그렇다면 사람이 자기 자신과 외부 세계에 대해 품고 있는 의미에 관한 한, 그것은 그 사람이 삶에서 발견하는 중요성과 자신의 삶에 부여하는 중요성에서 가장 쉽게 발견될 수 있다. 여기서 이상적인 사회적 감정이나 사회생활이나 협동, 동료 의식과 일으키고 있는 불화의 소리가 분명히 들릴 수 있다.

이제 우리는 삶의 의미에 대해 무엇인가를 알고 또 다양한 사람들이 이 의미에 대해 품고 있는 생각을 발견하는 것이 얼마나 중요한지를 이해할 준비가 되어 있다. 만약 우리 자신의 경험의 범위 밖에 있는 삶의 의미에 대해 신뢰할 만한 지식을 적어도 어느 정도만 갖추고 있다면, 그 의미에 명백하게 반하는 방향으로 행동하는 사람이 그릇된 길을 걷고 있다는 사실은 분명히 보일 것이다.

앞으로 확인하게 되겠지만, 이 책의 저자는 처음에는 자신의 경험으로 뒷받침하는 것처럼 보이는 부분적인 성공에도 만족할 만큼 충분히 겸손한 사람이다. 저자는 삶의 의미에 관한 지식이 조금만 더 갖춰진다면, 어떤 과학적인 프로그램도 그가 고안한 노선을 따르면서 추가 연구에 나설 만큼 성숙해질 뿐만 아니라, 삶의 의미에 대한 이해가 높아짐에 따라 그것을 받아들이는 사람들의 숫자도 증가할 것이라는 희망을 품고 있다. 그래서 저자는 이 과제에 그만큼 더 적극적으로 나설 것이다.

차례

1장

자기 자신과
세상을 보는 관점

모든 개인이 삶을 영위하면서 마치 자신의 힘과 능력에 대해 명확히 알고 있는 것처럼, 또 맨 처음부터 어떤 경우에라도 어려움이나 자신의 행위의 타당성에 대해 명확히 인식하고 있는 것처럼 처신한다는 데 대해, 나는 조금도 의문을 품지 않는다. 한마디로 말해, 사람의 행동은 그 사람의 생각에서 비롯된다고 나는 굳게 믿고 있다. 이에 대해 놀라움을 표시하면 안 된다. 왜냐하면 우리의 감각들이 실제 사실들을 그대로 받아들이는 것이 아니라 단순히 그 사실들의 주관적 이미지를, 그러니까 외부 세계에 대한 어떤 생각을 받아들이고 있기 때문이다.

"모든 것은 의견에 달려 있다." 심리학 분야의 연구를 하는 경우에, 세네카(Lucius Annaeus Seneca)의 이 말을 절대로 잊어서는 안 된다. 우리가 생존의 중대한 사실들을 어떻게 해석하는가 하는 문제는 각자의 삶의 방식에 달려 있다. 오직 우리의 해석과 모순되는 사실들을 직면하는 지점에서만, 우리는 즉시적인 그 경험 속에서 그 사실들을 보는 견해를 아주 약간만 바로잡을 뿐이며, 삶에 대한 인식에 변화를 주지 않고 인과성의 법칙이 우리에게 영향을 미치도록 내버려둔다.

실은, 독사 한 마리가 실제로 나의 발 쪽으로 다가오고 있든 아니면 내가 단순히 그것을 독사라고 믿든, 나에게 미치는 효과는 똑같다. 응석받이로 버릇없이 자란 아이는 어머니가 자기 곁을 떠난 탓에 도둑을 무서워할 때나 실제로 집안에 도둑이 들어왔을 때나 똑같이 불안을 느낀다. 둘 중 어느 경우든, 응석받이로 자란 아이는 자기 엄마 없이는 살지 못한다는 의견에서 벗어나지 못한다. 불안을 야기한 상상이 엉터리로 확인될 때조차도 그렇다. 광장 공포증으로 힘들어하며 발밑의 땅이 흔들거린다고 믿는 탓에 거리를 피하는 사람은 만약 건강한 동안에 발밑의 땅이 실제로 흔들리고 있다면 다른 방식으로 행동하지 못할 것이다.

협동에 필요한 준비를 제대로 갖추지 못한 탓에 어쩌다 실수로 도둑질이 더 쉽다고 판단하며 유익한 일을 피하고 있는 절도범은 유익한 일이 실제로 남의 집을 침입하는 것보다 더 어려울 때에도 똑같이 그 일을 싫어하는 경향을 보일 수 있다. 자살자는 자신이 절망적이라고 단정하고 있는 삶보다 차라리 죽음이 더 낫다고 생각한다. 이 자살자는 자신의 삶이 정말로 절망적인 경우에도 똑같이 행동할 수 있다.

마약 중독자는 삶의 문제들을 명예롭게 해결하는 것보다 더 소중히 여기는 어떤 위안을 마약을 통해 얻는다. 마약 중독자는 그 위안을 실제로 합법적으로 누릴 수 있을 때에도 그와 똑같이 할 수 있다. 남자 동성애자는 여자들을 두려워하며 여자들이 매력적이지 않다는 것을 발견하는 반면에 남자들은 정복할 경우에 하나의 승리처럼 여겨지며 그를 유혹한다. 이 모든 사람들은 종종 어떤 믿음에 따라 행동하는데, 만약 그 믿음이 옳다면, 그들의 행동은 객관적으로 옳을 것이다.

다음 예를 보자. 서른여섯 살인 어느 법정 변호사는 자신의 일에 흥미를 완전히 잃어버렸다. 그는 성공을 거두지 못하고 있으며, 그 원인을 상담하러 오는 소수의 고객들에게 자신이 좋은 인상을 남기지 못한다는 사실에서 찾고 있다.

그는 다른 사람들과 어울리는 일에도 마찬가지로 언제나 큰 어려움을 겪었다. 특히 여자들이 있는 곳에서 그는 언제나 극도로 부끄러워하는 모습을 보였다. 오랜 망설임 끝에 한 결혼도 1년 후에 파경을 맞고 말았다. 그는 지금 부모의 집에 처박혀 세상으로부터 고립된 상태에서 살고 있으며, 그가 필요로 하는 것들 대부분을 그의 부모가 공급해줘야 하는 상황이다.

그는 외동이며, 어머니 때문에 믿기지 않을 정도로 버릇없이 자랐다. 그의 어머니는 언제나 아들과 함께 있었다. 그녀는 아이와 아이의 아버지에게 아이들이 언젠가는 아주 훌륭한 인물이 될 것이라는 점을 설득시키는 데 성공했다. 소년은 그런 기대 속에서 성장했으며, 그가 학교에서 거둔 두드러진 성공이 가족의 기대에 부응하는 것처럼 보였다. 스스로 욕망을 억제하지 못하는 대부분의 응석받이들에게 흔히 일어나듯이, 어린이 자위행위가 아이를 사로잡았으며, 곧 그는 그의 은밀한 비행을 발견한 학교 소녀들 사이에 웃음거리가 되고 말았다.

그러자 그는 소녀들을 멀리하며 완전히 뒤로 물러났다. 그는 고립된 상태에서도 사랑과 결혼에서 가장 영광스러운 승리를 쟁취하겠다는 생각에 빠져 지냈지만, 그는 자신이 오직 자기 어머니에게만 매력적인 존재라고 느꼈다. 그는 자기 어머니를 완전히 지배했으며, 상당히 오랫동안 자신의 성적 공상과 어머니를 연결시켰다. 이 환자를 근거로 한다면, 소위 오이디푸스 콤플렉스는 '근본적인 사실'이 아니라 단순히 어머니가 아들의 응석을 지나치게 받아준 결과인 것이 분명하다. 지나친 허영심에 빠졌던 이 소년 또는 청년이 소녀들을 실망시켜 놓고도 다른 사람들과 섞일 만큼 사회적 관심을 발달시키지 않을 때, 그 같은 사실이 더욱 뚜렷하게 부각되었다.

학업을 끝내기 직전에 독립적인 생활을 시작하는 문제에 직면했을 때, 환자는 우울증에 빠졌으며, 그래서 그는 한 번 더 뒤로 물러났다. 응석받이로 자란 모든 아이들처럼, 그는 어릴 때 소심했으며, 낯선 사람들을 멀리했다. 훗날 남녀를 불문하고 동료들과의 사이에도 똑같은 일이 벌어졌다. 그때도 그는 똑같이 직장 생활을 피했으며, 이 같은 상황은 그 후로 조금만 바뀐 상태에서 지금까지 계속 이어지고 있다.

나는 이 정도의 진술로 만족한다. 그래서 이 진술과 일치하는 다른 사실들, 그러니까 '이유들'과 변명들, 그리고 그가 현실로부터 뒤로 확실히 물러나기 위해 보인 다른 병적인 증상들을 모두 생략

한다. 한 가지만은 분명하다. 이 남자가 평생 전혀 변하지 않았다는 점이다. 그는 언제나 일등이 되기를 원했으며, 따라서 성공을 확신하지 못할 때면 늘 뒤로 물러났다.

삶에 대한 그의 생각은 그 자신에게는 숨겨져 있었지만 충분히 짐작 가능하며, 이런 식으로 표현할 수 있다. '세상이 나의 승리를 제지하고 있으니, 나는 뒤로 물러설 거야.' 다른 사람들을 누르는 승리에서 자신의 성취를 확인하는 남자로서, 그가 그런 식으로 유일하게 옳게, 또 현명하게 행동했다는 점도 부정하지 못한다. 그가 자신에게 부여한 행동 법칙에는 '이성'도 전혀 없고 '상식'도 전혀 없으나, 내가 '개인 지성'(private intelligence)이라고 부르는 것은 있다. 이런 종류의 삶이 누군가에게 가치를 지닐 수 있다는 점이 실제로 부정당한다 하더라도, 그는 거의 똑같이 행동할 것이다.

다음에 소개하는 환자도 앞의 환자와 비슷하다. 다른 점이 있다면, 다음 환자가 다른 표현 형식을 갖고 있고 다른 사람들을 멀리하려는 경향의 방해를 덜 받고 있다는 차이밖에 없다.

스물여섯 살인 이 남자는 어머니가 자기보다 더 선호하는, 다른 두 가족 구성원들 사이에서 둘째 아이로 자랐다. 그는 질투심을 대단히 강하게 보이면서 형의 보다 나은 솜씨와 겨루는 모습을 보였다. 그는 자기 어머니에게 비판적인 태도를 취하고, 아이들의 삶에서 대체로 두 번째 자리를 차지하는 아버지에게 의존했다. 어머니에 대한 그의 혐오는 곧 할머니와 보모의 참을 수 없는 습관 때문에 전체 여자로 확장되었다.

여자들의 지배로부터 벗어나고 남자들을 지배하겠다는 그의 야망은 엄청나게 커졌다. 그는 형의 우월적인 지위를 깎아내리기 위해 온갖 방면으로 노력했다. 형이 육체적 힘과 체조, 사냥에서 그보다 탁월하다는 사실이 그가 모든 형태의 육체적 운동을 혐오하도록 만들었다. 그는 육체적 운동을 자신의 활동 영역에서 완전히 배제시켰다. 그가 이미 여자들을 제거하려 들고 있었듯이 말이다.

그에게 성취는 승리의 감정을 안겨줄 때에만 매력적인 것으로 보였다. 꽤 오랜 기간에 걸쳐서 그는 어느 소녀와 사랑에 빠졌으며, 그는 먼 거리에서 그녀를 흠모했다. 틀림없이 이 같은 초연함이 소녀를 즐겁게 만들지 못했으며, 그녀는 다른 남자를 좋아하며 그를 버렸다. 그의 형은 행복한 결혼을 이뤘으며, 이것이 그로 하여금 자신은 나쁜 운을 타고난 존재가 아닌가 하고 불안해하도록 만들었다. 또 그는 이러다가 어린 시절에 어머니와의 사이에서 그랬던 것처럼 세상의 평가에서도 다시 부차적인 역할만 하게 되는 것이 아닌가 하고 걱정했다.

나는 형의 우월에 반항하려는 그의 충동을 보여주는 예를 하나 제시할 것이다. 어느 날, 형이 멋진 여우 가죽을 둘러메고 사냥에서 돌아왔으며, 형은 그 같은 사실을 매우 자랑스러워했다. 그런데 우리의 친구는 형의 승리를 물거품으로 만들기 위해 아무도 모르게 여우의 하얀 꼬리를 싹둑 잘라버렸다.

그의 성적 본능은 매우 좁은 범위 안에서 왕성했던 탓에 그가 여자들을 멀리하게 된 후로 한 쪽 방향으로만 향했으며, 그 결과 그는 동성애자가 되었다. 삶의 의미에 대한 그의 해석은 이해가 쉬웠다. 그에게 삶은 이런 뜻이었다. '내가 맡는 모든 일에서 탁월해야 한다.' 그는 자신이 큰 성취를 이룰 수 있다는 느낌이 들지 않는 행동을 모두 배제하는 방법으로 우월을 성취하려 들었다. 문제의 원인을 찾기 위해 나와 대화하는 과정에 그가 가장 먼저 인정해야 했던 괴로운 사실은 그와 동성애 관계를 맺고 있던 상대방도 역시 그의 이상한 매력 때문에 승리를 주장하고 있다는 점이었다.

이 환자에서도 마찬가지로, 우리는 그의 '개인 지성'이 잘못되지 않았다고, 또 소녀들의 거부가 하나의 보편적인 사실이라면, 대부분의 사람들이 그와 똑같은 경로를 밟을 것이라고 단정한다. 실제로 일반화하려는 강한 경향이 삶의 방식을 구축할 때 근본적인 오류로서 매우 자주 일어난다.

'삶의 계획'과 '의미'는 서로를 보완한다. 삶의 계획과 의미는 똑같이 그 기원을 아이가 아직 자신의 경험을 바탕으로 추론한 결과를 단어와 개념으로 표현하지 못하는 시기에 두고 있다. 그러나 아이는 말로 표현하지 못하는 추론들을 바탕으로, 종종 무의미한 사건들을 바탕으로, 또는 말로 표현되지는 않지만 강력한 감정이 실린 경험들을 바탕으로 이미 자신의 행동을 위해 보다 일반적인 형식들을 발달시키기 시작했다.

단어들과 개념들이 부족한 때에 형성된 이런 일반적인 추론들은 틀림없이 훗날 다양한 길로 변화할지라도 여전히 영향을 미치게 된다. 상식이 개입하면서 그 추론들을 다소 바로잡으며 사람들이 규칙과 경구와 원칙에 지나치게 의존하지 않도록 저지할 수 있다. 앞으로 확인하게 되겠지만, 우리 인간이 극심한 불안감과 열등감에서 비롯된, 지지와 안전을 확보하려는 힘든 노력으로부터 자유로워지게 된 것은 사회적 감정에 의해 높아진 상식 덕분이다.

자주 관찰되는 다음과 같은 예는 동물들에서도 똑같이 잘못된 과정이 발견된다는 사실을 보여준다. 어느 강아지가 길에서 주인을 따르는 훈련을 받고 있었다. 이 요령을 꽤 익힌 뒤에, 강아지가 어쩌다가 움직이고 있던 자동차를 향해 뛰어오르려 하는 일이 벌어졌다. 강아지는 자동차에 오르지 못하고 미끄러졌지만 부상을 입지는 않았다. 틀림없이 그 일은 강아지에게 아주 독특한 경험이었다. 그 강아지가 그런 일이 벌어지는 경우에 반응하는 방식을 결코 타고나지 않았을 테니까. 이 강아지가 훈련을 추가로 받는 동안에 사고가 일어난 지점에 접근하도록 유도하는 것이 더 이상 가능하지 않았다는 사실을 고려한다면, 이 대목에서 강아지의 행태를 두고 '조건 반사' 운운하는 것은 말이 되지 않는다. 강아지는 거리를 무서워하거나 자동차를 무서워하는 것이 아니라 그 사고가 일어난 장소를 무서워했던 것이다. 말하자면, 강아지도 인간이 종종 하는 것과 똑같은 추론을 했던 것이다. 강아지가 자신의 부주의나 무경험이 문제가 아니라 장소가 문제라는 식으로 판단했다는 뜻이다. 그리고 위험은 언제나 그 장소에서만 강아지를 위협했다.

이 강아지는 그와 비슷한 과정을 밟는 많은 사람들과 크게 다르지 않다. 그런 사람들은 그런 식의 해석에 강하게 집착한다. 왜냐하면 그렇게 하는 경우에 그들은 적어도 한 가지만은 확실히 보장받을 수 있기 때문이다. 바로 '그 지점에서' 부상을 입는 일만은 다시는 일어나지 않을 것이다.

신경증에도 이와 비슷한 과정이 자주 일어난다. 신경증으로 힘들어하는 사람은 곧 예상되는 패배, 말하자면 인격의 상실을 두려워하고, 해결 불가능할 것 같은 문제 앞에서 정신적 불안 때문에 나타나는 육체적 또는 정신적 증상들을 최대한 이용함으로써, 그리고 현실로부터 물러서는 목적에 이 증상들을 이용함으로써 자신을 보호하려 노력한다.

우리가 '사실들'에 영향을 받는 것이 아니라 사실들에 대한 각자의 해석에 영향을 받는 것이 너무나 명백하다. 우리가 실제의 사실들을 해석할 때 보이는 다소의 확실성은 언제나 부적절한 경험에, 또 우리의 해석들이 서로 모순되지 않는다는 사실에, 우리의 행위들이 우리의 해석들과 일치한다는 사실에 의존하고 있다. 이 말은 경험 없는 아이들과 사회를 멀리하고 있는 어른들에게 특별히 더 해당하는 말이다. 이 기준들이 이 목표에 자주 불충분하다는 점을 이해하기는 쉽다. 이유는 우리의 활동 영역이 종종 제한적이고, 사소한 실수와 모순은 별다른 노력을 기울이지 않아도 다른 사람들의 도움으로 다소 부드럽게 조정되기 때문이다. 이 같은 사실이 우리가 한번 형성한 삶의 방식을 영원히 고수할 수 있도록 돕는다. 우리가 그 기준들을 더욱 면밀히 들여다보도록 강요하는 것은 오직 더욱 두드러진 실수들이며, 그것도 삶의 문제들을 사회적으로 해결하려고 노력하면서 개인적 우월 목표를 추구하지 않는 사람들에게만 유효한 것으로 드러난다.

따라서 우리는 모든 사람이 자기 자신과 삶의 문제들에 대해 어떤 '생각'을, 말하자면 삶의 방식이나 행동 법칙을 갖고 있다는 결론에 도달한다. 이 삶의 방식이나 행동 법칙이 그 사람을 꼭 붙잡고 놓아주지 않지만, 정작 그 사람 본인은 그것을 이해하지도 못하고 설명하지도 못한다.

이 행동 법칙은 어린 시절의 좁은 범위 안에서 생겨난다. 이 법칙은 아이가 타고난 능력과 외부 세계의 영향들을 특별히 엄선하지 않고 마음대로 활용하는 가운데 발달한다. 이 과정은 또 수학적으로 공식화할 수 있는 작용의 제약도 받지 않는다.

아이가 교육과 외부 세계로부터 받은 인상뿐만 아니라, 온갖 '본능'과 '충동'을 자신의 목적을 위해 이용하는 것은 가위 예술적인 작업이라 할 만하다. 이것은 '소유를 강조하는 심리학'으로는 해석하지 못하고 '활용을 강조하는 심리학'으로만 해석할 수 있다. 유형과 유사점 등은 종종 우리 언어의 빈곤(언제나 존재하기 마련인 미묘한 차이를 언어로 적절히 담아내지 못한다는 뜻이다) 때문에 존재하게 된 실체이거나, 통계적인 어떤 확률의 사건들일 뿐이다.

유형이나 유사점 등을 뒷받침하는 증거를 근거로 확고한 규칙을 세우려 들어서는 절대로 안 된다. 그런 증거는 개별 환자를 이해하는 일에 도움을 조금도 더 주지 못한다. 그 증거는 단지 특이한 상황에 처해 있는 개별 환자가 발견될 수 있는 곳에 빛을 비춰주는 것으로만 받아들여져야 한다.

예를 들면, 어떤 심각한 열등감이 있다는 식의 진단은 환자의 본성과 특징들에 대해 아무런 이야기를 들려주지 못할 뿐만 아니라, 그 진단은 교육이나 사회적 환경에 어떤 결함들이 있다는 증거도 절대로 되지 못한다. 이 결함들은 그 개인이 외부 세계를 대하는 태도에서 늘 변화하는 형태로 모습을 드러낸다. 이 형태는 개인에 따라 다 다르다. 거기에 아이의 독창력이 개입하고 그 개입에서 아이의 해석이 나오기 때문이다.

도식적인 일부 예들이 방금 말한 내용을 쉽게 설명할 수 있을 것 같다. 태어난 이후로 위장 문제, 즉 소화기의 선천적 열등으로 고생하면서도 적절한 식단의 도움을 받지 못한 아이는 음식뿐만 아니라 음식과 연결되는 모든 것에 관심을 과도하게 갖게 될 것이다. 따라서 자기 자신과 삶에 대한 아이의 생각은 영양에 대한 관심과 밀접히 연결되어 있다. 나중에 이 관심이 아이가 곧 알게 될, 음식과 돈의 연결 때문에 돈 쪽으로 흐를 수 있지만, 이 부분은 환자마다 다시 증명되어야 한다.

어떤 아이는 아주 어릴 때부터 엄마가 아이가 할 모든 노력을 대신해 주는 환경에서 자랐다. 말하자면 버릇없이 자란 아이였다는 뜻이다. 이 아이는 훗날에도 자신의 문제를 직접 처리하려는 태도를 보이지 않게 된다. 이 아이와 이 아이와 비슷한 다른 현상들을 비교할 때, 우리는 아이가 모든 것을 다른 사람들이 처리해줘야 한다는 믿음을 품은 가운데 살고 있다는 식으로 말할 수 있다. 다음의 예들뿐만 아니라, 여기서도 오직 광범위한 증거만이 판단의 확실성을 보장할 뿐이다.

어린 시절에 부모에게 자신의 의지를 강요할 기회를 가졌던 아이는 평생 다른 사람들을 지배하려 들 것이며, 그 결과는 대부분 아이가 반대에 직면한 뒤에 외부 세계 앞에서 '망설이는 태도'를 채택하면서, 그리고 사회적 감정과 조화를 이루는 방향으로 적응하려는 노력은 하지 않고 성적 공상을 포함한 온갖 공상을 품으면서 가족의 품으로 더욱 깊이 파묻히는 것으로 나타날 것이다. 어린 시절에 동등한 권리를 누릴 수 있는 공동 작업자로서의 능력을 키우는 쪽으로 성장한 아이는 초인적인 것이 요구되는 문제가 아닌 이상 언제나 자신이 옳다고 생각하는 그런 사회생활에 맞춰 삶의 문제들을 풀려고 노력할 것이다.

마찬가지로, 딸을 부당하게 대하고 가족을 무시하는 아버지를 둔 소녀는 곧잘 세상의 모든 남자들이 자기 아버지와 비슷할 것이라고 믿을 수 있다. 만약 이 소녀가 오빠나 친척이나 이웃과의 사이에서 그와 비슷한 경험을 했거나 책에서 그와 비슷한 내용을 읽었다면, 그녀가 그렇게 믿을 가능성은 더욱 커진다. 그런 경우에, 짧은 기간 동안이라도 선입견을 품게 된다면, 다른 종류의 다양한 경험들은 별로 중요하지 않게 된다. 만약에 오빠가 대학에 진학하거나 직업을 가질 목적으로 추가로 교육을 더 받는 것으로 선택된다면, 그 선입견은 소녀가 쉽게 오해하도록 만든다. 소녀들은 고등 교육을 받을 능력을 갖추지 못했거나, 그런 교육으로부터 부당하게 배제된다는 인식을 갖게 되는 것이다.

가족 중에서 어느 한 아이가 자신이 뒷전으로 밀리며 무시당하고 있다는 느낌을 받게 되면, 그 아이는 "난 언제나 뒷전에 있어야 해."라고 말하고 싶어 하는 듯 겁에 질린 상태로 지낼 것이다. 아니면 아이가 자신도 성취를 이룰 수 있다는 믿음을 갖고 있기 때문에 모든 사람을 능가하려고 맹렬히 노력하며 자기 외에 어떤 사람도 중요한 존재가 되는 것을 허용하지 않으려 들 것이다.

아들을 지나치게 응석받이로 키우는 어머니는 아이에게 자신은 아무런 역할을 맡지 않으면서도 언제나 모든 일의 중심에 서야 한다는 생각을 심어줄 수 있다. 만약에 어머니가 아이에게 끊임없이 잔소리를 하며 비판한다면, 또 그 어머니가 그렇게 하면서 다른 아들을 선호한다는 사실을 분명히 드러낸다면, 어머니는 몇 년의 세월이 흐른 뒤에 그 아들이 모든 여자들과의 관계에서 의심하는 태도를 보인다는 사실을 확인하게 될 것이다. 이런 태도는 아이의 삶에 너무나 큰 영향을 끼칠 수 있다.

어떤 아이가 사고나 질병에 자주 노출되면, 그 아이는 그 같은 경험을 근거로 세상은 위험으로 가득한 곳이라는 믿음을 형성하고, 거기에 따라 행동할 것이다. 바깥세상을 대하는 가족의 태도가 전통적으로 불안하고 의심하는 쪽이라면, 그런 분위기에 사는 아이도 정도의 차이는 있어도 기본적으로 바로 앞의 아이와 똑같은 모습을 보일 것이다.

이런 다양한 해석들은 현실 세계와 현실 세계의 사회적 요구와 충돌을 빚는 것이 분명하다. 어느 개인이 자기 자신과 삶의 요구에 대해 품고 있는 그릇된 생각은 조만간 사회적 감정과 조화를 이루는 해결책을 요구하는 거친 현실과 충돌을 일으키기 마련이다. 이 충돌의 결과는 전기 충격과 비교할 만하다. 사회에서 성공하지 못하고 있는 사람이 품고 있는, 자신의 삶의 방식은 삶의 요구를 감당하지 못할 것이라는 의견은 그 충돌로 인해 소멸되거나 변하지 않을 것이다. 개인적 우월을 위한 분투는 계속될 것이다.

그 충격의 결과, 원래 제한적이었던 행동 영역에 추가로 제한이 가해지고, 패배로 삶의 방식을 위협했던 과제가 배제되고, 행동 법칙이 적절한 준비를 제공하지 못한 그 문제를 멀리하는 것 외에는 아무것도 남지 않게 된다. 그러나 충격의 효과는 정신적으로도 나타나고 육체적으로도 나타난다. 그 효과는 그나마 남아 있던 사회적 감정까지 경시하며 삶에서 온갖 실수를 일으킨다. 이유는 그 효과가 개인이 신경증 환자의 경우처럼 현실을 멀리하도록 강요하거나, 옆길로 빠지면서 반사회적인 경로를 밟도록 강요하기 때문이다. 거기서도 개인은 자신에게 남아 있는 활동력을 이용하지만, 그가 용감하게 행동하는 예는 절대로 없다. 모든 예에서, '해석'이 개인의 세계관에 근본적이며, 해석이 그 사람의 사고와 감정, 의지, 행위까지 결정한다는 사실이 분명히 확인된다.

2장

―――✕―――

삶의 방식을 심리학적으로
조사하는 방법

개인이 삶의 문제들을 대하는 태도를 발견할 수 있고, 또 삶이 우리에게 보여주기를 원하는 의미를 발견하는 방법이나 길이라면, 개인 심리학자들은 어떤 것도 부정하지 않는다. 삶의 의미에 대한 개인의 해석은 절대로 사소한 문제가 아니다. 이유는 그것이 종국적으로 그 사람의 사고와 감정, 행동의 기준선이 되기 때문이다.

그러나 삶의 진정한 의미는 그릇되게 행동하는 개인이 직면하는 반대에서 드러난다. 훈육과 교육과 치료의 임무는 삶의 진정한 의미와 개인의 그릇된 행동 사이의 거리를 좁혀 주는 것이다. 한 사람의 개인으로서의 인간에 관한 지식은 아득한 옛날부터 존재해 왔다. 한 가지 예만을 제시한다면, 고대 민족들의 역사적 및 개인적 이야기들, 말하자면 성경과 호메로스의 작품, 플루타르크의 작품, 고대 그리스와 로마 시대의 시인들의 시, 무용담, 동화, 민담, 신화들은 인간의 성격에 관한 놀라운 이해력을 보여주고 있다.

최근까지, 어떤 인물의 삶의 방식을 파악하는 단서를 얻는 데 가장 큰 성공을 보인 사람들은 주로 시인이었다. 한 사람의 개인이 분할 불가능한 하나의 전체로서 자신의 환경의 문제들과 밀접히 연결된 상태에서 살고 행동하고 죽어가는 모습을 보여주는 시인들의 능력은 무한한 경탄을 불러일으킨다. 물론, 인간 본성에 관한 지식이 다른 사람들보다 앞선 상태에서 자신의 경험을 후손들에게 물려주었으면서도 알려지지 않은 사람들이 있다는 사실에는 의문의 여지가 전혀 없다. 분명히, 이런 사람들과 인간에 관한 지식에서 탁월했던 위대한 천재들은 똑같이 인간 행위의 주요 동기들 사이의 연결을 밝히는 데 훨씬 더 깊은 통찰력을 발휘한 것이 두드러진 특징이었다. 이 재능은 오직 그들이 공감을 바탕으로 공동체와 연결을 맺고 있었던 데서, 그리고 인류에 대한 그들의 관심에서 비롯되었을 것이다. 그들의 보다 폭넓은 경험과 보다 훌륭한 지식, 보다 심오한 통찰력은 그들의 사회적 감정에 대한 보상으로 생긴 것이었다.

그들의 작품에는 절대로 놓칠 수 없는 특징이 한 가지 보였다. 너무나 다양하고 예측하기 어려운 개인의 행동들을, 다른 사람들이 그 행동들을 저마다 개인적으로 평가하고 판단할 필요성을 전혀 느끼지 않고 쉽게 이해할 수 있도록 묘사하는 능력이 바로 그것이었다. 이 능력은 그들이 가진, 본능적인 예지(豫知)라는 재능 덕분이었다. 오직 짐작을 통해서만 그들은 무엇인가를 표현하고 있는 행동들의 사이나 뒤에 있는 것을, 즉 그 개인의 행동 법칙을 볼 수 있었다. 이 재능을 많은 사람들은 '직관'이라고 부르고 있으며, 사람들은 고상한 정신들만이 그런 재능을 가질 수 있다고 믿는다. 실은 그것은 인간의 모든 재능 중에서 가장 흔한 재능이다. 모든 사람은 삶의 혼돈 속에서, 헤아릴 길 없는 미래의 불확실성 앞에서 끊임없이 그 재능을 이용하고 있다.

대단히 중대한 문제들뿐만 아니라 더없이 사소한 문제들조차도 언제나 새롭고 언제나 변형을 겪고 있기 때문에, 문제들을 단 하나의 방법으로, 예를 들어 '조건 반사'로만 풀어야 한다면, 우리는 끊임없이 실수를 저지르는 수밖에 없을 것이다. 우리가 직면하는 문제가 이런 식으로 영원히 다르다는 사실은 우리에게 언제나 새로운 것을 요구하고, 지금까지 채택한 행동 방식을 새롭게 테스트할 것을 요구한다. 카드 게임에서도 '조건 반사'는 그다지 유익하지 않다. 옳은 추측이 문제 해결을 향해 나아가는 첫걸음이다. 그러나 이런 추측은, 파트너와 동료 인간으로서 다른 사람들과 쉽게 어울리고 인간의 모든 문제들을 성공적으로 해결하는 일에 관심을 두고 있는 사람들에게 특별히 두드러지게 나타나는 특징이다. 그런 사람들에게 특유한 것은 인간의 모든 사건들의 미래를 보는 관점이며, 이 관점은 그가 인류 역사 전반을 조사하든 어느 한 개인의 운명을 조사하든 그에게 매력을 발휘한다.

철학이 맡고 나설 때까지, 심리학은 해롭지 않은 하나의 기술로 남았다. 인간의 본성에 관한 과학적 지식은 철학자들의 심리학과 인류학에 그 뿌리를 박고 있다. 모든 인간의 사건들을 포괄적이고 보편적인 어떤 법칙으로 담아내려는 다양한 시도에서, 개인적인 인간은 절대로 무시될 수 없었다. 개인의 모든 표현 형식들이 통일성을 보인다는 사실은 반박 불가능한 진리가 되었다.

모든 사건을 지배하고 있는 법들을 인간의 본성으로 전이한 것이 다양한 관점을 낳았으며, 칸트와 셸링, 헤겔, 쇼펜하우어, 하르트만, 니체 등이 도덕률이나 의지, 권력 의지나 '무의식'이라고 부른 무의식적인 어떤 원동력에서, 헤아리기 힘든 미지의 그 통제하는 힘을 찾으려 노력했다. 일반적인 법칙들을 인간의 활동으로 전이하는 현상과 더불어, 내성(內省)이 유행하게 되었다. 이로 인해, 인간들은 정신적 사건들과 그 사건들과 연결된 과정들에 대해 무엇인가를 단정할 수 있었다. 그러나 이 방법은 오랫동안 활용되지 않았다. 누구로부터도 객관적인 보고를 받고 있다는 사실을 보장할 길이 전혀 없었기 때문에, 이 방법은 자연스레 폐기되기에 이르렀다.

기술 발달이 이뤄지던 시대에, 실험적인 방법이 널리 이용되었다. 도구와 주도면밀하게 선택된 질문들의 도움으로, 감각의 기능들과 지성, 성격, 인격에 관한 지식을 알아낼 실험들이 설계되었다. 이 방법에 의해서, 인격의 연속성에 관한 지식이 실종되거나, 추측에 의해서만 복구될 수 있었다. 이어 전면으로 부상한 유전의 원칙은 종합적인 접근을 포기했으며, 이 원칙은 능력을 활용하는 것이 중요한 것이 아니라 능력을 소유하는 것이 중요하다는 점을 보여주는 것으로 만족했다. 내분비샘들의 영향에 관한 이론도 같은 방향을 가리켰으며, 이 이론은 열등감의 특별한 예들과 신체적 조건이 열등한 경우에 내분비샘들의 보상적인 역할에 관심을 집중했다.

심리학은 정신분석의 도래로 르네상스를 맞기에 이르렀다. 정신분석은 인간 운명의 전능한 지배자를 성적 리비도라는 형식으로 부활시키고, 무의식에서 '죄책감'이라는 형식으로 지옥의 고통과 원죄를 성실하게 묘사했다. 천국은 무시되었지만, 이 생략이 후에 '이상(理想) 자아'(ideal-ego)의 창조에 의해 수정되었으며, 이 이상 자아는 완성이라는 개인 심리학의 '이상적인' 목표에서 지지를 발견했다.

의식의 행간을 읽는 것은 주목할 만한 시도였으며, 그것은 삶의 방식, 그러니까 개인의 행동 노선의 재발견과 삶의 의미의 재발견을 향해 나아가는 한 걸음이었다. 비록 정신분석의 창시자가 성적 비유에 빠져 지내느라 인간들의 눈앞에 맴돌고 있던 이 목표를 보지 못하긴 했지만 말이다. 게다가, 정신분석은 버릇없이 자란 아이들의 세계 때문에 방해를 지나치게 많이 받았으며, 그 결과, 정신분석은 버릇없이 자란 유형에서 언제나 정신적 구조(構造)의 영원한 패턴을 보았으며, 따라서 정신생활의 보다 깊은 층들은 인간 진화의 일부로서 정신분석으로부터 숨겨진 상태로 남게 되었다.

정신분석의 일시적 성공은 엄청나게 많은, 응석받이로 버릇없이 자란 사람들의 성향 덕분이었다. 그런 사람들은 정신분석의 관점들을 보편적으로 적용할 수 있는 원칙으로 기꺼이 받아들였으며, 그 관점들을 근거로 자신들의 삶의 방식이 옳다고 확신할 수 있었다. 정신분석적 기법은 표현력 풍부한 몸짓과 증상들이 성적 리비도와 연결되어 있다는 점을 엄청난 에너지와 인내를 바탕으로 보여주는 쪽으로, 또 인간의 활동이 타고나는 어떤 가학적 충동을 따르고 있는 것처럼 보이게 하는 쪽으로 초점을 모았다. 개인 심리학은 후자의 현상들이 버릇없이 자란 아이들의 분노에 의해서 인위적으로 생긴 것이라는 점을 가장 먼저, 또 충분히 명확하게 보여주었다. 그럼에도 여기도 진화적 충동을 인정하려는 접근이 있다. 진화적 충동을 잠정적으로 감안하려는 노력이 있는 것이다. 그러나 그런 식의 접근은 성공을 거두지 못하고 있으며, 습관적인 염세주의에 따라, 죽음 소망이라는 개념이 성취의 목표로 받아들여지고 있다. 그러나 이것은 적극적인 적응이 아니다. 그것은 단순히 다소 의문스런, 물리학의 제2 근본 법칙을 바탕으로 언젠가는 닥칠 죽음을 예상하는 것에 지나지 않는다.

개인 심리학은 진화의 토대 위에 확고하게 서 있으며 인간의 모든 노력을 진화의 관점에서 완성을 위한 분투로 보고 있다. 물질적, 정신적 삶을 향한 갈망은 바로 이 분투와 떼어놓을 수 없을 만큼 밀접히 연결되어 있다. 따라서 개인 심리학이 아는 한, 모든 정신적 표현 형식은 어떤 마이너스 상황에서 플러스 상황으로 옮겨가려는 움직임이다.

각 개인은 삶을 시작하는 단계에서부터 스스로 행동 법칙을 채택하며, 이 법칙을 위해서 자신의 환경으로부터 처음에 받은 인상들뿐만 아니라 타고난 능력과 결함을 비교적 자유롭게 활용한다. 이 행동 법칙은 개인에 따라 그 속도와 리듬, 방향 등에서 다 다르다. 개인은 완성이라는 이룰 수 없는 이상과 자신을 영원히 비교하면서 언제나 열등감에 사로 잡혀 있는 동시에 그 열등감에 강한 자극을 받는다. 이것을 근거로, 우리는 영원의 관점과 절대적인 옳음이라는 상상적인 관점에서 보면 모든 인간의 행동 법칙이 잘못되어 있다고 추론할 수 있다.

모든 문화의 시대는 저마다 나름의 사상들과 감정들을 바탕으로 스스로 이 이상을 형성한다. 따라서 우리 시대에 우리가 이 이상을 확립하면서 일시적 차원의 인간의 정신력을 발견하기 위해 돌아보는 것은 언제나 과거뿐이며, 우리는 무수히 많은 시대를 내려오면서 인간의 사회생활이라는 신뢰할 만한 이상을 상상했던 그 정신력을 가장 깊이 존경할 권리를 누린다.

　틀림없이, '살인을 하지 마라'와 '이웃을 사랑하라'는 가르침도 최고 법원 같은 존재로서 지식과 감정으로부터 거의 사라지지 않는다. 이것을 포함한, 인간의 사회생활의 일부 규범들은 틀림없이 진화의 산물이며 호흡과 직립 보행만큼이나 인간에게 고유하다. 따라서 이 규범들은 이상적인 인간 공동체라는 개념에 녹여질 수 있으며, 여기서 그것들은 진화의 원동력이자 목표로 여겨진다. 그 규범들은 개인 심리학에 기준선을 제공하고 있으며, 우리는 오직 이 기준선만을 근거로, 진화에 반하는 행동의 모든 목표들과 유형들의 옳고 그름을 평가한다. 연구와 발견을 통해서 진화의 촉진자 역할을 하는 의학이 '가치의 과학'이듯이, 개인 심리학이 '가치의 심리학'이 되는 것은 바로 이 지점이다.

　열등감과 그 열등감을 극복하려는 노력, 그리고 사회적 감정은 개인 심리학의 연구가 근거를 두고 있는 토대들이며, 따라서 이것들은 개인이나 집단을 고려하는 데 반드시 필요한 요소들이다. 그것들이 나타내고 있는 진리는 사람들에게 쉽게 파악되지 않거나 다양한 말로 표현될 수 있다. 그런 요소들이 잘못 이해될 수 있고 또 그것들을 놓고 시시콜콜 따지려 들 수 있지만, 그것들을 제거하는 것은 절대로 불가능하다. 어떤 인격이라도 제대로 평가하려면, 이 사실들이 반드시 고려되어야 하며, 열등감의 상태와 그것을 극복하려는 노력의 상태, 사회적 감정의 상태도 반드시 확인되어야 한다.

그러나 다른 문명들이 진화의 압박을 받는 상태에서 다양한 결론을 끌어내며 그릇된 경로를 따랐듯이, 모든 개인도 그와 똑같이 하고 있다. 발달의 흐름 속에서 어떤 삶의 방식의 정신적 구조와 그것과 적절히 연결되는 감정들을 창조하는 것은 아이의 일이다.

거의 파악되지 않는, 아이의 감정적인 행동 능력은 절대로 중립적일 수 없는 환경 속에서 아이에게 아이의 독창력의 기준 같은 것이 되어 준다. 이때 환경은 아이가 삶을 준비하는, 매우 무관심한 예비 학교 역할을 한다. 아이는 종종 불충분한 기준을 제공하는 성공이나 실패의 안내를 받으며 주관적인 인상 위에 건설하면서, 어떤 경로와 목표를 스스로 형성하고, 미래에 서 있는 어떤 높은 곳을 상상한다.

인격에 관한 이해를 낳게 되어 있는 개인 심리학의 모든 방법들은 그 개인이 우월 목표에 대해 품고 있는 의미와 그가 느끼고 있는 열등감의 크기, 그가 키운 사회적 감정의 크기를 고려한다. 이 요소들이 서로 맺고 있는 관계를 면밀히 조사하면, 그것들 모두가 그 사람의 사회적 감정의 본질과 크기에 영향을 미치고 있다는 사실이 분명히 확인될 것이다. 그 조사는 실험 심리학의 조사나 의료 분야에서 환자들을 대상으로 기능 테스트를 하는 과정에 벌이는 조사와 유사하다. 유일한 차이는 개인 심리학에서 테스트를 실시하는 것이 삶 자체라는 점이며, 이것은 개인과 삶의 문제들 사이의 연결이 얼마나 강한지를 보여준다. 말하자면, 개인은 하나의 완전한 존재로서 삶과의 연결에서 절대로 빠져나가지 못한다. 삶과의 연결이라는 표현보다 공동체와의 연결이라는 표현이 더 나을 것 같다.

개인이 공동체를 대하는 태도는 그의 삶의 방식에 의해 가장 먼저 드러난다. 바로 그런 이유 때문에, 개인의 삶 중에서 기껏 부분적인 측면만을 다루는 실험적인 테스트는 그 사람의 성격이나 그 사람이 공동체 안에서 미래에 성취할 것에 대해 아무런 이야기를 들려주지 못한다. 그리고 게슈탈트 심리학(Gestaltpsychologie)[1]조차도 삶의 과정에 개인의 태도와 관련해 결론을 내리기 위해서 개인 심리학으로 보완할 필요가 있다.

따라서 삶의 방식을 발견하는 데 사용되는 개인 심리학의 기법은 먼저 삶의 문제들과 그 문제들이 개인에게 요구하는 것들에 대한 지식을 전제한다. 삶의 문제들의 해결은 어느 정도의 사회적 감정과 전반적으로 삶과의 밀접한 접촉, 그리고 다른 사람들과 협력하며 함께 어울리는 능력을 요구한다는 것이 분명해질 것이다. 만약 타인들과 협력하는 능력이 결여되어 있다면, 예리한 열등감이 그 영향들과 함께 다양한 형태로 나타나는 것이 확인될 수 있다. 이 열등감은 주로 책임 회피와 '망설이는 태도'로 나타날 것이다.

열등감과 함께 나타나는 육체적, 정신적 현상들을 나는 '열등 콤플렉스'라고 부른다. 우월을 추구하려는 끝없는 분투는 이 열등 콤플렉스를 어떤 '우월 콤플렉스'로, 말하자면 사회적 감정을 무시하

---

1 형태주의 심리학이라고도 불린다. 인간의 정신 현상을 개별적인 요소들의 집합이 아니라 하나의 전체로 보는 것이 이 학파의 특징이다. 이 전체성을 가진 구조를 독일어로 게슈탈트라고 부른다.

면서 언제나 개인적 정복의 광휘를 목표로 잡고 있는 그런 우월 콤플렉스로 가리려고 노력한다. 실패한 환자에게 일어나고 있는 모든 현상들을 확실히 이해하기만 하면, 어린 시절 초기에 삶의 준비가 그런 식으로 부적절하게 이뤄지게 된 원인을 찾는 작업이 전개된다. 이런 식으로 접근함으로써, 개인 심리학자들은 개인의 삶의 방식을 충실하게 그릴 수 있으며, 그와 동시에 실패한 예에서 사회적 감정으로부터 벗어난 정도를 평가할 수 있다.

이 그림은 언제나 다른 사람들과 접촉하는 능력이 부족한 것으로 드러난다. 이것을 근거로, 교육자와 선생, 의사, 교구 목사의 임무는 개인의 사회적 감정을 증대시키고, 그렇게 함으로써 개인의 용기를 강화하는 것이라는 결론이 가능하다. 교육자나 선생, 의사, 목사는 개인에게 실패의 진정한 원인들을 설득시키고, 개인의 그릇된 의미를, 그러니까 개인이 삶에 은밀히 부여하고 있는 그릇된 중요성을 드러내고, 따라서 그에게 삶이 인간을 위해 규정한 의미를 보다 분명하게 볼 기회를 줌으로써 그의 용기를 강화하는 효과를 거둘 수 있다.

이 과제를 성취하려면, 삶의 문제들에 대한 철저한 지식이 확보되어야 하고, 모든 종류의 인간의 오류들뿐만 아니라 열등 콤플렉스와 우월 콤플렉스에서도 똑같이 사회적 감정이 지나치게 약하다는 점이 이해되어야 한다. 아울러, 상담사는 어린 시절에 사회적 감정의 발달을 방해하기 쉬운 환경과 상황에 대해서도 폭넓은 경험을 갖출 필요가 있다.

지금까지 나 자신의 경험은 인격의 탐험에 가장 신뢰할 만한 접근 방식은 어린 시절 초기의 기억과 아이가 가족 안에서 차지했던 위치, 어린 시절의 잘못들에 대한 포괄적인 이해에서, 그리고 밤과 낮의 꿈들, 그 병을 야기한 외적 요소의 본질에서 발견된다고 가르치고 있다. 그런 조사의 모든 결과물은 환자가 의사를 대하는 태도와 함께 주의 깊게 평가되어야 하며, 거기서 나온 결론을 놓고 그것이 이미 확립된 다른 사실들과 조화를 이루는지도 끊임없이 점검해야 한다.

3장

삶의 과제들

이 지점에서 개인 심리학은 사회학과 만난다. 어떤 개인이 직면하고 있는 삶의 문제들의 구조와 그 문제들이 그에게 강요하고 있는 과제에 대해 알지 못하는 상태에서 그 개인을 정확히 평가하는 것은 불가능한 일이다. 그의 근본적인 본성은 그가 삶의 문제들을 대하며 보이는 태도를 통해서, 그리고 그 태도의 결과로 인해 그의 내면에서 벌어지는 일들을 통해서만 우리에게 드러난다. 우리는 그가 자신의 역할을 제대로 하고 있는지, 아니면 망설이거나 중단하려 하고 있는지, 과제를 회피하려고 노력하며 변명을 찾거나 지어내고 있는지를 알아내야 한다. 또 그가 자신의 문제를 부분적으로 해결하면서 점진적으로 극복해 나가고 있는지, 아니면 문제를 해결하지 않은 상태로 남겨두고는 개인적인 우월의 영광을 누리기 위해서 공동체에 해로운 경로를 밟고 있는지를 알아내야 한다.

지금까지 오랫동안 나는 삶의 모든 문제들이 3가지 주요 문제로, 그러니까 공동체 생활의 문제와 일의 문제와 사랑의 문제로 나뉜다고 확신해 왔다. 쉽게 확인할 수 있는 바와 같이, 이것들은 우연적인 문제들이 절대로 아니며, 그 문제들은 지속적으로 우리와 마주하면서 우리에게 도전장을 던지고 강압적으로 나오면서 달아날 길을 절대로 허용하지 않는다.

우리가 삶의 방식을 통해서 이 3가지 문제들에 제시하는 대답은 그 문제들을 대하는 우리의 전반적인 태도에 나타난다. 그 문제들이 서로 매우 밀접하게 연결되어 있기 때문에, 그리고 정말로 이 3가지 문제들이 적절한 해결을 위해서는 똑같이 적당한 크기의 사회적 감정을 필요로 하기 때문에, 모든 사람의 삶의 방식이 그 문제들을 대하는 태도에 다소 분명하게 반영된다는 점을 이해하기는 쉽다. 이 태도는 그 사람으로부터 아직 멀리 떨어져 있는 문제나 호의적인 상황을 제시하는 문제 앞에서는 덜 명확하게 나타나며, 그 사람의 자질이 보다 엄격한 시험의 대상이 될 때 더욱 분명하게 나타난다.

이 3가지 주요 문제들은 연합과 생계 유지, 자녀 돌봄 등을 위해서 인간들을 필히 연결시키는, 절대로 끊을 수 없는 끈에서 생겨난다. 그것들은 이 지구상에 존재한다는 사실 자체가 우리에게 당연히 안기는 문제들이다.

이 땅의 산물로서, 인간들은 공동체와 결합하고, 공동체를 위해서 물질적, 정신적 부담을 떠안고, 공동체의 일을 나눠서 하고, 종의 번식에 기여함으로써만 우주적 관계 속에서 생존하고 발달할 수 있었다. 인간들은 진화의 과정 속에서 보다 나은 육체적 자질과 보다 나은 정신적 발달을 위해 노력하면서 육체적으로나 정신적으로 진화에 필요한 준비를 더 잘 갖추게 되었다.

모든 경험들과 전통들, 명령들과 법들은 인간이 삶의 어려움들을 극복하려고 분투하면서 벌인, 옳거나 그른, 지속적이거나 일시적인 시도들이었다. 이 분투에서 지금까지 도달한 단계를 현재 우리 시대의 문명이 보여주고 있는데, 틀림없이 매우 부적절한 단계이다. 집단뿐만 아니라 개인의 행동도 마이너스 상황에서 플러스 상황으로 옮겨가는 것이 두드러진 특징이며, 이 같은 사실은 우리에게 집단과 개인 모두에서 영원한 열등감에 대해 논할 권리를 부여한다. 진화의 흐름에 절대로 멈춤이 있을 수 없기 때문이다. 완성이라는 목표가 언제나 우리를 앞으로 이끌고 있다.

그러나 만약에 사회적 관심이라는 공통적인 토대를 가진 이 3가지 문제들이 피할 수 없는 것이라면, 그것들은 오직 적당한 크기의 사회적 감정을 갖춘 사람들에 의해서만 해결될 수 있다는 사실이 분명해진다. 이 대목에서 현재까지 모든 개인이 그 정도의 사회적 감정은 갖출 수 있다고 단정해도 좋다는 의견이 제시될 수 있지만, 인간의 진화는 아직 인간이 사회적 감정을 호흡이나 직립 보행만큼 자동적으로 갖출 만큼 동화시킬 수 있는 단계까지는 나아가지 못했다. 그러나 나는 언젠가, 아마 먼 미래에, 만약 인간이 이 발달 과정에 좌절하는 상황이 벌어지지 않는다면, 인간은 그런 단계에 반드시 이르게 될 것이라는 점에 대해 조금도 의문을 품지 않는다. 그러나 우리 시대에는 그런 일이 일어나지 않을 것이라고 의심할 만한 이유가 존재한다.

이 외의 다른 모든 문제들은 이 3가지 중요한 문제들의 해결을 그 목표로 잡고 있다. 부차적인 문제들은 아마 우정이나 동료애, 주 정부와 국가와 민족과 인류에 대한 관심, 훌륭한 양육, 신체 기관들의 문명화된 기능들의 수용, 스포츠와 학교 교육과 가르침에서 협동을 위한 준비, 이성 앞에서 품어야 할 존경과 존중, 이성 파트너의 선택뿐만 아니라 이 모든 문제들을 직면하는 데 필요한 육체적, 정신적 훈련과 관련있다.

이런 준비는 옳든 그르든 아이가 어머니와 함께 삶을 시작하는 첫날부터 시작된다. 따라서 어머니는 본래 모성애의 진화론적인 발달을 통해서 아이에게 동료 인간들과 사는 경험을 안겨주기에 가장 적합한 파트너이다. 사회적 감정의 발달이 시작되는 길의 입구에 최초의 인간 동료로 서 있는 어머니로부터, 아이가 전체의 한 부분으로서 삶의 현장에 모습을 드러내며 자신의 세계에서 다른 사람들과 옳은 접촉을 추구하도록 촉구하는 최초의 충동들이 나온다.

어려움은 두 영역에서 생겨날 수 있다. 어머니 쪽에서, 만약에 어머니가 아이를 요령 없이 무식하게 다룸으로써 아이가 다른 인간들과 접촉하는 것을 어렵게 만들거나, 어머니가 자신의 임무를 지나치게 가볍게 여기거나 부주의하게 여긴다면, 어려움이 생겨날 수 있다. 또는 이것이 더 자주 나타나는 현상인데, 만약 어머니가 아이가 타인들을 돕거나 타인들과 협력하는 것 자체를 불필요하게 만들어 버린다면, 만약 어머니가 아이를 포용과 애무로 질식시키고 끊임없이 아이를 대신해서 행동하고 생각하고 말하면서 아이가 발달을 이룰 모든 가능성을 깨뜨리고 아이가 상상 속의 완전히 다른 세계에 익숙하도록 만든다면, 그때도 마찬가지로 문제가 생긴다. 아이가 익숙한 이 상상의 세계에서는 당연히 다른 사람들이 버릇없이 자란 아이를 대신해서 모든 것을 해 준다.

매우 짧은 길이의 시간도 아이가 자신을 사건들의 중심으로 여기도록 만들고, 그 외의 다른 상황들과 사람들을 자신에게 적대적인 것으로 느끼도록 만들기에 충분하다. 게다가, 속박되지 않는 아이의 판단력과 아이의 자유로운 독창력이 서로 결합함에 따라 생긴 결과들의 복합적인 본질을 과소평가해서도 안 된다. 아이는 그 결과들을 자신의 정신에 맞게 다듬는 데 외부 영향들을 이용한다.

어머니가 아이를 지나치게 관대하게 다룰 때, 그 아이는 사회적 감정을 다른 사람들에게로 확장하기를 거부하게 된다. 아이는 어머니와 같은 정도의 애정으로 자신을 대하지 않는 타인들뿐만 아니라 자기 아버지와 형제자매들까지도 가까이하려 들지 않을 것이다. 이런 삶의 방식을 형성시키면서, 그리고 삶의 첫날부터 모든 것을 오직 다른 사람들의 도움을 통해서 쉽게 획득할 수 있다는 점을 암시하는 그런 삶의 의미를 채택하면서, 아이는 훗날 삶의 문제들을 해결하는 데 부적합한 사람이 된다.

그 아이는 삶의 문제들이 요구하는 사회적 감정을 준비하지 못했다. 따라서 그는 그런 문제에 봉착할 때 충격을 받게 되며, 이 충격은 약한 경우에는 일시적으로, 심한 경우에는 영원히 그가 해결책을 발견하지 못하도록 막을 수 있다.

버릇없이 큰 아이는 자기 어머니가 매사에 자기를 돌보는 것이 옳다고 생각한다. 아이가 선택한 이 우월 목표를 아이는 자신의 기능들의 발달에 반대함으로써 아주 쉽게 성취한다. 이 반대가 반항 때문에 일어나는 수도 있다. 반항이라는 이 기질적 성향에 대해 개인 심리학이 설명했음에도 불구하고, 샬로트 뷜러(Charlotte Bühler)는 그것을 자연적 발달의 한 단계로 묘사했다. 혹은 그 반대가 관심의 결여의 결과일 수 있으며, 관심의 결여는 언제나 사회적 관심의 결여로 이해되어야 한다.

대변 이상 정체와 야뇨증 같은 어린이들의 실수를 성적 리비도나 가학적 충동에서 비롯되는 것으로 설명하려는 절망적인 시도들과, 그런 식으로 접근하면서 정신생활의 보다 원초적이거나 보다 깊은 지층들을 드러낸다는 믿음은 너무나 터무니없다. 왜냐하면 그 같은 시도들이 어린이들의 근본적인 경향, 즉 애정을 부적절하게 갈망하는 현상을 오해하고 있기 때문이다. 또 그 같은 시도들은 신체 기관들의 진화적인 기능을 마치 언제나 새롭게 획득해야 하는 것으로 여긴다는 점에서도 잘못되었다. 이 기능들의 발달은 법칙만큼이나 자연스러우며, 인간에게 그것은 언어와 직립 보행만큼 자연스런 습득이다. 아이의 상상의 세계에서, 근친상간의 금지뿐만 아니라 이런 신체 기관의 기능들도 피할 수 있다. 그 같은 회피는 응석받이로 버릇없이 자라고 싶은 소망을 암시하며 응석을 받아주지 않는 곳에서 다른 사람들을 이기적으로 이용하거나 복수하거나 비난하는 것을 목표로 잡고 있다.

버릇없이 자란 아이들은 또한 자신의 소망을 충족시키고 있는 상태에 일어나는 변화를 다양한 방법으로 거부한다. 그런 변화가 일어나면, 아이가 저항하는 행동이나 반발이 관찰되며, 아이는 저항이나 반발을 통해 보다 능동적이거나 수동적인 방식으로 자신의 목적을 성취한다. 해결을 요구하고 있는 외부 상황(외적 요인)도 반드시 고려되어야 하지만, 완전히 발달한 아이의 태도는, 그것이 전진의 문제든 후퇴의 문제든, 대부분 아이의 활동력의 정도에 좌우된다. 비슷한 상황들에서, 이미 경험한 성공들이 아이가 여러 해 동안 따를 모델을 제시한다.

제대로 이해하지 못한 많은 저자들에게 이것들이 퇴행으로 오해되고 있다. 일부 저자들은 순전히 짐작을 바탕으로 거기서 더욱 멀리 나아간다. 정신적 콤플렉스가 오늘날 하나의 영원한 진화론적 습득으로 받아들여져야 함에도, 그런 저자들은 그것의 원인을 찾아 거꾸로 원시 시대의 어떤 찌꺼기로 거슬러 올라가고 있다. 이런 식으로, 그들은 어쨌든 더없이 공상적인 유사성을 발견하고 있다.

이런 저자들 대부분은 특히 우리의 언어가 빈약하다는 사실을 고려할 때 인간의 표현 형식들이 모든 시대에 서로 닮았다는 사실 때문에 그만 길을 잃고 말았다. 인간 행동의 모든 유형을 성욕과 연결시키려는 시도가 이뤄질 때, 그것은 단지 또 다른 유사점을 발견하는 문제에 지나지 않는다.

버릇없이 자란 아이들은 응석을 부릴 수 없는 상황에 처할 때 자신이 끊임없이 위협을 받고 있다고 느끼며 마치 적국에 있는 것처럼 행동한다는 점을 나는 분명히 밝혔다. 그런 아이들의 다양한 성격적 특징들, 특히 터무니없는 이기심과 자기예찬은 모두 그들의 삶의 의미와 조화를 이룸에 틀림없다. 이 점을 근거로, 이 모든 특징들은 인위적인 산물이라고, 또 그것들은 타고난 것이 아니라 습득된 것이라고 말할 수 있다.

소위 '성격학 연구자들'의 관점과 정반대로, 모든 성격적 특징들은 사회적 관계를 의미하며 아이가 창조한 삶의 방식에서 비롯된다는 점을 이해하는 것은 절대로 어렵지 않다. 따라서 인간은 본래 선한 존재인가 악한 존재인가 하는, 오랫동안 해결되지 않고 있는 논쟁이 해결된다. 사회적 감정이 점점 커지면서 진화론적으로 저항 불가능하게 진보하고 있다는 사실은 인간의 존재는 '선'과 떼어놓을 수 없을 만큼 밀접히 연결되어 있다는 주장을 자신 있게 펴도록 만든다. 이와 모순되는 것은 모두 진화의 실패로 보면 되고, 그것의 원인을 거슬러 올라가면 옛날의 실수에 닿는다. 이것은 자연의 어마어마한 실험들에서 동물들의 몸 안에 사용될 수 없었던 구성 요소가 언제나 있어 왔던 것과 다를 바가 없다. '용감하거나, 덕이 있거나, 게으르거나, 심술궂거나 착실한' 것과 같은 특성들이 언제나 끊임없이 변화하는 외부 세계에 대한 적응 또는 부적응의 결과라는 사실이 들어설 자리가 성격 이론 안에 조만간 발견되어야 할 것이다. 이 외부 세계가 없었더라면, 아마 그런 특성들은 존재할 수 없었을 것이다.

내가 보여준 바와 같이, 어린 시절에 응석받이로 키우는 양육처럼 사회적 감정의 성장을 저해하는 다른 장애들도 있다. 이 장애들을 고려할 때에도, 우리는 다시 근본적이고 지배적이고 인과적인 원칙을 모두 배제해야 한다. 그렇게 하지 않을 경우에 그런 장애들의 결과에서 통계적인 확률로 표현될 수 있는 어떤 오도하는 충동만을 보게 되기 때문이다. 게다가, 개별적인 증상의 다양성과 독특성도 간과해서는 안 된다. 그런 증상은 자신만의 행동 법칙을 갖고 있는 아이의 거의 자의적인 독창력의 표현이다. 이 다른 장애들은 아이를 방치하는 것과 아이가 안고 있는 신체 기관의 열등이다.

이 장애들도 모두 응석받이로 키우는 양육과 마찬가지로 아이의 관점과 관심이 '더불어 사는 것'을 멀리하도록 만들고, 아이가 자신의 위험과 자신의 행복에만 관심을 돌리도록 만든다. 나중에, 위험의 문제에서나 행복의 문제에서나 똑같이 안전은 충분한 정도의 사회적 감정이 있을 때에만 성취될 수 있다는 점을 뒷받침하는 증거가 제시될 것이다. 그러나 이 땅 위에서 우리의 생존 조건들은 그 조건들과의 접촉이 불완전하거나 그 조건들과 조화를 이루지 못하는 사람에게 적대적이라는 사실은 쉽게 이해될 수 있다.

어린 시절의 이 3가지 장애들에 대해, 아이의 독창력이 그것들을 극복하려고 노력하면서 다양한 수준의 성공을 거둔다는 식으로 말할 수 있다. 모든 성공 또는 실패는 삶의 방식에, 그 개인이 삶을 대하는 태도에 좌우되며, 이 같은 사실은 대개 그 사람 본인에게 알려져 있지 않다. 우리가 이 3가지 장애들의 결과를 결정하는 통계적 확률에 대해 말했듯이, 지금 우리는 크거나 작은 삶의 문제들도 중요한 어떤 통계적 확률을 드러낸다는 점을 증명해야 한다. 그것은 삶의 문제들이 낳는 충격이며, 이 충격은 삶의 문제들을 대하는 개인의 태도를 테스트한다.

어떤 사람이 삶의 문제를 직면할 때 그 문제가 그 사람에게 어떤 영향을 미치게 될 것인지를 어느 정도 확실하게 예측하는 것은 틀림없이 가능한 일이다. 그러나 개인 심리학자들은 어떤 가설도 그 결과들이 그것을 뒷받침할 때까지는 옳은 것으로 단정하지 못한다는 점을 언제나 기억해야 한다. 개인 심리학이 다른 심리학적 방법들과 달리 그 경험과 확률의 법칙 덕분에 과거를 추측할 수 있다는 사실은 분명히 개인 심리학의 과학적 토대를 강력히 뒷받침하는 증거이다.

우리는 이제 겉보기에 부차적인 것 같은 문제들을 조사하고 그 문제들도 해결을 위해 잘 발달한 사회적 감정을 필요로 하는지 여부를 밝혀내야 한다. 부차적인 문제들 중에서 가장 중요한 문제에 속하는 문제가 바로 아이가 아버지를 대하는 태도이다. 정상적인 태도는 아버지와 어머니에게 거의 동일하게 관심을 쏟는 것이다. 그러나 외부 상황과 아버지의 인격, 응석받이로 키우는 어머니, 질병, 그리고 거의 틀림없이 어머니의 보살핌을 요구하는, 신체 기관의 발달에 수반되는 어려움이 아이와 아버지 사이에 거리가 생기게 하고, 따라서 사회적 감정의 확장을 방해할 수 있다. 이때 아버지가 어머니의 응석받이 양육의 효과를 차단하기 위해 더욱 엄격한 훈육 방식을 갖고 간섭하고 나서면, 아이와 아버지 사이의 거리만 더욱 멀어지게 할 뿐이다.

만약 아버지가 아이를 응석받이로 키우는 현상이 더 강해진다면, 아이는 아버지 쪽으로 기울고 어머니를 멀리하게 된다. 이런 일이 벌어질 때, 그것을 언제나 아이의 삶에서 두 번째 단계로 이해해야 하며, 그것은 어머니가 아이에게 어떤 비극의 원인이라는 점을 암시한다. 과도하게 응석을 받아준 결과 아이가 자기 어머니에게 매달리게 된다면, 그 아이는 다소 기생충 같은 존재로 발달하고 자신의 모든 결여를 어머니가 충족시켜줄 것이라고 기대하게 된다. 덧붙여 말하자면, 아이의 성적 결여도 예외가 아니다. 이런 일은 쉽게 일어난다. 왜냐하면 일깨워진 아이의 성적 본능이 그 아이가 전혀 자제할 줄 모르는 채 무엇이든 어머니가 충족시켜줄 것이라고 기대하는 정신 상태에 놓여 있다는 사실을 발견하기 때문이다.

지크문트 프로이트(Sigmund Freud)의 소위 오이디푸스 콤플렉스는 프로이트 본인에게는 정신적 발달의 자연스런 토대로 보이지만, 그것은 무력하게 공상에 휘둘리는, 응석받이로 자란 아이의 삶에 나타나는 많은 표현 형식들 중 하나에 지나지 않는다. 프로이트가 아이와 어머니의 모든 관계를 오이디푸스 콤플렉스를 토대로 설명할 수 있는 그런 구성 속으로 광적으로 집어넣으려 들 때, 우리는 그의 견해에 반대해야 한다. 우리는 또한 소녀들은 아버지에게 더 많이 끌리고 아들은 어머니에게 더 많이 끌린다는 가정도 부정해야 한다. 이 가정이 많은 저자들에게 그럴 듯한 하나의 사실로 받아들여지고 있는 것 같지만, 우리는 거기에 동의할 수 없다.

이런 일이 일어나기 하지만, 응석받이로 키운 결과가 아닌 예들에서, 개인 심리학자들은 아이가 미래의 성적 역할에 대해 일부 이해한다는 것을, 따라서 그것이 삶에서 훨씬 나중에 벌어질 단계를 위한 것이라는 점을 확인할 수 있다. 아이는 놀이와 비슷한 방식으로 대부분 성적 본능을 행사하지 않은 채 스스로 미래를 준비하고 있다. 그것은 아이가 다른 놀이들을 통해서도 미래를 준비하는 것과 다를 바가 없다. 만약 아이가 조숙하고 길들여지지 않은 성적 본능을 보인다면, 그것은 틀림없이 아이가 이기적이며 대체로 어떤 소망도 굽힐 줄 모르는 응석받이 아이라는 것을 의미한다.

아이가 가족의 다른 구성원들과의 관계에서 차지하는 위치도 하나의 문제로 여길 경우에 우리가 다른 사람들과 접촉하는 아이의 능력을 판단하는 근거가 될 수 있다. 앞에서 묘사한 세 집단의 아이들은 대체로 가족 안의 다른 아이들, 특히 자기보다 어린 아이가 자신을 방해하고 자신의 영향력을 제한한다고 느끼는 경향을 보인다. 그 효과는 다양하지만, 아이의 삶에서 유연한 편에 속하는 시기에 평생 동안 이어지는 특성으로 여겨질 만큼 아주 강한 인상을 남길 수도 있다. 이 인상은 복수의 감정이나 지배 욕구로 삶에 지속적으로 나타날 수 있으며, 아주 약한 경우에 다른 형제자매를 영원히 아이처럼 다루려는 경향으로 나타날 수 있다.

이 같은 태도가 발달하는 과정에, 상당히 많은 것이 경쟁적인 그 경주에서 경험하는 성공이나 실패에 좌우된다. 그러나 특히 버릇없이 자란 아이의 경우에, 아이 자신 때문에 생긴 결과들과 함께, 아이가 가족의 어린 구성원에게 자신의 자리를 빼앗긴 사건에 따른 인상도 반드시 확인된다.

또 한 가지 문제는 아이와 병의 관계와 아이가 병과 관련해 취하는 태도와 관련이 깊다. 아이가 병을 앓는 동안에, 특히 병이 심각해 보일 때, 부모의 행동이 아이의 눈에 아주 두드러지게 보인다. 구루병과 폐렴, 백일해, 무도병(舞蹈病), 성홍열, 편두통 같은 어린이들의 병은 고통이 실제보다 더 심해 보일 뿐만 아니라 아이를 뜻하지 않게 응석받이로 키우도록 하면서 아이가 자신에 대해 엄청나게 중요한 존재라는 감정을 품게 만든다. 아이의 입장에서 보면 자신이 전혀 아무런 협력을 하지 않는데도 그런 대접을 받으니 말이다. 그런데도 부모는 그런 병을 앓는 아이 앞에서 부주의하게 불안해하는 모습을 곧잘 보인다. 그런 병들은 아이가 곧잘 아파하며 불평을 터뜨리는 경향을 갖도록 할 수 있다.

특별히 행해졌던 응석받이 양육이 아이가 건강을 회복함에 따라 중단되면, 아이는 종종 고집을 부리거나, 건강이 좋지 않다는 감정을 지속적으로 느끼거나, 피곤하고 식욕이 없다는 식으로 불평하거나, 뚜렷한 이유도 없이 기침을 지속적으로 한다. 이런 징후들은 종종 병의 후유증으로 여겨지지만, 많은 경우에 그렇지 않다. 이런 아이들은 평생 동안 병의 기억에 매달리는 경향을 보일 수 있다. 이런 식으로, 아이들은 자신이 돌봐줄 가치가 충분한 존재라거나 정상 참작이 되는 상황에 처해 있다는 뜻을 표현한다. 그런 경우에, 외부 상황과 불완전하게 접촉한 결과, 감정 영역에 어떤 영구적인 증대, 그러니까 감정과 정서의 강화가 일어날 가능성이 있다는 점을 간과해서는 안 된다.

아이가 집에서 스스로를 유익한 존재로 만들거나, 놀이에서 적절한 역할을 맡거나 우호적으로 행동하는가 하는 문제 외에, 아이가 유치원이나 학교에 들어가는 것은 협동 능력을 추가적으로 테스트한다는 것을 의미한다. 거기서 아이가 다른 아이들과 함께 작업하는 능력이 관찰될 수 있다. 아이가 즐거워하는 정도, 학교에 가고 싶어 하지 않는 마음을 드러내는 방식, 냉담한 태도, 관심과 집중력의 결여, 그리고 학교 수업에 해로운 다양한 행동들, 예를 들면, 지각이나 수업을 방해하는 태도, 학교를 빼먹으려는 경향, 지속적으로 책과 연필을 분실하는 행위, 숙제를 미루는 태도 등은 협동에 필요한 훈련이 제대로 이뤄지지 않았다는 점을 암시한다.

아이들이야 알고 있든 모르고 있든, 만약 이 아이들이 예리한 열등감을 품고 있다는 사실에 대한 이해가 이뤄지지 않는다면, 그런 예들의 경우에 정신적 과정이 부적절하게 묘사된다. 그 열등감은 온갖 육체적, 정신적 증상들과 함께 수치심과 불안의 형식으로, 방금 제시한 설명과 부합하는 열등 콤플렉스로 나타난다. 혹은 그 열등감은 언쟁을 일삼거나 분위기를 깨거나 우정을 결여한 모습으로 이기적인 우월 콤플렉스로 나타난다. 이 콤플렉스에는 용기를 암시하는 것이라곤 아무것도 없다. 심지어 거만한 아이들조차도 유익한 일을 할 것을 요구하는 문제 앞에서 소심한 것으로 드러난다.

이처럼 진실성을 갖추지 않은 것은 아이들이 음흉한 거래를 벌이려 하고 있다는 점을 보여준다. 물건을 훔치는 경향은 그들의 결핍감에 대한 보상으로 나타나는 동시에 다른 사람들에게 해를 입힌다. 그 아이들이 자신을 유능한 아이들과 지속적으로 비교하면서 자신을 평가하는 태도로부터는 어떤 향상도 일어나지 않을 뿐만 아니라, 그런 태도는 오히려 그들의 기능들을 점진적으로 무디게 만들며 종종 학교에서 모든 성공의 종말로 이어진다.

분명히, 학교는 그 효과 면을 보면 하나의 테스트와 비슷하며, 첫날부터 아이의 협동 능력을 보여준다. 또 분명히, 학교는 아이를 현명하게 다룸으로써 아이의 사회적 감정을 증대시키기 좋은 장소이며, 그래서 아이는 사회의 적으로 학교를 떠나지 않을 수 있다. 내가 학교들에 '개인 심리학 자문 위원회'를 설립하도록 한 것도 바로 이런 사실들에 대한 깨달음이 있었기 때문이다. 이 위원회는 선생이 뒤지는 아이들을 교육시킬 적절한 방법을 찾는 일을 돕고 있다.

학교에서의 성공도 주로 아이의 사회적 감정에 좌우된다는 데 의문이 있을 수 없다. 정말이지, 아이의 삶이 훗날 공동체 안에서 어떤 모습을 보일 것인지를 알게 하는 것은 그 아이가 학교에서 보이는 사회적 감정이다. 나중에 타인들과 함께 어울려 사는 데 대단히 중요한 우정과, 충절이나 신뢰성이나 협력적인 태도가 강조되는 동료애, 국가와 민족과 인류에 대한 관심 등의 문제는 모두 학창 시절에 삶에 녹아들며, 전문가들에 의해 배양될 것을 요구한다.

학교는 동료 의식을 일깨우고 촉진시킬 수 있는 능력을 갖추고 있다. 만약 선생이 개인 심리학의 관점을 잘 알고 있다면, 그는 다정한 대화를 통해서 아이가 사회적 감정을 결여하고 있다는 사실을 깨닫도록 만들 것이다. 또 선생은 아이에게 그 결여의 원인을 보여줌과 동시에 원인을 제거할 수 있는 방법까지 알려줄 것이다. 이런 식으로, 선생은 아이가 사회와 더욱 밀접하게 접촉하도록 이끌 것이다.

아이들을 상대로 한 대화에서, 선생은 아이들에게 그들 자신의 미래와 인류의 미래는 사회적 감정의 증대에 달려 있다는 점을, 그리고 삶의 중대한 실수들, 말하자면 전쟁과 사형, 인종적 증오, 그리고 신경증 환자들뿐만 아니라 다른 사람들에 대한 혐오, 자살, 범죄, 알코올 중독 등은 사회적 감정의 결여에서 비롯되며, 열등 콤플렉스로, 그러니까 어떤 상황을 허용될 수 없는 부적절한 방법으로 다루려는 사악한 시도로 여겨질 것이라는 점을 설득시킬 수 있다.

이 단계에서 두드러지는 섹스 문제도 소년과 소녀들을 혼란 상태에 빠뜨릴 수 있다. 그러나 협동을 위해 자신의 욕망을 죽일 줄 아는 아이들은 이 문제에서 예외이다. 그런 아이들은 자신을 전체의 한 부분으로 보는 데 익숙하며, 그들에게는 부모에게 털어놓지 않거나 선생에게 조언을 청하지 않은 상태에서 비밀을 안고 다니며 끙끙거리는 일이 절대로 없을 것이다.

그것은 가족생활 속에서 적대적인 어떤 요소를 이미 발견한 아이들에게는 다른 문제가 된다. 이런 아이들은, 특히 버릇없이 자란 아이들은 너무나 쉽게 겁을 먹고 겉치레의 말에도 곧잘 넘어간다. 부모가 성적인 문제를 설명하는 절차는 당연히 그들 자신들의 삶을 반영하게 되어 있다. 아이는 그 문제에 대해 본인이 알기를 원하는 만큼 알아야 하며, 그 정보는 새로운 지식이 제대로 받아들여져 흡수될 수 있는 방향으로 아이에게 전달되어야 한다. 합당하지 않은 이유로 그런 지식을 전하는 것을 미루는 일도 없어야 하지만, 서두르는 것도 불필요한 일이다.

학교에서 아이들끼리 성적인 문제를 놓고 나누는 대화를 피하는 것은 거의 불가능한 일이다. 미래를 내다보고 있는 독립적인 아이는 음란한 이야기를 거부하고 어리석은 진술을 신뢰하지 않을 것이다. 아이들이 사랑과 결혼을 두려워하게 만들 수 있는 설명도 당연히 심각한 실수가 될 것이지만, 그런 진술은 오직 자신감이 전혀 없는 기생적인 아이들에게만 받아들여질 것이다.

사춘기는 또 다른 삶의 문제로서 많은 사람들에게 난해한 미스터리로 여겨지고 있다. 이 시기의 아이에게서 그때까지 잠자고 있던 힘들이 쉽게 발견된다. 만약 아이가 그때까지 사회적 감정을 결여한 상태라면, 그 아이는 그에 상응하는 실수들을 저지르는 가운데 사춘기를 보내게 될 것이다. 그 시기에 아이가 협력할 준비가 되어 있는지 여부가 더 분명하게 드러난다.

사춘기에 이른 아이는 행동반경이 훨씬 더 넓어진다. 아이는 힘도 더 세다. 그러나 무엇보다도 아이는 적절한 방법으로나 자신에게 끌리는 방법으로 자신이 더 이상 아이가 아니라는 점을, 이보다 빈도가 덜하지만 자신이 여전히 아이라는 점을 증명하려는 충동을 강하게 느낀다. 만약 아이의 사회적 감정의 발달이 방해를 받아 왔다면, 아이는 잘못된 삶의 경로에 따른 비사회적인 결과들을 그전보다 더 분명하게 보일 것이다.

많은 아이들은 어른으로 받아들여지길 갈망하면서 오히려 어른들의 미덕보다 오류를 채택할 것이다. 이유는 그런 아이들에게는 그 과정이 공동체에 이바지하는 길보다 더 쉽기 때문이다. 여기서 온갖 종류의 비행이 나타날 수 있다. 그런 일도 당연히 다른 아이들에 비해 버릇없이 자란 아이들에게 더 자주 나타난다. 왜냐하면 버릇없이 자란 아이들이 자신들의 요구를 당장 충족시키는 데 익숙한 탓에 언제나 어떤 형태의 것이든 유혹에 저항하기가 어렵다는 사실을 깨닫기 때문이다.

이런 소녀들과 소년들은 언제나 달콤한 아첨의 말이나 허영심을 건드리는 말에 쉽게 넘어간다. 이 단계에서도 마찬가지로, 자신이 집에서 심하게 무시당하거나 아첨의 말을 들을 때에만 자신이 가치 있는 존재라고 믿는 소녀들이 가장 심각한 위험에 처하게 된다.

지금까지 뒤쪽에 자리 잡고 있던 아이는 곧 삶의 전면에 가까이 다가서며, 거기서 아이는 3가지 중요한 존재의 문제들, 그러니까 사회와 일과 사랑의 문제가 자기 앞에 놓여 있다는 사실을 확인한다. 이 문제들은 한결같이 그 해결에 타인들에 대한 깊은 관심을 요구한다. 그런 관심을 잘 준비하는 것이 그 문제들의 해결에 결정적으로 중요하다. 이 시기의 아이들에게서, 비사교성과 의심, 타인들의 불행에 쾌감을 느끼는 고약한 심술, 온갖 종류의 허영심, 신경과민, 타인들과의 만남에서 쉽게 흥분하는 경향, 무대 공포증, 거짓말과 기만, 중상, 부적절한 야망 등이 쉽게 확인된다.

공동체를 위한 교육이 잘 되어 있는 아이들은 언제든 친구를 사귈 것이다. 그런 아이들은 또 인류에게 영향을 미치는 모든 문제들에 관심을 보이고, 인류의 행복에 맞춰 자신의 관점과 행동을 조정할 것이다. 그들은 공정하거나 나쁜 수단을 통해서 자신에게로 관심을 끌어들임으로써 성공을 추구하는 방법을 취하지 않을 것이다. 비록 그들도 사회에 위험한 사람들을 향해 목소리를 높일지라도, 공동체 안에서 그들의 삶은 언제나 선의가 두드러지는 모습을 보일 것이다. 인간미 넘치는 사람들도 경멸의 감정을 좀처럼 떨치지 못한다.

우리가 발을 딛고 사는 이 지구의 표면은 인간이 노동과 분업을 필연적으로 받아들이도록 만든다. 여기서 사회적 감정은 타인들을 위해서 협력적인 일을 하는 모습을 띤다. 사회적으로 열려 있는 사람은 모두가 자신의 노동에 대한 보상을 받을 자격을 갖추고 있다는 점에 대해, 그리고 타인의 삶과 수고를 착취하는 것은 어떤 식으로든 인류의 행복을 강화하지 못한다는 점에 대해 절대로 의문을 품지 않는다.

최종적으로, 인류의 행복에 기여한 위대한 선조들의 후손인 우리는 어쨌든 주로 선조들의 성취를 바탕으로 살아가고 있다. 종교와 두드러진 정치 제도에 올바르게 표현된 위대한 사회 사상은 생산과 소비를 가능한 한 최선의 방법으로 분배할 것을 요구한다.

누군가가 구두를 제작할 때, 그 사람은 다른 누군가에게 유익한 방향으로 노력하고 있으며, 따라서 그는 생계를 충분히 유지하고, 최대한의 건강을 누리고, 자식들을 적절히 교육시킬 권리를 누린다. 그가 그 작업으로 돈을 받는다는 사실은 곧 교역이 활발히 이뤄지는 시대에 그의 유용함을 인정하는 것이다. 이런 식으로, 그는 자신이 사회에 소중한 가치를 지니는 존재라는 확신을 얻는다. 이 방법이야말로 인간의 열등감을 누그러뜨리는 유일한 수단이다.

유익한 일을 수행하는 사람은 발달을 꾀하고 있는 공동체 안에서 살면서 스스로 공동체의 진보를 돕고 있다. 이 연대는 언제나 인식되지는 않아도 아주 강하다. 그렇기 때문에 이 연대가 근면과 게으름을 평가하는 일반적인 기준으로 작용하고 있다. 누구도 게으름을 미덕이라고 부르지 않는다. 위기와 생산 과잉의 결과로 일을 할 수 없게 된 사람의 권리조차도 오늘날에는 이미 일반적으로 인정되고 있다. 이것은 사회에 잠재적 위협이 될 수 있다는 우려 때문이 아니라면 점점 더 커지고 있는 사회적 감정 때문일 것이다. 더욱이, 앞으로 부를 생산하고 분배하는 방식에 어떤 변화가 일어나든, 그리고 그 변화가 강제적으로 이뤄지든 상호 동의에 의해 이뤄지든, 틀림없이 사회적 감정의 힘을 인정하는 분위기는 지금보다 훨씬 더 강해질 것이다.

　너무나 큰 육체적, 정신적 만족을 안겨주는 사랑에서, 사회적 감정은 우리의 운명을 좌우하는 중요한 요소인 것 같다. 우정과 형제자매나 부모와의 관계에서와 마찬가지로, 사랑에서도 우리는 두 사람이 함께 수행하는 어떤 과제에 주목한다. 이번에는 성(性)이 다른 두 사람이 자녀를 가짐으로써 인간 종을 이어간다는 목적으로 협력하는 과제이다.

　아마 인간의 어떤 문제도 사랑의 문제만큼 사회적 환경 속에서 개인의 행복과 번영과 결정적으로 직결되지 않을 것이다. 두 사람이 개입하는 과제는 나름의 특별한 형태를 갖고 있으며, 한 사람의 과제로 다뤄지는 경우에 절대로 성공적으로 성취되지 못한다. 사랑의 문제의 올바른 해결을 위해서는 두 사람 모두가 자기 자신을 완전히 잊고 상대방에게 전적으로 헌신해야 하는 것 같다. 또 두 사람의 인간이 하나의 삶을 엮어내야 하는 것 같다. 우정과, 춤이나 스포츠 같은 활동, 또 두 사람이 같은 목적을 위해서 같은 도구를 사용하는 작업에도 그와 똑같은 헌신이 어느 정도 요구된다. 이런 관계에서는 불평등의 문제와 상호 의심, 적대적인 생각이나 감정은 철저히 배제되어야 한다. 더욱이, 육체적 매력이 결여되지 않는 것이 사랑의 핵심이다. 틀림없이, 육체적 매력이 인류가 성취한 발전의 단계에 부합하는 방향으로 파트너의 선택에 영향을 미치는 것은 진화의 본질과 진화가 개인에 미치는 영향 때문이다.

　따라서 진화는 우리의 평생의 동반자로 의식적으로나 무의식적으로 보다 높은 어떤 이상을 예시함으로써 우리의 미학적 감각을 인류의 발달을 위해 사용하도록 만들고 있다. 사랑에서 평등이라는 명백한 사실 외에 상호 헌신의 감정도 고려되어야 한다. 그런데 이 평등에 대해 우리 시대에도 여전히 남편과 아내가 종종 오해하고 있다. 이 헌신의 감정은 남자들에 의해 매우 자주, 소녀들에 의해 그보다 더 자주 예속적인 종속으로 오해되고 있다. 특히 헌신의 감정이 삶의 방식에서 이기적인 우월 원칙과 결합할 때, 그 감정은 남자들과 소녀들이 사랑을 단념하도록 하거나 사랑의 기능들을 수행하지 못하도록 만든다.

이 3가지 방향, 즉 실행에 두 사람이 필요한 과제를 위한 준비와 동등한 가치에 대한 자각, 서로에게 헌신할 줄 아는 능력에서 결함을 보이는 것이 사회적 감정을 결여한 사람들의 공통적인 특징이다. 그들이 이 과제에서 겪는 어려움이 그들을 잘못 이끌면서 그들이 사랑과 결혼의 문제를 다루는 일에서 위안을 발견하려는 노력을 영원히 펼치게 할 수 있다. 결혼의 경우에 일부일처제가 틀림없이 가장 적극적인 진화론적 적응일 것이다.

방금 묘사한 사랑의 구조는 어떤 발달의 끝이 아니라 하나의 과제이기 때문에 추가로 영속성을 지닌 어떤 결정을 요구한다. 이유는 그것이 아이들과 인류의 행복에 중요한 영향을 미치기 때문이다. 사람이 사랑에서 저지르는 실수와 잘못과 사회적 감정의 결여 때문에 이 지구상에서 자식들과 문화적 성취를 통해 영원한 생존을 누리는 데서 배제될 수 있다는 점을 깨닫는 것은 참으로 무서운 전망이다. 난교나 매춘, 성적 도착, 나체주의 숭배 같은, 사랑을 갖고 장난을 치는 행위는 사랑으로부터 모든 위엄과 영광과 미학적 매력을 강탈해 버린다. 지속적인 관계를 거부하는 것은 곧 공동의 과제를 맡은 두 파트너 사이에 의심과 불신의 씨앗을 뿌리는 것이나 마찬가지이며, 두 사람이 서로에게 헌신하지 못하도록 막는다.

이와 비슷한 어려움들은 개인에 따라 정도의 차이가 있을지라도 모든 불행한 사랑과 결혼에서 사회적 감정이 약해졌다는 점을 보여주거나 정당하게 기대할 수 있는 기능들을 수행하길 거부하고 있다는 점을 보여주는 신호이다. 그런 경우에, 삶의 방식을 수정해야만 향상을 낳을 수 있다.

나는 예를 들어 난교에서 사랑을 갖고 장난을 치는 행위, 즉 사회적 감정의 결여가 성병이 침투할 길을 열어주었다는 점에 대해, 그리고 그런 식으로 가족들과 민족들이 이 땅에서 사라질 수 있다는 점에 대해 조금도 의심을 하지 않는다. 삶에서 어떤 법칙도 절대적으로 불변하는 것으로 확인되지 않았기 때문에, 사랑이나 결혼의 끈을 푸는 것에 대해서도 논할 이유가 있다. 분명히, 모든 사람이 언제나 자신에게 옳은 판단을 하는 것으로 여겨질 수는 없다. 바로 그런 이유 때문에, 이 문제는 사회적 감정을 바탕으로 어떤 결론을 내릴 수 있을 만큼 경험 많은 심리학자들에 의해서만 다뤄져야 한다.

가족계획의 문제도 우리 시대에 상당한 소란을 야기했다. 인간은 생식의 명령을 이행했고 인간의 숫자가 바닷가의 모래알 만큼이나 많기 때문에, 인간의 사회적 감정은 틀림없이 무제한적인 후손이라는 요구에서 덜 엄격하게 되었다. 게다가 기술 장비의 엄청난 발달로 인해 너무나 많은 인력이 남아돌게 되었다. 동료 노동자들의 필요성이 현저하게 줄어들었다.

사회적 상황이 신속한 생식을 유도할 동기를 전혀 제공하지 않고 있다. 적절한 사랑의 기준이 높아짐에 따라, 오늘날 어머니의 복지와 건강에 대한 관심이 예전 그 어느 때보다 높다. 점점 더 발달하고 있는 우리 문명도 여자들의 창조력과 지적 관심을 제한했던 경계선들을 제거했다.

현대의 기술 향상은 남자와 여자가 똑같이 자식들의 교육뿐만 아니라 문화와 오락, 취미에 더 많은 시간을 할애할 수 있도록 만들고 있다. 여가 시간은 가까운 미래에 더욱 길어질 것이며, 그 시간은 적절히 활용하기만 하면 개인 본인뿐만 아니라 그에게 의존하고 있는 사람들에게도 꽤 이롭게 작용할 것이다.

이 모든 사실들은 사랑이 종의 번식이라는 과제 외에 거의 독립적인 어떤 역할을, 그러니까 보다 큰 쾌락을 추구하는 역할을 맡도록 했다. 이 쾌락은 틀림없이 인류의 행복에 기여할 것이다.

영원히 성취된 이런 진화론적 발전은 인간이 짐승과 다르게 만드는 표시이며, 법과 규정에 의해 제한될 수 없다. 아이들의 수를 결정하는 문제는 사려 깊게 협의를 거친 뒤에 전적으로 여자에게 맡기는 것이 가장 바람직하다. 임신에 인위적으로 개입하는 경우에, 의사와 상담을 하는 외에 심리학적 자질을 갖춘 사람의 조언을 거친다면, 어머니와 아이가 가장 확실한 보호를 받게 될 것이다.

그러나 파트너를 올바로 선택하기 위해서는, 육체적 및 지적 적절성과 매력 외에, 충분한 정도의 사회적 감정을 암시하는 다음과 같은 자질들이 고려되어야 한다. 우정을 지켜나가는 능력과 일에 관심을 가질 줄 아는 능력, 자기 자신보다 파트너에게 더 많은 관심을 쏟을 줄 아는 능력이 바로 그런 자질들이다.

틀림없이, 아이를 갖는 것에 대한 두려움은 이기적인 동기 때문일 수 있다. 그 두려움이 어떤 형식으로 표현되든, 그것의 원인을 따지고 들어가면 최종적으로 사회적 감정의 결여로 확인될 것이다. 버릇없이 자란 소녀가 결혼 생활에서 응석받이 아이의 행세를 그대로 하는 예가 그런 경우이다. 혹은 소녀가 자신의 개인적 외모에만 신경을 쓰면서 임신과 출산에 따른 몸매 훼손을 두려워하며 과장하는 것도 그런 예이다. 아내가 경쟁자 없는 상태로 남기를 원하거나, 아내가 사랑 없는 결혼 생활로 들어선 때에도, 그런 일이 일어난다.

많은 경우에, '남성성 추구'(masculine protest)[2]는 아내의 역할과 출산을 거부하면서 재앙을 낳을 수 있다. 여자의 이 같은 태도는 자신의 성적 역할에 대해 항의하는 것으로, 종종 생리 불순을 낳고 성적 영역에서 기능적 장애를 일으킨다. 그 같은 태도는 언제나 가족 안에서 이미 종속적인 것으로 여겨지는 성적 역할에서 비롯된다. 그러나 그런 태도는 은밀히 또는 공개적으로 여성들에게 열등한 지위를 안기려는 불완전한 우리 문명에 의해 근본적으로 조장되고 있다. 따라서 생리 자체가 많은 경우에 소녀의 정신적 자기 방어의 결과 온갖 종류의 문제를 낳으면서 협력의 준비가 불완전하다는 점을 드러낼 것이다. 그러므로 '남성성 추구'는 '한낱 보잘것없는 소녀일 뿐'이라는 열등 콤플렉스에 바탕을 둔 우월 콤플렉스로 여겨져야 한다. 이 '남성성 추구'는 다양한 형태로 표현되며, 그 중 하나는 남

---

2 알프레드 아들러가 제시한 개념으로 주로 여성의 심리에서 발견된다. 남자와 똑같이 평가받고 보상받기 위해서 여성의 역할을 부정하려 드는 태도를 말한다.

자의 역할을 하려는 열정으로 나타나며 동성애로 이어질 수 있다.

사랑에 해당하는 시기에, 직업과 사회를 위한 준비를 불완전하게 갖추는 외에 다른 방식으로 사회적 관심을 멀리하는 예들도 보인다. 최악의 형태는 분명히 젊은 시절에 공동체의 요구로부터 스스로를 완전히 격리시키는 것이다. 크레치머(Ernst Kretschmer)가 발견했듯이, 이런 정신 질환은 신체 장기의 열등과 밀접히 관련 있다. 그의 증거들은 삶의 초기에 신체 기관의 장애가 의미를 지닌다는 나의 발견을 보완하고 있다. 그럼에도 크레치머는 개인 심리학과 달리 그런 신체 장기의 열등이 삶의 방식의 구축에 지니는 중요성을 고려하지 않았다.

협력을 위한 준비를 요구하는 외부 환경의 끊임없는 압박 속에서 신경증을 일으키는 예가 점점 더 많아지고 있다. 삶의 요구들로부터 완전히 철수함과 동시에 다소 앙심을 품고 그 요구들을 강력히 비난하는 행위로서, 자살도 증가하고 있다. 모르핀과 코케인 중독뿐만 아니라, 인간이 비사회적인 방법으로 사회적 요구들을 피하는 한 방법인 알코올 중독도 사회적 감정을 갖추지 않은 사람들이 사회적 문제들로부터 도피하는 상황에서 저항하기 힘든 유혹이다. 이런 중독자들을 치료해 본 경험이 많은 사람은 누구나 그들이 삶을 응석받이로 쉽게 살고 싶은 욕망을 강하게 품고 있다는 사실을 증명할 수 있다. 비행을 저지르는 많은 사람들에게도 이 말이 그대로 적용된다. 그런 사람들을 보면, 행동에서 사회적 감정이 부족하다는 사실이 드러나고, 그와 동시에 용기의 부족은 이미 어린 시절에 분명하게 나타났던 것으로 확인된다.

이 시기에 성적 도착이 더욱 분명해진다고 해도 놀랄 필요가 없다. 성적 도착은 성도착자 본인에게는 유전의 결과로 여겨진다. 따라서 어린 시절의 성적 도착의 징후들은 그들 자신뿐만 아니라 많은 저자들에 의해서도 타고났거나 어떤 경험의 결과로 얻게 된 것으로 여겨지고 있다. 사실은 그 징후들은 그릇된 훈련의 흔적들인 것으로 입증됨과 동시에 언제나 결함 있는 사회적 감정을 보여주는 명백한 신호이다. 이 불완전한 사회적 감정은 그 징후들의 다른 양상들에서 충분히 분명하게 드러난다.

사회적 감정의 크기를 추가적으로 테스트하는 것은 결혼 관계와 사업에서 이뤄진다. 사랑하는 사람을 상실하는 경우에, 홀로 남겨진 사람이 그때까지 세상에서 아무런 역할을 맡지 않았으면서도 마치 그 일로 세상 전체를 잃어버린 것처럼 생각하며 포기하는 경우가 있다. 재산의 상실을 겪거나, 어떤 종류든 낙담을 경험하는 경우에, 응석받이로 자란 사람은 공동체와 화합을 이뤄야 하는 힘든 상황에 처할 때 어찌해야 할지 몰라 하며 당황하는 모습을 보인다. 많은 사람들은 어떤 상황에서 실패하게 되는 경우에 공동의 행동을 통해 악조건을 제거할 목적으로 공동체와 협력할 생각은 하지 않고 혼란 상태에 빠지면서 반사회적인 방향으로 행동하지 않을 수 없게 된다.

이제 마지막 테스트에 대해 설명할 때이다. 바로 늙어가는 것에 대한 두려움과 죽음에 대한 두려움이다. 이 두려움은 자신이 자식들과 문명의 성장에 기여했다는 자각을 통해서 불멸을 누릴 것이라고 확신하는 사람들을 두렵게 만들지는 않을 것이다. 그러나 완전한 소멸에 대한 두려움이 육체의 급속한 악화와 신경의 손상 앞에서 자주 확인된다.

여성들은 종종 폐경기가 위험하다는 미신 앞에서 극도로 당혹스러운 모습을 보인다. 특히 여성들의 가치는 협력하는 능력이 아니라 젊음과 아름다움에 있다고 믿는 여자들이 폐경기에 이상하게 고통을 겪는 모습을 보인다. 그들은 마치 부당한 공격에 대처해야 하는 것처럼 종종 적대적이고 방어적인 태도를 취한다. 그들은 우울한 상태에 빠지며, 그 상태가 후에 우울증으로 발달하기도 한다.

내가 보기에, 우리 문명이 지금까지 이른 단계가 늙은 남녀들에게 합당한 위치를 부여하지 않고 있다는 데 의문의 여지가 없는 것 같다. 늙은이들에게 그런 자리를 누리도록 하는 것은 그들의 신성한 권리이기도 하다. 적어도 늙은이들은 그런 자리를 스스로 창조할 기회를 누릴 수 있어야 한다. 불행하게도 늙은이들이 협력하려는 의지의 한계는 이 단계에서 아주 뚜렷이 나타난다.

늙은이들은 자신들의 중요성을 과장한다. 그들은 자신들이 다른 사람들보다 모든 것을 더 잘 알고 있다고 고집한다. 그들은 자신들의 한계에 대해 불평한다. 그 결과, 늙은이들은 다른 사람들에게 방해가 되고 있으며, 아마 엉뚱하게도 자신들이 오랫동안 두려워했던 그런 분위기를 창조하는 데 일조하고 있을 것이다.

어느 정도의 경험을 쌓고, 공감하는 마음으로 차분하게 깊이 숙고한 뒤라면, 우리가 삶의 문제들을 통해서 사회적 감정의 크기가 어느 정도인지를 사실상 끊임없이 테스트를 받고 있고 또 우리가 그 문제들에게 받아들여지거나 거부당하고 있다는 사실이 누구에게나 분명하게 보여야 한다.

4장

육체와 영혼의 문제

오늘날 육체라고 부르는 모든 것이 완전한 일체성을 추구하기 위해 분투하고 있다는 의견에 더 이상 의문이 제기될 수 없다. 이 관점에서 보면, 원자는 대체로 살아 있는 세포와 비교될 수 있다. 원자와 살아 있는 세포는 똑같이 육체의 모양을 다듬거나 다른 부분들을 형성시킬 수 있는, 그런 명백한 힘들을 잠재적으로 갖고 있다. 둘 사이의 중요한 차이는 원자가 자급자족하는 반면에 세포는 대사를 한다는 점이다. 세포와 원자의 내적 또는 외적 움직임조차도 근본적인 차이를 보이지 않는다.

전자(電子)들도 절대로 정지 상태에 놓이지 않으며, 프로이트가 자살 충동 이론에서 제시한 바와 달리, 정지 상태를 추구하려는 분투는 자연에서는 어디서도 발견되지 않는다. 세포와 원자 사이에 가장 뚜렷한 차이점은 살아 있는 세포의 동화와 배설 과정에 있다.

이 과정을 통해, 세포는 성장을 이루고, 형태를 유지하며, 이상적인 최종 형태를 추구한다.

만약에 어디서 나왔든 불문하고 살아 있는 세포를 이상적인 환경에, 그러니까 상상 불가능한 조건이긴 하지만 별다른 노력 없이 영원히 자기 보존을 누릴 수 있는 그런 환경에 놓는다면, 그 세포는 언제나 똑같은 상태로 남을 것이다. 가장 약한 것조차도 거의 난폭한 수준으로 묘사될 수 있는 어려움들의 압박 하에서, 우리가 다소 모호하게 생명 과정이라고 표현하는 그것은 필연적으로 위안을 발견하지 않을 수 없게 되어 있다. 아메바들 사이에도 무수히 많은 형태로 존재하고 있는, 자연 속의 다양성은 보다 유리한 위치에 선 개체들에게 성공에 더 가까이 다가서고 보다 나은 형태를 발견할 기회를 주며, 따라서 주변 환경에 더 잘 적응할 기회를 안겨준다. 생명이 이 지구상에 존재했던 수십 억 년의 세월 동안에, 가장 단순한 세포의 생명 과정에서 인간이 생겨날 만큼 충분히 긴 시간이 있었다. 그 기간에 환경의 공격이라는 압박을 견뎌내지 못한 수많은 생물들은 사라지는 운명을 맞았다.

다윈(Charles Darwin)과 라마르크(Jean-Baptiste Lamarck)의 기본적인 견해들을 결합시키고 있는 이 개념에 따르면, '생명 과정'은 외부 세계의 요구들에 적응하는 것을 영원한 목표로 잡음으로써 진화의 흐름 속에서 그 방향을 유지하려고 노력하는 분투로 여겨져야 한다. 불완전한 신체 기관들과 기능들은 외부로부터 끊임없이 들어오는 자극에 노출되고 있으며, 진화가 앞으로 한 걸음 나아가는 것은 그런 자극이 결실을 맺는 때, 즉 신체 기관이나 기능이 외부 세계에 적응하는 때이다.

어떤 목표를 향한 분투가 그 목표에 평화롭게 닿는 경우는 절대로 없다. 이유는 외부 세계의 힘들이 바로 그 힘들에 의해 창조된 존재들에게 제기하는 문제들과 요구들이 완벽하게 충족될 수 있는 예는 절대로 없기 때문이다. 이 분투 속에서, 우리가 각자의 관점에 따라 영혼이나 정신, 이성 등의 이름으로 부르고 있는 그 능력, 말하자면 모든 '정신적인 힘들'을 포함하고 있는 그 능력이 발달했음에 틀림없다.

그리고 비록 우리가 정신 과정을 고려하면서 초월적인 토대 위에서 움직일지라도, 그럼에도 우리는 우리의 관점을 그대로 고수하면서 영혼은 생명 과정의 일부로서, 그리고 생명 과정에 포함된 모든 것들의 일부로서 근본적인 특징에 있어서 모체, 즉 그 영혼이 나온 살아 있는 세포와 비슷할 것이라고 단정한다. 이 같은 근본적인 특징은 무엇보다도 영혼이 외부 세계의 요구 앞에서 유익한 해결책을 모색하며 죽음을 극복하려고 노력하는 끝없는 분투에서 쉽게 발견된다. 또 그 특징은 영혼이 그런 목적을 염두에 둔 가운데, 이상적인 최종 형태를 향해 나아가려는 노력에서, 그리고 진화에 의해 그 목적을 이룰 준비를 끝낸 육체적 힘들과 공동 전선을 펴면서 상호 영향과 도움을 통해서 우월과 완전, 안전이라는 목표에 닿기 위해 끊임없이 분투하는 모습에서도 발견된다.

영혼의 발달에서도 육체의 진화론적 발달에서와 마찬가지로, 외부 세계의 어려움들을 옳은 해결책으로 극복할 수 있는 방향은 단연 두드러지게 드러난다. 모든 그릇된 해결책은 그것이 부적절한 육체적 발달 때문이든 부적절한 정신적 발달 때문이든, 잘못을 저지른 개인 본인의 제거와 죽음으로 이어질 수 있는 패배에서 그 부적절한 성격을 뚜렷이 드러낸다. 패배는 그 개인 너머까지 확장하면서 그와 연결되는 사람들에게 해를 입힐 수 있다. 그의 후손은 물론이고, 그의 가족과 부족, 민족, 국민이 큰 어려움에 처할 수 있는 것이다.

진화에서 언제나 그렇듯이, 이 어려움들은 극복되는 경우에 종종 더욱 큰 성공과 더욱 큰 저항력으로 이어질 수 있다. 그러나 이처럼 잔혹한 자정 작용에 희생된 식물과 동물, 인간들의 숫자가 엄청나다. 지금 당장 대체로 저항할 수 있는 것처럼 보이는 것들도 모두 잠정적으로만 시련을 견뎌낸 것에 지나지 않는다.

이 같은 관점에서 보면, 육체적 과정은 곧 육체가 대충 균형 상태에서 활동할 수 있도록 노력하는 과정이라는 말도 가능하다. 그렇게 할 경우에 육체가 나름대로 강점과 약점을 갖고 있는, 외부 세계의 요구들에 성공적으로 대처할 수 있을 것이다. 만약 이들 과정들의 한 면만을 본다면, 우리는 '육체의 지혜'라는 개념에 도달할 수 있다. 그러나 정신적 과정도 마찬가지로 이 지혜에 의존하지 않을 수 없으며, 이 지혜는 정신적 과정이 외부 세계의 문제들을 성공적으로 해결할 수 있도록 한다. 따라서 육체와 정신의 균형이 끊임없이 이어질 수 있다. 일정한 한계 안에서, 인간이 도달한 진화의 단계가 이 균형을 제공하는 한편, 활동성은 어린 시절에 발견된 우월 목표, 즉 개인의 삶의 방식 또는 행동 법칙에 의해 공급된다.

그러므로 삶의 근본 법칙은 극복의 법칙이다. 이 법칙은 육체적 및 정신적 성장을 통해서, 그리고 완성을 위한 노력을 통해서 자기 보존과 육체적 및 정신적 균형을 이루려는 분투의 뒷받침을 받고 있다.

자기 보존을 위한 분투는 위험들에 대한 이해와 위험들의 회피, 육체적인 부분을 개인의 죽음 그 후까지 지속시키는 진화론적인 방법으로서의 생식, 협동적인 사람의 정신이 불멸성을 얻도록 하는, 인류의 발달을 위해 협력하려는 태도, 그리고 방금 언급한 목표들 중 어느 것에라도 기여한 모든 사람들의 공동체적 성취 등을 포함한다.

진화의 기적은 육체가 육체에 결정적으로 중요한 모든 부분들을 동시적으로 유지하고, 완성하고, 보완하기 위해 영원히 분투하는 모습에서 명백히 드러난다. 피가 나는 상처를 입을 경우에 일어나는 피의 응고, 일정량의 수분과 당분과 알부민의 유지, 혈액과 세포의 재생, 내분비샘들의 동시 작용은 진화의 산물이며, 그런 현상들은 또한 생명체가 외적 손상에 저항하는 힘을 보여준다.

이 저항력의 유지와 강화는 변종들이 폭넓게 뒤섞이며 작용한 결과이며, 이런 과정을 거치는 동안에 결함은 줄어들고 강점은 그대로 유지되거나 강화된다. 여기서도 인간들의 연합인 사회가 유익한 역할을 맡아왔다. 따라서 근친상간의 제거는 공동체의 생존을 위한 분투에서 당연한 것으로 여겨지게 된 하나의 사실 그 이상은 되기 어렵다.

정신적 균형은 지속적으로 위협받는다. 완성을 추구하면서, 인간은 언제나 정신적으로 동요하는 상태에 있으며, 완성이라는 목표

앞에서 무능을 느낀다. 인간이 휴식과 가치와 행복의 감각을 갖는 것은 높은 곳을 향해 나아가는 노력에서 어떤 만족스런 단계에 이르렀다고 느껴질 때뿐이다. 바로 그 다음 순간에, 그의 목표가 다시 그를 앞으로 끌어당긴다. 그렇기 때문에 한 사람의 인간이 된다는 것은 곧 어떤 열등감을 소유한 존재가 된다는 의미이다. 그런데 이 열등감은 스스로를 정복하면서 지속적으로 앞으로 나아간다.

승리로 나아가는 경로들은 완성이라는 목표의 숫자만큼이나 다양하다. 열등감의 크기가 클수록, 그것을 정복하려는 충동도 그 만큼 더 커지고, 감정적 동요도 그 만큼 더 커진다. 그러나 감정들의 공격은 육체적 균형에 반드시 영향을 미치게 되어 있다.

육체는 혈액 순환과 분비, 근육 상태, 거의 모든 신체 기관의 변동으로 인해 나타나는 변화를 자율신경계와 미주신경과 내분비샘의 변형을 통해 겪는다. 이 변화들은 일시적인 현상으로서 자연스러우며, 개인의 삶의 방식에 따라 다양한 변형을 보인다. 그러나 그 변화들이 지속되면, 그것들은 기능성 또는 기질성(器質性) 신경증이라 불리며, 이런 신경증들도 정신 신경증과 마찬가지로 그 기원은 그 사람의 삶의 방식에 있다.

꽤 심각한 열등감 때문에 일어나는 실패의 경우에, 그것은 그 사람이 자기 앞에 버티고 있는 문제로부터 뒤로 물러나려 하고 있다는 것을, 그리고 그때 나타난 충격의 정신적, 육체적 증상들을 간직함으로써 그 후퇴를 안전하게 확보하려는 경향을 암시한다. 이런 식으로, 정신적 과정이 육체에 영향을 미친다. 그러나 정신적 과정은 정신 자체에도 영향을 끼친다. 이유는 그 과정이 온갖 종류의 정신적 실패를 야기하고, 공동체에 해로운 태만과 실수를 야기하기 때문이다.

이와 똑같이, 육체의 상태도 정신적 과정에 영향을 미친다. 우리의 경험을 근거로 판단하면, 삶의 방식은 어린 시절 초기에 형성된다. 육체의 타고난 상태가 삶의 방식의 형성에 대단히 큰 영향을 끼친다. 아이는 초기의 움직임과 활동을 통해서 자신의 신체 기관의 유효성을 경험한다. 아이는 이 유효성을 경험하면서도 오랫동안 그것을 표현할 말이나 개념을 갖지 못한 상태로 지낸다.

아이가 처한 환경의 영향이 아이마다 다 다르기 때문에, 아이가 자신의 행동 능력에 대해 느끼는 바는 영원히 미지의 상태로 남는다. 세심한 주의를 기울이고 경험에 근거한 통계적 확률을 이용하면서, 우리 개인 심리학자들은 신체 기관의 열등, 말하자면 소화기나 혈액 순환, 호흡기, 분비 기관, 내분비샘, 감각 기관들의 열등에 관한 지식을 바탕으로 아이가 삶을 시작하는 단계에서부터 자신에게 부담이 지나치게 많이 주어지는 것으로 느낀다고 추론한다. 그러나 아이가 이런 불리한 조건들을 극복하는 방법은 아이의 행동과 노력에서만 확인될 수 있다. 이 맥락에서, 인과성이라는 개념이 전혀 아무런 도움을 주지 못하기 때문이다.

여기서 아이의 독창력이 작동한다. 알지 못하는 자신의 잠재력의 범위 안에서 분투하면서, 아이는 시행착오를 겪으며 나름대로 훈련을 받으면서 자신에게 성취를 제공할 것 같은 어떤 완성 목표를 향해 대략적으로 정의된 경로를 따른다. 아이가 적극적으로 분투하든 수동적으로 남든, 주변을 지배하든 주변에 봉사하든, 사회적이든 이기적이든, 용감하든 소심하든, 신체 리듬과 기질에서 어떤 변형을 보이든, 쉽게 감동 받든 무관심하든, 아이는 자신의 전체 삶을 위해 결정을 내리고 자신이 짐작하는 대로 환경에 맞춰 행동 법칙을 발달시킨다. 아이는 이 환경에 대해 생각하며 자기만의 방식으로 거기에 반응한다. 목표를 향하는 경로는 개인에 따라 다 다르며, 세부적으로 들어가면 무수한 변형이 보인다. 그렇기 때문에 개별 환자에게 어떤 것이 전형적인지에 대해서만 암시할 수 있을 뿐이다. 개인적 차이에 대해서라면, 개인 심리학은 긴 설명을 피하지 못한다. 개인은 개인 심리학이 제시하는 지식을 갖추지 않은 상태에서는 자신의 경로가 향하는 방향에 대해 명쾌하게 설명하지 못한다. 개인은 종종 그 방향을 완전히 반대로 묘사하기도 한다.

개인 심리학자들에게 설명을 가장 먼저 제공하는 것은 그 개인의 행동 법칙에 관한 지식이다. 이 지식을 통해서 개인 심리학자들은 그 행동 법칙의 의도를, 말하자면 말이나 생각이나 감정이나 행동 등 다양한 표현 형식들의 의미를 발견한다. 육체가 이 행동 법칙을 얼마나 엄격히 따르고 있는지도 육체의 기능들의 경향에 의해 드러난다. 이를테면 어떤 연설의 형식은 대체로 말보다 표현력이 더 강하고 말보다 의미를 더 명확하게 전달할 수 있다. 그럼에도 불구하고 이 연설의 형태는 육체의 언어이며, 나는 그것을 '장기(臟器) 언어'(organic dialect)라고 불렀다. 예를 들어, 평소의 행동은 유순한데 밤에 오줌을 싸는 아이는 그렇게 함으로써 자신은 질서 잡힌 문명을 따를 생각이 없다는 뜻을 분명히 밝히고 있다. 용감한 척 굴며 스스로 용기 있는 사람이라고 믿기까지 하는 남자는 그럼에도 불구하고 떨림과 빨라진 맥박을 통해서 균형 상태를 잃었다는 점을 보여주고 있다.

32세인 여자가 왼쪽 눈의 왼쪽 부위에 심한 통증과 이중시(二重視)에 따른 고통을 호소했다. 이중시 때문에 그녀는 왼쪽 눈을 감아야 했다. 환자는 그것과 비슷한 발작을 11년 동안 겪었으며, 최초의 발작은 그녀가 남편과 약혼했을 때 일어났다. 현재의 발작은 7개월 전에 시작되었으며, 통증은 간헐적으로 나타나지만 이중시는 지속적으로 나타났다. 그녀는 마지막 발작의 원인을 찬물로 한 목욕으로 돌렸으며, 예전의 발작들은 찬바람 때문이라고 믿고 있었다. 그녀의 남동생도 비슷하게 이중시의 고통을 겪었으며, 그녀의 어머니도 심한 두통으로 인해 이중시를 겪었다. 이전의 발작들에서 통증은 오른쪽 눈 주위에서도 느껴졌으며, 통증이 느껴지는 위치가 이쪽에서 저쪽으로 바뀌기도 했다.

결혼하기 전에, 그녀는 바이올린을 가르치고 콘서트 장을 다니면서 자신의 일을 좋아했으나 결혼한 뒤로 일을 포기했다. 그녀는 지금 그녀 자신이 밝히는 바와 같이 의사와 가까운 곳에 있기 위해 형부네 가족과 살고 있으며, 거기서 그녀는 꽤 행복했다.

그녀는 그녀의 가족, 특히 아버지와 그녀 자신과 몇몇 남자 형제들을 기질이 급한 사람들로 묘사했다. 여기다가 내가 질문을 통해서 얻은 사실, 즉 그들이 거만하다는 점을 더한다면, 우리가 두통과 편두통, 삼차신경통[3], 간질병 비슷한 발작에 쉽게 걸리는 그런 유형

---

3 제5 뇌신경(삼차 신경)의 기능에 문제가 생김에 따라 일어나는 심각한 얼굴 통증을 말한다. 원인은 대체로 동맥 위치의 이상으로 알려져 있다.

의 환자를 다루고 있다는 사실이 확인된다.

환자는 또한 배뇨감을 갑자기 느끼는 예가 잦다고 불평했다. 그런 현상은 언제나 그녀가 정신적으로 긴장해 있을 때, 예를 들면, 다른 사람을 방문하거나 모르는 사람을 만나야 하는 때에 나타났다.

삼차신경통의 정신적 기원에 관한 연구에서, 나는 신체 기관의 문제 때문에 일어나는 예가 아닌 경우에 언제나 감정적 긴장이 일어난다는 사실에 주목해 줄 것을 당부했다. 방금 묘사한 환자에게 나타난 것처럼 모든 종류의 신경성 증상들에서 그 같은 사실이 분명히 드러난다. 혈관 운동 신경의 자극에 의해서, 또 교감신경 부신계의 흥분에 의해서, 감정적 긴장은 주로 혈압과 혈액 공급의 변화 때문에 통증과 마비 현상 같은 증상을 낳을 수 있다.

그 당시에 나는 두상과 얼굴 양쪽, 머리의 정맥과 동맥에 나타나는 비대칭이 머리뼈와 뇌막, 심지어 뇌 자체에 그와 비슷한 비대칭이 존재할 수 있다는 것을 말해주는 신호일 수 있다고 추측한 바 있다. 아울러 나는 그 비대칭들이 그곳에 위치한 정맥과 동맥의 흐름과 굵기에 영향을 미칠 수 있다는 의견을 제시했다. 아마, 두 개의 대뇌반구 중 어느 한쪽의 정맥이나 동맥과 붙어 있거나 이웃한 신경섬유와 신경세포의 발달이 늦었을 수 있을 것이다. 그렇다면 신경섬유다발의 경로에 특별히 관심을 쏟아야 하며, 그것도 틀림없이 비대칭일 것이며, 한쪽의 정맥과 동맥의 팽창 때문에 심경섬유다발이 지나치게 좁은 것으로 드러날 수 있다.

감정들, 특히 분노뿐만 아니라 즐거움과 불안, 비탄도 혈관에 변화를 일으킬 수 있으며, 얼굴 색깔을 통해 드러날 수 있다. 예를 들어, 화가 나면 이마의 혈관이 눈에 띄게 두드러진다. 우리는 몸의 보다 깊은 속에서도 그와 비슷한 변화가 일어난다고 단정한다. 틀림없이, 관련 있는 증상들을 모두 파악하려면 아직 대단히 많은 조사가 필요하다.

그러나 우리가 만약에 이 환자의 예에서 거만한 삶의 방식에 의해 유발된 급한 성격뿐만 아니라 발병 전의 외적 충격, 말하자면 그때까지 경험한 그 어떤 것보다 더 폭력적이었던 충격까지 보여주는 데 성공한다면, 만약에 아주 어린 시절부터 존재했던 영구한 정신적 긴장을, 이를테면 열등 콤플렉스와 우월 콤플렉스, 타인들에 대한 관심 부족, 그녀의 현재의 삶뿐만 아니라 기억과 꿈에서도 이기심을 확실히 찾아낼 수 있다면, 만약에 개인 심리학에 의한 치료로 성공을 거둔다면, 그리고 만약에 그 성공이 영속적이라면, 그것들은 신경성 두통과 편두통, 삼차신경통, 간질성 발작 같은 병들이 기질성 장애를 보이지 않는다면 삶의 방식의 변화에 의해서, 정신적 긴장의 완화에 의해서, 사회적 감정의 확장에 의해서 완전히 치료될 수 있다는 점을 추가로 뒷받침하는 증거가 될 것이다.

모르는 사람들을 방문하는 경우에 급히 느끼게 되는 배뇨감은 대단히 쉽게 흥분하는 사람의 그림을 제시하고 있으며, 그 그림은 말을 더듬는 것과 그 외의 다른 신경성 장애, 그리고 무대 공포증을 포함한 성격적 특성들의 원인뿐만 아니라 배뇨의 원인까지도 외적이며 바로 타인을 만나는 일 때문이라는 것을 보여주고 있다. 여기서도 강한 열등감이 분명히 보인다. 개인 심리학에 관한 지식을 가진 사람이라면 누구나 여기서 타인에 대한 의존을, 또 그런 식으로 의존한 결과 개인적 우월을 노리려는 노력이 증대되고 있다는 것을 감지할 수 있다.

환자 본인은 타인에게 특별한 관심을 전혀 품지 않는다고 설명한다. 그녀는 불안해하지 않고 또 별다른 문제없이 타인들과 대화할 수 있다고 단언하지만, 그녀는 유난히 수다스럽고 대화할 때면 나에게 끼어들 기회를 좀처럼 주지 않는다. 이것은 자기 자신을 설명하려 드는 경향이 강하다는 점을 확실히 보여주는 신호이다. 그녀는 틀림없이 결혼 생활을 주도하고 있는 파트너이지만, 남편의 나태함과 평화에 대한 욕망에 반대하고 있다. 남편은 열심히 일한 뒤에 피곤한 상태로 늦게 집에 돌아오면 아내와 함께 외출을 하거나 대화를 이어가고 싶은 마음이 별로 들지 않는다.

만약 대중 앞에서 공연을 해야 하는 상황에 처한다면, 그녀는 극심한 무대 공포증에 시달릴 것이다. 나는 그녀에게 아주 중요한 질문을 던졌다. 건강한 상태라면 무엇을 했을 것 같은가, 라는 질문이었다. 이 질문에 대한 대답은 그녀가 소심하게 뒤로 물러서 있는 이유를 명쾌하게 보여준다. 이 질문 앞에서 그녀는 끊임없는 두통에 대해 언급하며 주저하는 모습을 보인다.

그녀의 왼쪽 눈썹에 깊은 수술 흉터가 하나 있다. 이 수술이 있고 얼마 지나지 않아 편두통이 발병했다. 환자는 어떤 형태든 냉기가 자신에게 해로우며 온갖 종류의 발작을 야기한다고 주장한다. 그럼에도, 마지막 발작이 있기 전에 그녀는 찬물로 목욕을 했다.

그녀의 말에 따르면, 이 목욕이 즉시 발작을 불렀다. 발작이 있기 전에 전조 같은 것은 없다. 발작이 시작될 때 이따금 꺼림칙한 기분이 들었지만 언제나 그런 것은 아니었다. 그녀는 몇몇 의사를 거치며 검사를 철저히 받았지만, 신체 기관의 손상은 전혀 발견되지 않았다. 두개골도 X레이로 촬영하고, 피 검사와 소변 검사도 행해졌다. 별다른 문제가 없다는 결과가 나왔다. 자궁은 제대로 발달하지 않아 앞부분이 뒤틀리고 앞쪽으로 기울어져 있는 상태였다. 나의 책『장기의 열등과 그것의 정신적 보상에 관한 연구』(Studies über Minderwertigkeit von Organen)에서, 나는 크레치머의 연구 결과가 강력히 뒷받침하는 바와 같이 신경증 환자들의 경우에 신체 기관의 열등이 발견될 뿐만 아니라, 신체 기관이 열등한 경우에 생식 기관이 불완전한 상태일 수 있다는 점을 강조했다. 이 같은 사실을 처음 밝힌 사람은 불행히도 일찍 세상을 떠난 키를(Josef Kyrle)이었다. 우리가 지금 다루고 있는 환자가 그런 예이다.

환자는 여동생의 출생을 공포감 속에 지켜본 뒤로 분만에 대해 광적일 정도의 불안을 품었던 것 같다. 이것은 섹스에 관한 사실들을 아이들이 충분히 이해하고 동화시킬 수 있게 되기 전까지 아이들에게 알게 하지 말라는 나의 경고를 뒷받침한다.

그녀가 열한 살일 때, 그녀의 아버지는 그녀가 이웃 소년과 성적 관계를 갖는다고 크게 비난했다. 공포와 불안과 밀접히 연결되어 있는 성적 관계를 그런 식으로 일찍 경험한 것이 그녀가 사랑에 더욱 강하게 반항하도록 만들었으며, 이 항의는 결혼 생활 중에 불감증으로 나타났다. 결혼 생활을 시작하기 전에, 그녀는 신랑에게 아이를 영원히 바라지 않겠다는 약속을 할 것을 맹목적으로 요구했다. 편두통 공격과 끊임없이 그녀를 사로잡았던 그 공격에 대한 두려움은 그녀가 부부관계를 최소한으로 줄이는 그런 관계를 쉽게 정착시킬 수 있도록 했다. 야심적인 소녀들의 경우에 종종 그렇듯이, 그녀의 사랑 관계는 어려움을 겪을 수밖에 없었다. 왜냐하면 퇴보적인 우리의 문명이 강화하는 예리한 열등감 때문에 그녀가 사랑의 관계를 여자들에 대한 경멸로 오해했기 때문이다.

개인 심리학의 근본 개념들인 열등감과 열등 콤플렉스는 한때 정신분석가들에게 '남성성 추구'처럼 투우사가 소를 향해 휘두르는 빨간 천으로 여겨졌다. 그러나 지금 이 개념들은 프로이트와 그의 체계에 완전히 받아들여졌다. 물론, 크게 완화된 형태로 받아들여지긴 했지만 말이다.

그러나 이 학파는 이날까지도 우리가 지금 다루고 있는 이 소녀와 같은 환자들의 경우에 항의의 감정의 영향을 끊임없이 받고 있다는 사실을 이해하지 못하고 있다. 이 항의의 감정은 육체와 정신을 진동시키지만, 외적 요인이 있는 때에, 그러니까 사회적 감정의 크기에 대한 테스트가 행해지는 때에만 심각한 증상으로 모습을 드러낸다.

이 환자의 경우에 증상을 보여주는 징후는 편두통과 급한 배뇨감이다. 그녀가 결혼한 후로 지속되고 있는 만성적인 증상들은 아기 분만에 대한 두려움과 성적 불감증이다. 나는 이처럼 성미 급하고 거만한 사람이 앓는 편두통에 대한 설명을 거의 다 했다고 믿고 있다. 앞에서 묘사한 비대칭을 가진 이 환자 같은 사람들만 편두통이나 그 비슷한 어려움을 겪는 것 같다. 그러나 나는 나의 환자가 마지막에 겪은 심각한 발작의 외적 요인을 암시해야 한다. 이 경우에 찬물로 한 목욕이 그 발작을 야기했다는 점을 나는 강하게 부정하지 못하지만, 나는 그렇게 오랜 세월 동안 냉기가 자신에게 해롭다는 사실을 잘 알고 있었던 환자가 그녀의 말에 따르면 7개월 전에 위험에 대해서는 아무런 생각을 하지 않고 찬물로 곧장 뛰어들었다는 사실에 다소 놀라고 있다.

그렇다면 그녀가 몹시 분노한 상태에 있었던 것인가? 그녀의 발작이 그 특별한 시기에 일어난 것은 그때 그녀에게 편리한 어떤 기회가 있었기 때문인가? 그녀가 그 게임에 그녀에게 애정을 기울이며 헌신하는 남편 같은 사람을 반대자로 두고 있지 않는가? 그래서 그녀는 자신과 매우 가까운 사람에게 복수하기 위해 자살하는 사람처럼 차가운 물에 들어간 것이 아닌가? 그녀는 자신이 다른 사람에게 분노하고 있다는 이유로 자기 자신에게 격노하고 있는 것인가? 그녀는 부족한 사회적 감정 때문에 그녀를 놀라게 만들 삶의 문제들의 해결을 지연시키기 위해서 편두통에 관한 글을 읽는 일에 빠져 지내며 의사를 찾아 상담을 받고 그녀 자신에게 절대로 낫지 못할 것이라는 점을 확신시키려고 노력하고 있지 않는가?

그녀는 틀림없이 남편을 높이 평가하지만, 사랑하는 것과는 거리가 멀다. 정말이지, 그녀는 진정으로 사랑에 빠져 본 적이 한 번도 없었다. 완전히 낫게 될 때 무엇을 할 것인지에 대해 묻는 질문에, 그녀는 수도로 돌아가서 거기서 바이올린 레슨을 하며 오케스트라에서 연주할 것이라는 점에 대해 길게 이야기했다. 개인 심리학이 가르치는 예측의 기술을 습득한 사람이라면 이것은 곧 지방의 소도시에 묶여 있던 남편과의 별거를 의미한다는 것을 이해하는 데 전혀 아무런 어려움을 겪지 않는다. 이 점을 뒷받침하기 위해, 나는 그녀가 형부 집에 머물 때 행복을 느꼈다는 점을 상기시키고 그녀가 남편을 험담했다는 사실을 강조해야 한다.

남편이 그녀를 대단히 소중히 여기고 있고 또 그녀의 권력 욕구를 신속히 충족시킬 기회를 제공하고 있기 때문에, 그녀가 그와 헤어지는 것은 당연히 매우 어려운 일이다. 여기서 나는 이 환자에게 별거의 길을 더 쉽게 만들어주거나, 이 환자와 비슷한 환자들에게 조언과 호의적인 대화를 통해서 무엇보다 연인을 둬야 한다는 식으로 권하는 일은 없어야 한다는 점을 강조하고 싶다. 그런 환자들은 사랑이 무엇인지를 충분히 잘 알고 있지만 사랑을 제대로 이해하지 않고 있으며, 만약에 의사의 조언을 따른다면, 그들은 심한 절망에 빠질 뿐만 아니라 그 절망에 대한 책임을 전적으로 의사에게 돌리게 될 것이다. 이 여자 환자의 경우에 과제는 그녀를 결혼 생활에 보다 더 적합한 존재로 만드는 것에 있다. 그러나 이 여자 환자를 결혼 생활에 더 적합한 사람으로 만들려면, 그녀의 삶의 방식에 나타나는 실수들이 제거되어야 할 것이다.

보다 면밀히 조사한 끝에, 다음과 같은 사실들이 밝혀졌다. 얼굴의 왼쪽이 오른쪽보다 약간 작았다. 그 때문에 코끝이 왼쪽으로 약간 비뚤어져 있다. 왼쪽 눈, 그러니까 현재 문제가 되고 있는 눈의 크기가 오른쪽 눈보다 조금 작다. 한편, 나는 환자가 오른쪽 눈에도 똑같은 증상을 호소하는 이유를 설명할 수 없었다. 아마 그녀가 착각을 일으켰을 수도 있다.

그녀는 이런 꿈을 꾸었다. '나는 형부와 언니와 함께 극장에 있었다. 그들에게 나는 조금만 기다리면 무대 위의 나를 보게 될 것이라고 말했다.' 이 꿈에 대한 그녀의 설명은 이렇다. 그녀는 언제나 친척들 앞에서 자신을 과시하기를 원한다. 그녀는 극장 오케스트라에서 연주하기를 좋아한다. 그녀는 자신이 가족들로부터 충분히 평가를 받지 못하고 있다고 생각한다. 여기서도 신체 기관의 열등에 정신적 보상이 수반된다는 나의 이론이 유효한 것으로 확인되고 있다. (신체 기관의 열등과 정신적 보상의 관계는 크레치머의 결론과 에리히 옌슈(Erich Jaensch)의 결론의 토대를 이루고 있으며 언젠가는 널리 인정받을 것으로 판단된다.)

이 여자 환자의 시각기(視覺器)에 잘못된 부분이 있다는 데 대해서는 의문을 품기 어렵다. 같은 질병을 앓는 그녀의 오빠도 마찬가지다. 그것이 혈관이나 신경관의 이상 그 이상의 문제인지에 대해, 나는 자신 있게 대답하지 못한다. 시력은 정상인 것 같고 신진대사도 그런 것 같다. 갑상선도 겉으로 보기에 뒤틀리지 않았다.

극장과 무대에 선 자신의 모습을 보여주는 것에 관한 꿈은 분명히 그녀가 외모에 신경을 쓰는 비주얼 유형이라는 점을 보여주고 있다. 그녀의 결혼 생활과 지방에 거주하는 현실이 그녀가 자신을 과시하는 것을 막고 있다. 임신과 아이도 비슷한 장애가 될 것이다.

한 달 안에 치료가 완전히 이뤄졌다. 그 전에, 마지막 발작을 낳은 외적 요인에 대한 설명이 있었다. 그녀는 남편의 호주머니에서 어느 소녀의 편지를 발견했다. 단순히 인사말을 몇 자 적은 편지일 뿐이었다. 그녀의 남편은 그녀의 의심을 가라앉힐 수 있었다.

그럼에도 불구하고, 그녀는 남편에 대한 의심을 놓을 수 없었으며, 남편에게 그때까지 한 번도 품은 적이 없었던 질투심을 느꼈다. 그때부터 그녀는 남편을 감시했다. 그녀가 차가운 물로 목욕을 하고 그녀의 발작이 시작된 것이 이 시기였다.

질투심을 느끼고 허영심에 상처를 입은 상태에서 꾼 그녀의 꿈 중 하나는 그녀가 여전히 의심을 품고 있다는 점을 보여주고 있으며, 남편을 대하는 그녀의 태도가 신중하고 남편을 불신하고 있다는 점을 암시하고 있다. 그녀는 꿈에서 고양이가 물고기를 낚아채서 물고 달아나는 것을 보았다. 어떤 여자가 그 물고기를 빼앗으려고 고양이를 뒤쫓고 있었다.

그 꿈을 해석하는 데는 많은 힘이 들지 않았다. 그녀는 남편이 그 비슷한 절도를 저지를 경우에 대비해서 모든 것이 강하게 들리는 비유적인 언어로 자신을 준비시키고 있었다. 그 꿈에 대한 설명에서, 그녀는 자신이 질투심을 품은 적이 한 번도 없었고 자신의 자존심이 그런 악감정을 품지 못하도록 막았다고 말하지만, 그 편지를 발견한 후로 그녀는 남편이 자신을 속이고 바람을 피웠을 가능성에 대해 생각했다고 말했다. 그녀가 그런 일이 벌어졌을 가능성에 대해 생각했을 때, 그녀가 아내로서 남편에게 의존해야 한다는 사실에 대한 분노가 더욱 커졌다. 따라서 그녀가 찬물로 목욕을 한 것은 정말로 그녀의 가치가 남편에게 달려 있다는 사실과 남편이 그녀의 가치를 평가해주지 않는 사실에 대한, 그녀만의 삶의 방식에서 나온 복수였다. 만약에 그녀가 충격의 결과로 편두통의 발작을 일으키지 않았다면,

그녀는 자신이 가치 없다는 점을 인정했어야 했을 것이다. 그것이야
말로 그녀에게 일어날 수 있는 일들 중에서 최악이었을 것이다.

5장

신체 형태와 행동, 성격

이 장에서, 우리는 인간의 가치를 평가하고 인간의 중요성을 설명하기 위해 인간 종이 보여주는 3가지 외적 양상, 즉 신체적 형태와 행동, 성격을 고려할 것이다. 인간에 관한 과학적 지식은 당연히 경험을 바탕으로 삼아야 한다.

그러나 단순히 사실들을 축적한다고 해서 과학이 되는 것은 결코 아니다. 사실들의 축적은 어떤 과학의 형성을 위한 첫걸음이며, 수집된 자료는 일반적인 어떤 원칙 하에서 신뢰할 수 있는 방법으로 정리되어야 한다.

화를 내며 들어 올린 주먹과 성난 눈길, 큰소리로 내뱉는 저주의 말 등은 어떤 공격에 부수하는 행동들이라는 것은 너무나 명백하게 상식의 문제가 되었기 때문에, 무엇인가를 조사해서 진리에 보다 가까이 다가서겠다는 인간의 충동은 이 영역에서 더 이상 문제를 발견하지 못한다. 바로 그런 충동이 과학의 근본적인 본질을 이루고 있다. 우리가 과학에 대해 말하는 것이 정당화되는 것은 오직 이런저런 현상들을 보다 폭넓고, 지금까지 발견되지 않은 어떤 관계 속으로 끌어들이는 데 성공할 때, 그리하여 신선한 관점이 열리고 이전의 문제들이 해결되거나 겉으로 뚜렷이 드러나는 것처럼 보일 때뿐이다.

인간의 외적 형태뿐만 아니라 인간의 신체 장기의 형태도 삶의 유형과 다소 조화를 이루며, 신체 장기의 근본적인 패턴은 오랜 기간 동안 변하지 않은 상태로 남은 외부 환경에 적응하는 과정에 따라 달라진다. 적응의 정도는 무수히 많은 길로 다르며, 그 정도는 명확한 경계선을 어떤 식으로든 눈에 띄게 넘어설 때 분명히 드러난다. 틀림없이 다수의 요인들이 인간의 형태의 기본적인 발달에 영향을 미치고 있으며, 그 중에서 나는 다음 요인들을 강조하고 싶다.

1. 일부 변형들의 멸종이 있다. 이 변형들에게는 일시적으로나 영원히 존재할 가능성이 전혀 없다. 여기서 유기체들의 적응 법칙뿐만 아니라 크거나 작은 집단들에게 부담을 지나치게 안긴, 그릇된 존재 방식들(전쟁, 나쁜 정부, 불완전한 사회적 적응 등)이 작용하게 된다. 멘델의 법칙을 다소 따르는 엄격한 유전 법칙 외에, 우리는 신체 장기들과 형태들이 적응 과정에 서로 결합하는 능력에 영향을 받을 수 있다는 사실을 감안해야 한다. 형태와 개인적 및 집단적 장애들의 관계는 하나의 가치 함수로 묘사될 수 있다.

2. 성 선택이 있다. 문명이 성장하고 있고 교류가 증대된 결과, 성 선택은 형태와 유형의 획일성이 일어나는 방향으로 작용하는 것 같

으며, 성 선택은 또한 성 선택과 관련 있는 미학적 감각뿐만 아니라 생물학적 및 의학적 지식의 영향도 다소 받는다. 미학적 감각은 틀림없이 변화와 실수를 저지르게 되어 있다. 운동선수와 양성을 갖춘 사람, 풍만한 체형과 날씬한 체형 같은 대조적인 미(美)의 이상들은 이 영향들이 어떤 식으로 변화하는지를 보여주고 있으며, 이 변화는 틀림없이 예술로부터 두드러진 자극을 받는다.

3. 신체 기관들의 상관관계가 있다. 신체 기관들은 내분비샘들(갑상선, 성선(性腺), 부신, 뇌하수체 등)과 마치 비밀 동맹을 맺듯이 서로 연결되어 있으며, 서로에게 지지를 보내거나 해를 입힐 수 있다. 그래서 따로 분리되어 있으면 쇠퇴의 운명을 맞지만 서로 연결되어 있으면 적절하고 완전한 개인의 기능을 기본적으로 방해하지 않는 형태들이 존재하는 것이 가능하다.

이처럼 서로 결합된 효과에서, 말초 및 중추 신경계가 두드러진 역할을 한다. 왜냐하면 이 신경계가 자율 신경계와의 연결을 통해서 활동을 크게 증대시킬 수 있고, 육체적으로나 정신적으로 적절히 훈련하는 경우에 개인의 기능적 가치를 전반적으로 크게 높일 수 있기 때문이다. 이 같은 이유로, 심지어 전형적이지 않고 결함이 상당한 형태들도 개인들과 세대들의 존속을 반드시 위협하지는 않는다. 이유는 결함 있는 형태들이 다른 힘의 원천들로부터 보상을 끌어내기 때문이다. 그래서 개인은 대체로 균형 상태를 유지하고, 결함들도 종종 극복될 수 있다.

객관적인 연구는 가장 두드러지고 유능한 사람들이 결코 가장 잘생긴 사람들 사이에서 발견되지 않는다는 점을 분명히 보여줄 것이다. 이 같은 사실 때문에 우리는 개인 또는 민족 우생학의 경우에 매우 좁은 범위 안에서만 가치를 발휘할 수 있을 뿐이라고 믿는다. 반면에 그런 우생학에 복잡한 요소들이 너무나 많기 때문에, 판단에 있어서 정확한 결과를 끌어내기보다 오류를 저지를 확률이 월등히 더 높다. 아무리 꼼꼼하게 검증을 거친다 하더라도, 통계적인 설명은 개인에 관한 한 절대로 결정적인 설명이 되지 못한다.

옆으로 길게 생기고 적당히 근시인 눈이 대체로 보면 우리 문명에서 틀림없이 이점을 누린다. 이런 눈은 좁은 범위 안에서 행해지는 일을 바탕으로 조직되었으며, 눈의 피로도 거의 완전히 피할 수 있다. 오른손잡이에게 어울리는 문명에서 사람들의 40%가 왼손잡이라는 사실은 틀림없이 단점이다. 그럼에도 우리는 가장 훌륭한 도안사들과 화가들 사이에서, 그리고 가장 똑똑한 숙련공들 사이에서 훈련이 잘된 오른손으로 작업을 훌륭하게 처리하는 왼손잡이들을 많이 발견한다.

미학과 의학의 관점에서 보면, 날씬한 쪽이 훨씬 더 유리한 것처럼 보이지만, 날씬한 사람뿐만 아니라 뚱뚱한 사람도 서로 다른 종류의 위험에 처해 있으며, 가혹함을 따지자면 그 위험은 다소 동일하다. 짧고 넓은 손허리뼈(중수골)가 보다 큰 지레 작용의 힘 때문에 무거운 것을 다루는 일에 틀림없이 더 적절해 보인다. 그러나 기계류의 완벽에 따른 기술적 발달이 힘든 노동을 갈수록 불필요하게 만들고 있다.

우리는 아름다운 체형의 매력을 부정하지 못한다. 그럼에도, 그 아름다움은 강점과 약점을 수반한다. 결혼하지 않았거나 자식을 두지 않은 사람들 사이에서 잘 생긴 사람들이 많이 발견된다는 사실 앞에서 많은 사람들이 의아하게 생각했던 경험이 있을 것이다. 한편, 덜 매력적인 사람들은 다른 측면에서 우수한 덕분에 종의 번식에 역할을 하고 있다.

어떤 상황에서 우리가 예상한 유형과 다른 사람들을 발견하는 예가 얼마나 자주 있는가? 다리가 짧고 평발인 등반가들도 있고, 체격이 큰 재단사들도 있고, 못생긴 남자를 좋아하는 여자들도 있다. 그런 경우에, 복잡한 정신적 요소들에 대한 지식을 더 깊이 갖추어야 그런 모순들을 이해할 수 있다.

특별히 성숙한 사람인데도 어린애 같은 모습을 보이는 사람도 있고, 아이처럼 행동하는 남성적인 유형도 있고, 몸집이 거구이면서 소심한 사람도 있고, 난쟁이처럼 생겼으면서도 용감한 사람도 있고, 추하게 기형으로 생겼는데도 점잖은 사람도 있고, 잘 생겼으면서도 불량배처럼 구는 사람도 있고, 나약하게 생긴 범죄자도 있고, 거칠어 보이는데도 마음이 따뜻한 사람도 있다. 누구에게나 이런 사람을 만난 경험이 틀림없이 있을 것이다.

매독과 알코올 중독이 정자를 훼손시킬 수 있으며 후손에게 그 흔적을 뚜렷이 남기는 경우가 종종 있다는 것은 하나의 사실로 확립되었다. 그런 후손이 더 쉽게 죽는 것도 사실이다. 그러나 예외도 드물지 않다. 늙은 나이에도 아주 건강한 버나드 쇼(Bernard Shaw)는 최근에야 술을 많이 마시던 아버지에 관한 이야기를 들려주었다. 너무나 복잡한 까닭에 이해가 어려운 적응의 법칙들의 영향력은 애매한 선택의 원칙과 정반대이다. 어느 시인이 애통해 했듯이

말이다. '파트로클로스[4]는 무덤 속에 누워 있는 반면에, 테르시테스[5]는 살아 돌아오는구나.'

스웨덴에서 전쟁을 치른 뒤에 남자들이 귀한 사태가 벌어졌다. 그래서 남은 남자들에게 병약자든 사지 손상이 있든 상관없이 결혼을 강제하는 법이 통과되었다. 만약에 민족들을 놓고 서로 비교한다면, 지금 스웨덴 사람들은 가장 우수한 유형에 속할 것이다. 고대 그리스는 기형으로 태어난 아이들을 유기했다. 오이디푸스의 전설에서, 우리는 분노한 자연, 아니 더 적절히 표현하면 인간 사회의 격분한 논리의 저주를 보고 있다.

아마도 누구나 내면에 인간의 형태에 관한 이상적인 그림을 품고 있으면서 타인을 판단할 때 그것을 기준으로 삼을 것이다. 정말로, 삶에서 우리는 짐작의 필요성 그 너머로는 절대로 나아가지 않는다. 보다 높은 지적 비상(飛翔)을 꾀하는 사람들은 그것을 직관이라고 부를 것이다. 정신과 의사와 심리학자가 직면해야 하는 문제는 우리가 내면에 품고 있으면서 인간의 형태에 관한 판단을 내릴 때 근거로 삼고 있는 그 기준을 발견하는 것이다. 여기서 종종 좁을 수밖에 없는 삶의 경험들과 우리 대부분이 어린 시절부터 고수하고 있는 정형화된 이미지들이 문제를 결정하는 것 같다. 라바터 (Lavater)를 비롯한 일부 전문가들은 이런 것들을 바탕으로 어떤 체계를 만들었다. 그 인상들의 놀라운 동질성과 우리가 탐욕스런 사람과 인자한 사람, 사악한 사람, 범죄자를 그리는 방식의 동질성을

4 그리스 신화에서 트로이 전쟁의 영웅으로 나온다. 아킬레우스가 매우 아꼈던 전우였다.

5 트로이 전쟁 동안에 그리스 군인으로 대단히 추하고 언행이 사납고 복수심이 강했다.

고려한다면, 정당한 온갖 의문에도 불구하고, 우리가 내면에 숨겨 놓은, 깊이 생각한 어떤 판단 기준에 맞춰 형태의 내용과 의미에 대해 묻고 있다는 사실은 부정하기 어렵다. 그렇다면 육체를 창조하는 것이 정신인가?

이 문제를 다루고 있는 두 권의 저작물에 특별히 관심을 기울여 줄 것을 부탁하고 싶다. 왜냐하면 그 책들이 형태와 의미라는 모호한 문제를 어느 정도 밝혀주기 때문이다. 우리는 카루스(Carl Gustave Carus)가 이 주제에 기여한 것을 잊지 않고 있다. 이 주제를 부활시킨 공은 상당 부분 클라게스(Ludwig Klages)에게 돌아가야 한다. 보다 최근의 연구원들 중에서 옌쉬(Jaensch)와 바우어(Bauer)가 간과되어서는 안 된다. 그러나 나는 특별히 '육체의 형태와 성격'과 관련해서 크레치머의 주목할 만한 저작과 나 자신의 『신체 기관의 열등에 관한 연구』'(Study of Organic Inferiority)를 꼽고 싶다. 둘 중에서는 후자가 훨씬 더 오래되었다.

그 책에서 나는 선천적인 신체적 열등, 그러니까 불변의 어떤 마이너스적인 변형과 아주 예리한 열등감의 형성에 의해 정신 장치에 특별히 일어나는 긴장이 서로 연결되는 흔적을 발견했다고 생각한다. 적절한 훈련이 결여되어 있을 때, 외부 세계의 요구가 이 긴장 때문에 훨씬 더 적대적으로 느껴질 것이고, 그 사람 자신의 자아에 관한 걱정이 아주 분명하게 이기적으로 비칠 정도로 고조될 것이다. 이로 인해, 정신적 과민증, 용기 부족, 우유부단, 반사회적인 유형의 지각이 생겨날 것이다. 외부 세계를 보는 관점이 적응을 방해하면서 부적응을 낳을 것이다. 여기서 어떤 관점에 이르게 되는데,

그 관점에서 세심한 주의를 기울이며 일치나 모순을 지속적으로 관찰하면서, 우리는 그 형태로부터 그것의 근본적인 내용과 의미에 관한 결론을 끌어낼 수 있다. 경험 많은 관상학자들이 과학의 경계를 넘어서 직관적으로 이 경로를 따랐는지 여부에 대해 나는 결론을 내리지 않은 상태로 그냥 남겨둬야 한다.

한편, 나는 보다 예리한 이 긴장에서 비롯되는 정신적 훈련이 보다 큰 성취를 낳을 수 있다는 사실을 자주 확인할 수 있었다. 나의 일부 경험을 근거로, 예를 들어 생식샘 같은 내분비샘들이 적절한 정신적 훈련에 의해 향상되어 개선된 수준을 계속 지킬 수 있고 또 그것들이 부적절한 훈련에 의해 손상을 입을 수 있다고 추론했을 때, 나는 나 자신이 실수를 저지르지 않았다고 믿는다. 내가 유치하고 연약한 소년들과 말괄량이 소녀들 사이에서 똑같이, 부모들이 시작한 것과 정반대 방향의 훈련을 그렇게 자주 발견한 것은 절대로 우연일 수 없다.

연구원은 행동의 의미를 발견하는 문제를 다룰 때 훨씬 더 견고한 토대 위에 서게 된다. 여기서도 마찬가지로 많은 것을 짐작에 의존해야 하고, 또 환자마다 서로 밀접히 연결되어 있는 사실들을 바탕으로 그 짐작이 옳다는 사실을 뒷받침하는 증거들을 끌어내야 한다. 그와 동시에 이 방법을 통해서 우리는 개인 심리학이 언제나 강조했던 것, 그러니까 모든 행동은 하나의 통일체로서의 인격에서 나온다는 점을, 그 인격 안에 그것과 모순되는 것은 아무것도 없고 상반되는 것도 없으며, 두 개의 영혼 같은 것도 없다는 점을 확인하고 있다.

사람이 무의식적인 형태로 있을 때와 의식적인 형태로 있을 때가 서로 다르다는 주장은 의식의 섬세함과 미묘한 차이를 파악한 모든 사람에게 부정당할 것이다. 어쨌든 그 같은 구분은 정신분석의 광기에서 비롯된 인위적인 구분일 뿐이다. 사람이 움직이면, 그 사람의 삶의 의미도 변하기 마련이다.

개인 심리학은 표현력 강한 행동의 의미를 과학적으로 다듬어 내려고 시도했다. 이 과학의 영역 안에서, 수많은 변형을 보이면서 이 행동들에 대한 해석을 가능하게 만드는 요소들이 두 가지 확인되었다. 한 가지 요소는 어린 시절 초기부터 형성되며, 이 요소는 열등감에서부터 우월감으로, 이어 긴장의 해소로 이어지는 어떤 경로를 발견하면서 안전이 전혀 없는 상황에서 그 상황을 누르고 승리를 거두는 상황으로 넘어가려는 충동을 보인다. 나름의 특별한 성격과 여러 변형들을 갖고 있는 이 경로는 이미 어린 시절에 습관이 되었으며, 그것은 평생 동안 변하지 않는 행동의 한 형태로 여겨진다. 그 경로의 특별히 미세한 차이를 파악하기 위해서, 관찰자는 예술가적인 이해력을 발휘할 수 있어야 한다.

다른 한 가지 요소는 우리에게 그 사람의 사회적 관심에 관한, 말하자면 그 사람이 동료 인간들과 협력하려 하거나 협력하지 않으려 하는 의지에 관한 통찰을 준다. 그 사람이 보고 듣고 말하고 협상하고 행동하는 것에 관한 우리의 판단, 그러니까 그의 모든 행동에 대한 우리의 평가와 구분은 사회생활에 기여할 수 있는 그의 능력의 가치를 전제하고 있다.

상호 관심의 영역에서 형성된 이 표현력 강한 행동들은 테스트를 거칠 때마다 봉사할 마음의 준비가 어느 정도 되어 있는지를 보여준다. 원래의 행동 노선이 언제나 수천 가지의 다양한 형태로 모습을 드러낼 것이며, 그 행동 노선은 죽을 때까지 사라지지 않는다. 시간의 연속적인 흐름 속에서, 극복하려는 충동이 모든 행동을 지배하고, 위로 향하려는 모든 행동은 사회적 감정이라는 요소로부터 그 성격과 색깔을 얻는다.

더없이 심오한 통일성을 찾으려 노력하면서 아주 조심스럽게 앞으로 한 걸음 내딛기를 갈망하는 지금, 우리는 행동이 어떤 식으로 형태가 될 것인지를 예측하게 하는 어떤 관점에 도달하고 있다. 살아 있는 형태의 유연성은 틀림없이 나름의 한계를 갖고 있지만, 그 한계 안에서 행동은 나름의 효과를 발휘한다. 시간의 흐름 속에서, 이것은 세대와 민족, 인종을 불문하고 똑같이 적용된다. 행동은 틀에 박힌 행동, 즉 형태가 된다. 따라서 만약에 우리가 형태 안에서 그 형태를 다듬어낸 행동을 파악해낸다면, 형태로부터 인류에 대한 지식을 얻는 것도 가능해진다.

6장

열등 콤플렉스

오래 전에, 나는 한 사람의 인간이 된다는 것은 곧 열등감을 느끼게 된다는 뜻이라는 사실을 강조했다. 아마 어느 누구도 자신이 열등하다고 느꼈던 적을 기억하지 못할 것이다. 짐작컨대, 많은 사람들이 열등감이라는 표현에 불쾌감을 느끼면서 다른 단어를 선택했을 것이다.

이처럼 열등감이라는 표현을 피하려 드는 태도를 탓할 생각은 전혀 없다. 특히 나 자신이 이미 몇몇 저자들이 그 같은 회피를 이용하고 있다는 사실을 잘 알고 있기 때문이다. 특별히 영리한 몇 사람은 아이가 열등감을 갖기 위해서는 먼저 자신을 높이 평가할 기회를 가져야 한다는 식으로 주장함으로써 나를 엉뚱한 길로 이끌 수 있다고 상상하고 있다.

불충분하다는 감정은 긍정적인 고통이며, 하여간 그런 감정은 어떤 과제가 성취되지 못했거나 욕구가 해소되지 않았거나 긴장이 풀리지 않는 한 지속된다. 분명히, 불충분하다는 감정은 자연에 의해 주어지고 가능해지는 감정이며, 해소되기를 원하는 고통스런 긴장과 비교할 만하다. 프로이트가 추측하듯이, 이 해소가 반드시 즐거울 필요는 없지만, 쾌락의 감정을 수반할 수는 있다. 니체의 입장과 일치하는 인식이다. 일부 상황에서 이 긴장의 해소는 더 이상 신뢰할 수 없게 된 친구와 헤어지거나 고통스런 수술을 받는 때와 다소 비슷하게 영원하거나 일시적인 고통을 수반할 수 있다. 게다가, 끝없는 고통보다 대체로 더 선호되는 고통스런 종말은 어느 궤변가에 의해서만 쾌락으로 평가받을 수 있다.

유아가 움직임을 통해서 불충분하다는 감정을, 그러니까 완성과 삶의 문제들을 해결하기 위한 분투를 드러내듯이, 인류의 역사적 운동은 인류의 열등감의 역사로, 그리고 인류가 직면한 문제들의 해결책을 발견하려는 노력의 역사로 여겨져야 한다. 어느 시점엔가 활동을 시작한 생명의 물질은 그 후로 줄곧 마이너스 상황에서 플러스 상황에 닿기 위해 노력해 왔다. 우리가 진화의 개념으로 이해하고 있는 것은 바로 내가 1907년에 『신체 기관의 열등에 관한 연구』에서 이미 묘사한 이 움직임이다. 이 움직임이 죽음으로 이어지는 것으로 이해되어서는 절대로 안 된다. 반대로, 그것은 외부 세상을 정복하는 쪽으로 향하고 있으며, 어떤 식으로든 외부 세상과의 타협이나 정지 상태를 추구하지 않는다.

프로이트가 인간들이 죽음에 너무나 강하게 끌리기 때문에 꿈에서나 다른 방법으로 그것을 갈망한다고 주장할 때, 그것은 그의 개넘을 기준으로 하더라도 너무 성급한 예상일 것이다. 한편, 자신의 자만심 때문에 패배에 대한 두려움을 지나치게 과장한 나머지 외부 상황과 투쟁하느니 차라리 죽음을 선택하는 사람들이 분명히 있다. 그들은 지속적으로 응석받이로 살기를 원하는 사람들이고, 다른 사람들이 자신을 위해서 힘든 일을 대신 처리해 주기를 갈망하는 사람들이다.

인간의 육체는 분명히 안전의 원리 위에 구축되고 있다. 1906년과 1907년에, 그러니까 방금 언급한 나의 연구가 행해지던 때와 비슷한 시기에 행한 하버드 강연에서, 멜저(Melzer)는 보다 근본적이고 포괄적인 방식으로 이 안전의 원리에 대한 관심을 끌어냈다.

어느 신체 기관이 부상을 입는 경우에, 다른 신체 기관이 그 신체 기관을 대신하고, 훼손된 신체 기관은 스스로 회복력을 일으킨다. 모든 신체 기관은 일상적으로 요구되는 그 이상의 일을 수행할 수 있다. 한 개의 신체 기관은 몇 가지 결정적인 기능을 수행할 수 있다. 자기 보존 법칙을 엄격히 따르는 생명은 자체의 생물학적 발달을 통해 이 목적에 필요한 에너지와 능력을 얻는다. 어린이들과 젊은 세대들의 세포 분열은 이처럼 생명을 안전하게 지키는 기능의 일부일 뿐이다.

그러나 우리를 에워싸고 있는, 끊임없이 전진하는 문명도 안전을 확보하려는 이런 경향이 옳은 방향이라는 점을 암시하고 있다. 문명은 인간들이 영원히 열등감을 느끼는 상태에 있다는 점을 보여주고 있으며, 이 상태가 인간들이 보다 큰 안전을 얻기 위해 행동하도록 끊임없이 자극한다. 이 분투에 수반되는 쾌락과 고통은 오직 이 경로에서 받는 지원이고 보상일 뿐이다.

그러나 현재의 현실에 영원히 적응해버리는 것은 다른 사람들의 분투를 악용하는 것에 지나지 않는다. 예를 들면, 응석받이로 큰 아이가 생각하는 세상의 그림이 그런 식이다. 안전을 위한 지속적인 분투는 보다 나은 현실을 위해서 현재의 현실을 정복할 것을 요구하고 있다.

우리를 앞으로 나아가게 하는 이 문명의 흐름이 없다면, 인간의 삶은 불가능할 것이다. 인간은 자연의 힘들을 자신에게 유리한 쪽으로 활용하지 못했다면 틀림없이 그 힘들의 공격 앞에 굴복하고 말았을 것이다. 인간은 훨씬 더 막강한 동물들을 인간의 정복자들로 만들었을 수도 있었던 모든 것을 결여하고 있다.

기후 조건은 인간이 의복으로 추위로부터 스스로를 보호하도록 강요하고 있으며, 인간은 의복을 자기보다 더 많은 보호를 받는 동물들로부터 얻는다. 인간의 생체는 인위적인 주거지와 인위적인 식량 준비를 필요로 한다. 인간의 삶은 오직 분업과 충분한 생식을 통해서만 보장된다. 인간의 신체 기관과 정신은 정복과 안전을 끊임없이 추구하고 있다. 이 모든 것에다가 생명의 위험들에 대한 인간의 더욱 많은 지식과 죽음에 대한 자각을 더해야 한다.

자연에게 계모 밑에서 자라듯 가혹하게 다뤄지고 있는 인간 개인이 플러스 상황 쪽으로, 안전과 정복 쪽으로 나아가도록 강요하는 강력한 열등감의 축복을 받았다는 점에 대해 누가 의심할 수 있겠는가? 그리고 줄기차게 달라붙는 열등감에 맞서는 이 엄청난 반항은 모든 유아와 어린이의 내면에서 인간 발달의 근본적인 사실로서 새롭게 일깨워지며 되풀이되고 있다.

아이는 비정상이 아니라면, 예를 들어 백치 같은 아이가 아니라면 이미 위쪽을 향한 발달의 충동을 따르고 있으며, 이 충동이 아이의 육체와 정신의 성장을 자극하고 있다. 아이는 원래 정복을 위한 분투를 보이는 것이 두드러진 특징이다. 아이의 직은 체구와 약한 힘, 스스로의 힘으로 성취할 수 있는 만족의 결여, 사소하거나 심각한 형태의 무시 등은 아이가 힘의 발달을 추구하도록 만드는 자극제이다. 아이는 자신의 부적절한 존재의 압박으로부터 새롭고 완전히 독창적인 삶의 형태들을 창조해낸다. 아이의 놀이들은 언제나 미래의 어떤 목표에 맞춰져 있으며, 그 놀이들은 스스로를 창조하려고 노력하는 아이의 에너지를 보여주는 신호들이다. 이 에너지는 조건반사로는 절대로 설명되지 않는다. 아이는 정복 충동에 자극을 받아 미래의 허공에다가 건물을 지속적으로 짓는다. 삶에서 '반드시 거쳐야 할 것들'의 마법에 걸린 상태에서, 아이는 자신에게 주어진, 온갖 것을 요구하는 이 땅 위의 운명을 상대로 우월한 입장에 서겠다는 최종 목표에 이끌려 계속 앞으로 나아간다. 그리고 아이를 앞으로 끌고 가고 있는 이 목표는 아이가 정복을 위해 분투하는 그 좁은 환경으로부터 그 성격과 색깔을 취한다.

여기서 나는 이론적인 설명에 약간의 공간밖에 할애하지 못하는데, 그 설명은 1912년에 발표한 나의 책 『신경증적 체질』(Über den nervösen Charakter)에 충실히 담겨 있다.

만약 그런 정복의 목표가 존재하고 있고 진화가 그런 목표가 존재한다는 것을 증명한다면, 지금까지 성취되어 아이의 내면에서 구체화된 진화의 단계가 그 목표의 창조에 쓰이는 재료가 된다. 바꿔 말하면, 아이의 유전적 체질은 육체적이든 정신적이든 오직 아이의 최종 목표에 이용될 수 있고 이용되고 있는 한에서만 고려되어야 한다는 뜻이다.

훗날 발달 과정에서 발견되는 모든 것은 물려받은 재료의 활용에서 비롯되며, 그 모든 것의 완성은 아이의 독창력이 맡는다. 나는 물려받은 이 재료의 매력에 특별한 관심을 가져줄 것을 당부했다. 그러나 나는 그 재료가 인과적인 중요성을 지닌다는 점을 부정해야한다. 왜냐하면 늘 변화하기 마련인 복잡한 외부 세상이 아이에게 그 재료를 유연하고 독창적인 방법으로 활용할 것을 요구하기 때문이다. 비록 정복의 목표가 세상의 흐름 속에서 구체적인 형태를 취하게 되자마자 개인에 따라 다른 방향을 제시할지라도, 정복을 향한 경로는 언제나 고수되고 있다.

열등한 신체 기관이나 버릇없이 키우는 양육 또는 방치는 종종 아이가 개인적 행복과도 모순되고 인류의 진보적 발달과도 모순되는 그런 정복 목표를 구체적으로 세우도록 그릇 안내한다. 그러나 인과적 연결의 문제로서가 아니라 통계적 확률의 문제로서, 개인 심리학자들이 잘못된 경로를 선택하는 것이 어떤 실수의 결과라고 단언하는 것을 뒷받침하는 다른 예들과 결과들도 많다. 그리고 이 맥락에서 우리는 모든 악이 다른 양상을 보일 수 있다는 점을, 또 어떤 명백한 세계관을 고수하는 사람도 다른 사람들과 다른 시각을 보인다는 점을, 포르노 작가도 모두 자신만의 개성을 갖고 있다는 점을, 모든 범법자들이 자신과 다른 범법자들을 구분하듯이, 신경증 환자들도 모두 자신과 다른 신경증 환자들을 구분한다는 점을 기억해야 한다. 그리고 아이가 독창력을, 말하자면 물려받은 가능성들과 능력들을 이용하고 악용하는 모습을 보여주는 것은 바로 모든 개인의 이런 구분에서다.

아이를 둘러싸고 있는 세상 속의 요인들에 대해서도, 또 교육의 방식에 대해서도 똑같이 말할 수 있다. 아이는 그 요인들을 받아들이고 이용하면서 자신의 삶의 방식을 구체적으로 다듬는다. 아이는 어떤 목표를 스스로 창조하고, 그 목표를 향해 꿋꿋이 나아가며, 아이는 그 목표에 따라 지각하고, 생각하고, 느끼고, 행동한다.

개인의 행동이 확고히 파악되기만 하면, 그 사람의 행동이 어떤 목표를 추구하고 있다는 사실을 보지 않기가 오히려 불가능해진다. 목표가 없는 행동은 절대로 있을 수 없으며, 역설적이게도 그 목표는 절대로 성취되지 못한다. 그 이유는 인간은 절대로 세상의 지배자가 될 수 없다는 인간의 근본적인 자각에 있다. 때문에 인간은 세상의 지배자라는 생각이 떠오를 때마다 그런 생각을 기적의 영역이나 신의 전능으로 넘겨야 했다.

열등감이 정신생활을 지배하고 있으며, 그 열등감은 불완전과 미성취의 느낌에서, 그리고 개인과 인류 둘 다의 부단한 분투에서 분명히 확인될 수 있다.

일상의 삶이 개인 앞에 제시하는 무수한 과제들은 개인이 늘 공격 태세를 갖춘 상태에서 살도록 한다. 개인의 모든 행동은 미완성에서 완성 쪽으로 나아가고 있다. 1909년에 발표한 책『삶과 신경증의 공격적 충동』(The Aggressive Impulse in Life and in Neurosis)

에서, 나는 이 주제에 대해 더 많은 것을 밝히려 노력한 결과, 이 같은 공격 태세는 진화를 이루려는 충동 하에서 삶의 방식에서 나오며, 전체의 일부라는 결론에 도달했다. 그런 공격 태세를 근본적으로 사악한 것으로 볼 근거도 전혀 없으며, 그것이 타고난 가학적 충동에서 비롯된다고 볼 근거도 전혀 없다.

정신생활을 방향도 없고 목표도 없는 본능들을 바탕으로 구축하려는 절망적인 시도가 이뤄진다 하더라도, 적어도 진화의 충동만은 잊지 말아야 하며, 진화에 고유한, 공동체를 추구하려는 인간의 경향도 잊지 말아야 한다. 응석받이로 자란 탓에 낙담하게 된 인간의 숫자가 엄청나다는 사실을 감안한다면, 모든 사회 계층에서 무비판적인 사람들이 그런 낙담한 인간들이 품고 있는, 정신생활에 대한 그릇된 인식을 받아들이고 있다고 해도 놀랄 일이 전혀 아니다.

따라서 아이가 자신의 능력을 이용하면서 열등감에 자극 받아 가장 먼저 하는 독창적인 행위는 자신이 처한 환경의 독특한 상황에 맞춰 자신을 조정하는 것이다. 사람마다 다 다를 수밖에 없는 이 조정이 바로 행동이며, 이 행동은 최종적으로 우리에게 고착된 행동인 형태로, 말하자면 안전과 정복의 어떤 목표를 제시할 것 같은 삶의 어떤 형태로 이해된다.

이 발달이 일어나는 범위의 한계는 일반적으로 인간의 한계이며, 이 한계는 사회와 개인이 진화에서 도달한 단계에 의해 결정된다. 그러나 모든 삶의 형태가 이 진화의 단계를 적절히 이용하고 있는 것은 아니며, 따라서 진화의 경향과 정반대 방향으로 나아가는 삶의 형태도 있다.

앞의 여러 장에서, 나는 개인이 일하고 분투함으로써 자신이 추구해야 하는 이상적인 공동체의 틀에 자신을 잘 맞춰나갈 때 육체와 정신의 완전한 발달이 가장 확실히 보장된다는 점을 보여주었다. 자신이 알거나 모르는 상태에서 이런 관점을 취하고 있는 사람들과 그런 것을 고려하지 않는 다수의 사람들 사이에, 서로 연결할 수 없는 거대하고 깊은 심연이 자리 잡고 있다. 이 두 부류의 사람들 사이의 대립이 세상을 사소한 언쟁과 폭력적인 투쟁으로 채우고 있다. 분투하고 있는 사람들은 인류의 행복을 쌓아올리고 있고 거기에 기여하고 있다.

그러나 진화의 경향을 거스르고 있는 사람도 완전히 무가치한 존재는 아니다. 다소 해로운 실패와 오류를 통해서, 그들은 다른 사람들에게 더 열심히 노력하도록 강요하고 있다. 따라서 그들은 '언제나 사악한 마음을 품는데도 선을 창조하고 있는' 그런 요정과 비슷하다. 그들은 타인들의 내면에 비판 정신을 일깨우고 타인들이 더욱 완전한 지식을 얻도록 돕고 있다. 그들은 창조적인 열등감에 기여하고 있다.

따라서 개인의 발달과 공동체의 발달이 따르는 노선은 똑같이 사회적 감정의 크기에 따라 정해진다. 또 이 사회적 감정에 의해서, 옳고 그른 것을 판단하는 확고한 기반이 확보된다. 여기서 어떤 방법이, 그러니까 교육과 치료를 위해서뿐만 아니라 올바른 경로에서 어느 정도 벗어났는지를 판단하는 데 쓰일 경우에 놀라울 정도의 확실성을 제공하는 어떤 방법이 시야에 들어온다. 이런 식으로 쓰이는 기준은 실험적인 방법이 제공하는 그 어떤 것보다 훨씬 더 정확하다. 여기서는 삶 자체가 테스트를 제시한다. 개인이 하는 사소한 동작들도 모두 그가 움직이고 있는 방향과 그가 공동체와 떨어져 있는 거리를 짐작하는 데 이용될 수 있다.

해로운 징후들이나 공동체에 입힌 피해를 측정하는 현재의 정신의학의 치료 방법들도 보다 높은 곳을 추구하려는 공동체의 노력을 고려하면서 방법 자체를 세련되게 다듬으려고 노력하고 있지만, 그런 방법들과 개인 심리학을 비교하면 개인 심리학이 유익한 것으로 드러난다. 개인 심리학이 누구도 비난하지 않는 가운데 향상시키려고 노력한다는 사실을 고려한다면, 개인 심리학의 이점은 훨씬 더 커진다.

개인 심리학은 책임을 개인이 아니라 우리 문명의 실패로 돌리고 있다. 우리 문명의 불완전성에 우리 모두가 연루되어 있으며, 문명은 불완전한 것들을 제거하기 위해 우리의 협력을 요구하고 있다. 이것을 성취하기 위해 우리가 단순히 사회적 감정의 강화만을 고려할 것이 아니라 사회적 감정의 존재 자체를 고려해야 한다는 사실은 우리 인간이 지금까지 닿은 진화의 단계가 낮은 단계라는 점을 보여주는 신호이다.

미래 세대가 사회적 감정을 그들의 삶 속으로 통합시킬 것이라는 점에 대해선 의문이 전혀 없다. 우리가 호흡과 직립 보행, 그리고 망막 위에 지속적으로 움직이는 빛의 인상들을 정지된 이미지로 지각하는 것을 우리의 삶으로 통합시켰듯이 말이다.

심지어 인간의 정신생활 중에서 공동체 감정과 '이웃을 사랑하라'는 공동체의 가르침을 배양하는 요소를 이해하지 못하는 사람들조차도, 말하자면 숨어서 교활하게 발각이나 처벌을 피하면서 인간들에게 있는 '내면의 악당'을 드러내는 일만 하는 사람들조차도 높은 곳을 추구하는 인류에게 비료 같은 중요한 역할을 하는 존재들이다. 그들은 퇴행적인 발달의 상태를 기이하게 과장된 모습으로 보여주고 있다. 그들의 열등감은 그들 외에 다른 모든 사람들은 무가치하다는 확신 속에서 오직 개인적인 보상만을 추구하고 있다.

나의 눈에 위험스러워 보이는 것은 사회적 감정이라는 개념을 이런 식으로 악용하는 것이다. 말하자면, 사회적으로 해로운 사상과 삶의 방식을 승인하고 그것들을 구원이라는 이름으로 현재 또는 미래의 사회에 강요하기 위해서 사회적 감정에 이르는 길이 간혹 불확실하다는 점을 악용할 수 있다는 뜻이다. 예를 들면, 사형과 전쟁, 심지어 반대자들을 살해하는 행위까지도 이따금 능숙한 옹호자들을 발견한다. 더욱이, 이런 사람들은 언제나 사회적 감정이라는 망토를 걸치고 있다. 이것이야말로 사회적 감정의 전능을 뒷받침하는 멋진 증거가 아닌가!

시대에 뒤진 이런 모든 개념들은 그 같은 옹호가 새롭고 보다 나은 길이 발견될 수 있다는 확신의 결여에서 나온다는 점을, 즉 너무도 명백한 어떤 열등감에서 비롯된다는 점을 분명히 암시하고 있다. 인류 역사는 살인 행위조차도 앞서 나아가는 사상들의 우월성에 아무런 변화를 주지 못할 뿐만 아니라 빈사 상태에서 죽어가는 사상들의 붕괴를 막지도 못한다는 점을 모든 사람들에게 분명히 가르칠 수 있어야만 했다.

우리가 아는 범위 안에서 보면, 살해가 정당화될 수 있는 예는 오

직 한 가지뿐이다. 그것은 우리 자신의 생명이나 다른 사람의 생명
이 위험에 처했을 때 자기 방어 차원에서 저지르는 살인이다. 어느
누구도 셰익스피어가 '햄릿'에서 한 것보다 더 선명하게 이 문제를
인류 앞에 제시하지 못했다. 그 작품이 좀처럼 그런 식으로 이해되
지 않을지라도 말이다.

고대 그리스 시인들의 비극뿐만 아니라 셰익스피어의 모든 비극
에서도 살인자와 범죄자는 복수의 여신들에게 쫓기다가 죽음을 당
하며, 그것은 우리 시대의 살인 행위보다 더 끔찍한 살인 행위들이
사회의 어떤 이상을 위해 분투하고 있던 사람들의 사회적 감정에
충격을 안기던 시대의 일이었다. 그들은 그 이상에 조금 더 가까이
다가가 있었고, 결국에는 그들이 지배하기에 이르렀다.

범죄자의 모든 잘못들은 그의 사회적 감정이 닿을 수 있는 한계
가 어디인지를 우리에게 보여준다. 따라서 인류 중에서 앞으로 향
해 나아가고 있는 계층들은 계몽과 올바른 교육을 제시할 의무를
져야 할 뿐만 아니라 사회적 감정을 익히지 못한 사람들에게 어울
리지 않는 심각한 테스트를 제시하지 않을 의무도 져야 한다. 그런
계층의 사람들은 사회적 감정을 쌓지 못한 사람들을 사회적 감정을
충분히 발달시킨 사람들만이 풀 수 있는 과제를 수행할 능력을 갖
춘 것으로 여겨서는 안 된다. 이유는 준비되지 않은 사람들이 고도
의 사회적 감정을 요구하는 문제를 직면하는 경우에 충격을 경험하
게 되기 때문이다. 이 충격은 열등 콤플렉스의 형성을 통해 온갖 종
류의 실패를 낳을 수 있다.

범죄자의 본성의 구조는 에너지를 받았으면서도 사회에 별다른

소용이 되지 않는 그런 사람의 삶의 방식을 분명히 보여준다. 범죄자는 어린 시절 이후로 타인의 '기여'를 이용해도 정당화되는 그런 삶의 개념을 발달시킨 사람이다. 이런 유형은 응석받이로 자란 아이들 사이에서 특별히 자주 발견되고, 무시당한 상태에서 성장한 아이들 사이에서 그보다 조금 드물게 발견된다는 것은 더 이상 비밀이 아니다.

범죄가 자기 징벌이고, 그 원인을 거슬러 올라가면 어린 시절의 성적 도착에, 그리고 간혹 오이디푸스 콤플렉스에 닿는다는 견해를 고수하는 사람들이 있다. 현실 생활 속에서 메타포를 유난히 좋아하는 사람들이 직유와 유사성의 덫에 너무 쉽게 빠진다는 사실을 이해한다면, 이 견해를 반박하는 것도 어렵지 않다. 햄릿: '저기 꼭 낙타처럼 생긴 구름이 보이시오?' 폴로니어스: '아니, 영락없는 낙타 모양이군요.'

대변 이상 정체와 야뇨증, 그리고 어머니의 치마끈을 놓지 않으면서 어머니에게 부적절하게 애착하는 현상과 같은 어린 시절의 오류들은 그 아이가 응석받이로 크고 있다는 사실을 확인시키는 표시들이며, 그런 아이의 삶의 영역은 자기 어머니 너머까지 확장되지 않으며 그와 동시에 몇 가지 삶의 기능들을 포함하지 않는다. 그 기능들을 관리 감독하는 것은 당연히 아이의 어머니의 일이다.

만약에, 간지럼에 특별히 민감한 아이들에게 일어날 수 있는 일인데, 손가락을 빠는 행위나 대변 이상 정체처럼, 아이들의 오류에 간지러운 느낌이 결합되거나, 만약에 어머니와 밀착한 상태에서 지낸 결과, 응석받이 아이들의 기생적인 존재에 초기의 성적 감정이 있다면, 그것들은 주로 버릇없이 자란 아이들에게 위협이 되는 복잡하고 까다로운 문제이다. 그러나 어린이 자위행위뿐만 아니라 이런 유치한 오류에 집착하는 태도는 아이의 관심이 협력의 길에서 벗어나 공동체 생활의 부담으로부터 면제될 길을 찾는 쪽으로 쏠리도록 만든다. 그런 아이는 다양한 이유로, 무엇보다 응석받이로 자란 탓에 협동을 익히지 못한 상태에 있다.

아이의 관심이 공동체를 피하는 현상은 거의 틀림없이 아이가 어머니와의 유대에서 '안전'을 강화하는 효과를 누리도록 만든다. 그것은 당연히 어머니가 아이를 주의 깊게 보살피게 된 결과이다. (프로이트가 안전이라는 나의 개념을 잘못 이해하면서 그것을 방어로 보지만, 그것은 어떤 측면에서도 '방어'가 아니다.) 서로 밀접히 연결되어 있는, 사회적 감정의 결여와 심각한 열등감은 그런 아이의 삶의 이 단계에서 명백히 드러난다. 그 단계에는 적대적인 것 같은 환경에서 존재하는 데 따르는 온갖 성격적 특성들, 말하자면 과민증과 조급증, 애착의 부적절한 강화, 삶에 대한 두려움, 경계와 탐욕 등이 나타난다. 탐욕은 모든 것이 자신의 것이 되어야 한다는 식의 생각으로 나타난다.

삶의 어려운 문제들과 위험, 비탄, 낙담, 걱정, 사랑하는 사람의 상실, 온갖 종류의 사회적 긴장은 열등감의 그림에 언제나 명확히 나타나게 되어 있으며, 그것들은 대부분 보편적으로 확인되는 애착과, 우리가 불안과 슬픔, 절망, 수치심, 수줍음, 당황, 혐오 등으로 알고 있는 그런 정신 상태로 나타난다. 그것들은 얼굴 표정과 행동거지에 보인다. 마치 그런 것들로 인해서 근육의 긴장도가 상실되는 것 같다. 아니면 그런 감정을 야기하는 대상을 멀리하거나 삶에 대해 지속적으로 질문을 던지는 일을 포기하는 듯한 형태의 움직임이 관찰된다. 동시에 지성의 영역에서 후퇴하려는 생각들이 기피의 형식으로 일어난다.

우리가 아는 한, 감정 영역은 후퇴하려는 충동을 강화할 목적으로 불확실성과 열등의 사실을 감정의 동요로 표현한다. 보통 앞으로 나아가려는 분투에 소진되어야 하는 인간의 열등감은 삶의 폭풍우들 속에서 아주 생생하게 드러나며, 심각한 테스트 동안에도 충분히 선명하게 나타난다. 열등감은 사람마다, 또 상황마다 다 다르게 나타나는데, 이 열등감의 표현들을 전부 포함시킬 경우에 그 사람의 삶의 방식이 드러나며, 이 삶의 방식은 삶의 모든 상황에서 분리되지 않은 상태에서 최대한으로 작동한다.

자제나 분노, 심지어 혐오와 경멸에서, 그리고 앞에서 언급한 감정들을 억제하려는 시도에서도, 개인 심리학자는 우월 목표의 충동 아래에서 형성되어 열등감의 자극을 받는 삶의 방식이 작동하는 것을 반드시 보아야 한다. 첫 번째의 삶의 형태인 지적인 존재는 위협적인 문제들을 멀리하는 후퇴의 노선에 집착함으로써 신경증, 정신증, 자학적인 행동을 보일 수 있는 반면에, 또 다른 삶의 형태인 감정적인 존재는 혼합적인 형태들의 신경증 외에, 삶의 방식에 따라서 자살이나 알코올 중독, 범죄 또는 능동적인 성적 도착 같은, 활동이 보다 큰 행위를 보일 것이다.

그러나 보다 큰 이런 활동을 용기로 오해하면 안 된다. 용기는 오직 사회적으로 앞으로 향하고 있는 사람들 사이에서만 발견되기 때문이다. 여기서 우리는 프로이트가 '퇴행'이라고 부르는 그런 허구적인 과정에 관심을 두고 있는 것이 아니라, 똑같은 삶의 방식을 재조정하는 데 관심을 두고 있다. 이 삶의 형태들이 그 전에 존재했던 다른 삶의 형태들을 닮거나 공통적인 세부 사항을 갖고 있다는 이유로, 우리는 그 삶의 형태들이 예전의 형태들과 동일하다고 결론 내리지 못한다. 그리고 살아 있는 각각의 존재가 처분할 수 있는 것이 정신적, 육체적 힘 외에 다른 것이 아무것도 없다는 사실이 유아기 또는 원시적인 인간의 단계로 되돌아가는 것으로 여겨져서는 안 된다. 삶은 사회의 문제들을 해결할 것을 요구하며, 따라서 인간의 모든 행동은 과거에서 얻은 재료로 건축할 때조차도 언제나 미래를 향하고 있다.

삶의 모든 문제들을 해결하는 데 필요한 준비의 부족을 야기하는 것은, 그것이 동료애 속의 삶이나 협동, 인간애 혹은 이상 자아 등 그 어떤 이름으로 불리든, 언제나 사회적 감정의 결여이다. 어떤 문제 앞에서, 이런 불완전한 준비는 육체적 및 정신적 열등과 불안을 표현하는 수많은 형태들을 낳는다. 정말로, 이 결함은 초기 단계에도 온갖 종류의 열등감을 야기한다. 단지 그 열등감이 그다지 명확하게 나타나지 않을 뿐이지만, 열등감은 틀림없이 성격과 행동, 품행, 사고 유형, 발달 경로로부터의 일탈 등에서 모습을 드러낸다.

사회적 감정의 결여에 의해 강화된 어떤 열등감을 표현하는 이 모든 형태들은 문제가 위협적이게 되는 순간에, 그러니까 '외적 요소'가 등장하는 순간에 명백해진다. 이 외적 요소는 '전형적인 실패'에도 없지 않을 것이다. 단지 그런 경우에 그것이 모든 사람의 눈에 발견되지 않을 뿐이다. 전형적인 실패들은 어떤 충격의 효과들의 보유에 의해 처음 일어나는데, 이 보유는 심각한 열등감에서 야기된 압박감을 완화하려는 시도이자 마이너스 상황에서 벗어나려는 부단한 노력의 결과이다. 그러나 이런 예들 중 어떤 것에서도, 사회적 감정의 이짐에 대한 반박은 불가능하며, '선'과 '악'의 구분도 지워지지 않을 것이다. 모든 예에서, 사회적 감정의 필요성을 강조하는 'yes'가 있지만, 그 뒤를 그보다 힘이 훨씬 더 강하고 사회적 감정의 필요한 증대를 막는 'but'이 틀림없이 따른다. 이 'but'은 전형적이든 특별하든 불문하고 모든 예에서 개인에 따라 미묘한 차이를 보일 것이다. 치료의 어려움은 이 'but'의 힘과 비례한다. 'but'은 'yes'가 거의 사라져 버리는 때, 그러니까 충격에 이어 벌어지는 자살과 정신병에서 가장 강력하게 표현된다.

불안과 수줍음, 망설임, 페시미즘 같은 성격적 특성들은 다른 사람들과 불완전한 접촉을 오랫동안 해 왔다는 점을 뚜렷이 보여준다. 이런 성격적 특성들은 운명에 의해 테스트를 보다 가혹하게 받게 되는 경우에 더욱 강화된다. 이 특성들은 예를 들어 신경증에서 다소 뚜렷한 병의 증상들로 나타난다. 이것은 자신이 직면하고 있는 문제로부터 언제나 멀찍이 떨어진 채 뒤에 서 있는 사람의 더딘 움직임에도 똑같이 적용된다.

이처럼 삶의 '배후지'를 선호하는 태도는 그 개인의 사고 및 논쟁 유형에 의해서, 또 이따금 충동적인 사고나 쓸데없는 죄책감에 의해서도 두드러지게 강화된다. 개인이 자신의 문제를 멀리하도록 만드는 것이 죄책감이 아니라, 전체 인격의 불완전한 성향과 불완전한 준비가 그 사람의 전진을 막는 데 죄책감이 유용하다는 사실을 발견한다는 것이 쉽게 이해될 수 있다. 예를 들면, 자위행위로 인한 불합리한 자책은 깊은 후회를 느낄 적절한 구실을 제공한다. 심지어 과거를 돌아보는 모든 남자가 많은 것을 마무리 짓지 않은 상태로 둔다는 사실조차도 이런 사람들에게 적절한 역할을 맡지 않을 훌륭한 변명이 되어 준다.

신경증이나 범죄 같은 실패들의 원인을 거꾸로 그런 기만적인 죄책감에서 찾으려 하는 시도는 그 상황의 심각성을 오해하고 있다는 사실을 보여주고 있다. 불완전한 사회적 감정을 가진 환자가 추구하는 경로는 언제나 환자가 사회적인 문제 앞에서 심각한 의심을 품는다는 점을 암시한다. 이 의심은 충격을 강화하고, 그 충격은 그 결과 나타나는 육체의 변화와 함께 그 개인이 다른 경로로 눈길을 돌리도록 만든다.

이 육체적 변화들은 틀림없이 전체 육체가 일시적 또는 영구적인 무질서의 상태에 빠지도록 하지만, 그 변화들은 대개 정신적 장애를 쉽게 일으키는 신체 부위에 기능적 혼란을 야기한다. 이것은 신체 장기가 열등한 결과이거나 지나치게 많은 관심에 부담을 느낀 결과이다. 기능적 장애는 근육 상태가 약해지거나 근육이 자극을 받을 때 확인될 수 있다. 머리카락이 쭈뼛 서는 현상, 발한, 심장과 위와 창자의 이상, 급박한 배뇨감, 호흡 곤란, 목구멍 압박감, 성적 흥분이나 성적 불능 등이 그런 예들이다. 유사한 장애들은 종종 가족 집단 안에서 확인되는 어려운 상황에 의해 강화된다. 두통과 편두통, 심한 홍조나 창백도 있을 수 있다. 최근의 연구, 특히 월터 캐

넌(Walter Cannon)과 그레고리오 마라뇬(Gregorio Marañón) 등의 연구는 교감부신계가 이 변화들에서 중요한 역할을 맡고 또 자율신경계의 두개골과 골반 부분들도 역할을 한다는 것을, 따라서 이것들은 모든 종류의 감정에 서로 다르게 작용한다는 사실을 확인했다. 이것은 내분비샘들, 그러니까 갑상선과 부신, 성선과 뇌하수체 등의 기능이 외부 세계의 영향을 받고, 또 그것들이 그 사람의 삶의 방식과 부합하는 방향으로 정신적인 인상들에게, 그 인상들이 주관적으로 경험되는 힘에 따라 반응한다는 우리의 오랜 추측을 뒷받침한다. 이 반응은 육체적 균형을 복원하게 되어 있지만, 개인이 삶의 문제들을 해결할 준비를 불완전하게 갖추고 있을 때 그 복원이 극단적일 만큼 과잉 보상하는 쪽으로 이뤄진다.

개인의 열등감은 또한 그 개인의 경로가 향하는 방향에서도 확인될 수 있다. 나는 삶의 문제들에 대한 대단한 무관심에 대해서, 관심이 정지되는 것에 대해서, 말하자면 어떤 문제로부터 분리되는 것에 대해서는 이미 말했다. 간혹 그 같은 과정이 옳은 것처럼 보이고 사회적 감정과 일치하는 것처럼 보일 수 있는 것은 틀림없는 사실이다. 그것도 정당화될 수 있다는 사실은 특별히 개인 심리학과 관계가 깊다. 이유는 개인 심리학은 언제나 규칙들과 공식들에는 제한적인 가치밖에 부여하지 않으며 그것들의 유효성을 뒷받침하는 증거들을 새롭게 발견하는 것을 원칙으로 정하고 있기 때문이다. 이 증거들 중 하나는 방금 묘사한 움직임에 나타나는 개인의 습관적인 행동에 있다. '망설이는 태도' 외에, 열등감을 의심하게 하는 또 다른 유형은 삶의 문제를 부분적으로나 전면적으로 회피하는 태도에서 관찰된다. 이것은 자살과 정신병, 습관적인 범죄, 습관적인 성도착 등에서 전면적인 회피로 나타나고, 알코올 중독을 비롯한 다양한 중독에서 부분적인 회피로 나타난다. 열등감에서 일어나는 행동 유형의 마지막 예로, 나는 존재의 영역의 두드러진 제한과 앞으로 나아가는 경로의 협소함을 제시할 것이다. 이것은 삶의 문제들의 중요한 부분들을 배제한다. 여기서도 예외를 둬야 한다. 예술가들과 천재들처럼 공동체의 발달에 더 많은 기여를 할 목적으로 삶의 문제들의 개인적 측면들을 해결하는 것을 자신들의 정신에서 배제하고 있는 사람들에게는 적용되지 않는 것이다.

나는 이미 오래 전에 전형적인 실패의 모든 예들에서 열등 콤플렉스가 확인된다고 결론 내렸다. 그러나 나는 여기서 모습을 드러내는 가장 중요한 문제, 즉 직면해야 할 어떤 삶의 문제가 있을 때, 열등 콤플렉스가 그 육체적 및 정신적 결과와 함께 어떻게 열등감으로부터 생겨나는가 하는 문제에 대한 해답을 발견하려고 오랫동안 노력했다. 나의 지식이 닿는 한, 이 문제는 지금까지 해결되기는커녕 오히려 그것을 조사하는 저자들에 의해 뒷전으로 밀쳐졌다.

그 문제에 대한 해답은 개인 심리학의 범위 안에서 다른 모든 문제들과의 관계 속에서, 그러니까 전체를 부분을 바탕으로 설명하고 부분을 전체를 바탕으로 설명하려는 노력에서 나왔다. 열등 콤플렉스, 즉 열등감의 영향이 지속되고 그 감정을 계속 간직하고 있는 현상은 사회적 감정의 비교적 큰 결여로 설명될 수 있다. 경험과 꿈, 상황, 삶의 문제들이 절대적으로 동일하다 하더라도 그것들이 끼치는 영향은 사람마다 다 다르다. 이 같은 연결 속에서, 삶의 방식과 거기에 담긴 사회적 감정의 내용물이 결정적으로 중요하다.

간혹 우리는 사회적 감정의 결여가 너무도 뚜렷하고(이에 대한 증거를 나는 경험 많은 관찰자들에게만 의지하고 싶다), 열등감의 신호들을 일시적으로 분명히 보이면서도 열등 콤플렉스를 전혀 발달시키지 않은 사람들을 만난다. 이런 예들이 우리를 잘못 이끌면서 이 같은 주장의 타당성에 의문을 품도록 만든다. 그런 사람들이 가끔 아주 작은 크기의 사회적 감정을 가졌지만 호의적인 환경 속에 사는 사람들 사이에서 발견된다. 어떤 열등 콤플렉스의 존재에 대한 확증은 언제나 그 사람의 예전의 삶에서, 현재까지 그의 행동에서, 어린 시절에 버릇없이 컸다는 사실에서, 열등한 신체 기관의 존재에서, 어릴 때 무시당했다는 감정에서 발견된다.

치료에는 개인 심리학이 채택하는 다른 수단도 이용될 것이다. 어린 시절 초기의 기억들에 대한 이해, 개인 심리학이 전체적으로 삶의 방식과 관련해서 쌓은 경험, 삶의 방식이 가족 내 서열의 영향을 받는 과정, 꿈 해석 등이 동원될 것이다. 이런 것들에 대해서는 앞으로 논할 계획이다. 어떤 열등 콤플렉스를 가진 환자의 경우에, 그 사람의 성적 행동과 발달은 오직 전체의 일부일 뿐이며 그 콤플렉스 안에 완전히 포함된다.

7장

우월 콤플렉스

이 지점에서 독자는 당연히 이런 질문을 제기할 것이다. 그렇다면 열등 콤플렉스의 경우에 우월을 위한 분투는 어디서 발견되는가? 만약 우리가 열등 콤플렉스를 가진 많은 사람들에게서 이 분투가 일어나고 있다는 점을 보여주지 못한다면, 개인 심리학이라는 과학은 실패를 인정하는 수밖에 없는 상황에 처할 것이다. 그러나 이 문제에 대한 대답은 이미 상당 부분 제시되었다.

어느 개인이 사회적 감정을 결여한 탓에 패배를 겪어야 하는 상황에 처하자마자, 우월을 위한 분투가 그 사람을 위험 지역에 가까이 다가서지 못하도록 가로막고 나서며, 이 같은 태도는 공개적이거나 잠재적인 소심함으로 표현된다. 우월을 위한 분투가 그 사람이 사회적인 문제로부터 철수하는 노선을 고수하도록 하거나 문제를 우회하도록 강요한다. 그의 'yes-but'의 모순에 내재된, 우월을 위한 분투는 그가 'but'에 보다 큰 비중을 두도록 하고 그를 'but'의 마법 아래에 강하게 잡아둘 어떤 의미를 받아들이도록 강제한다. 그래서 그는 단순히 또는 주로 그 충격의 효과에 신경을 쓰게 된다. 여기서 그것이 적절한 사회적 감정이 없는 상태에서 어린 시절부터 자기 자신과 자신의 쾌락과 고통에만 관심을 두었던 개인의 문제이기 때문에, 그런 일은 훨씬 더 쉽게 일어난다.

덧붙여 말하자면, 이런 환자들 중에서 3가지 유형이 뚜렷이 구분되며, 조화롭지 못한 그들의 삶의 방식은 정신생활의 어떤 특별한 측면을 아주 분명하게 발달시킨 것으로 확인된다. 첫 번째 유형은 지적 영역이 표현 형식들을 지배하는 사람들을 포함한다. 두 번째 유형은 감정적이고 본능적인 삶의 풍성한 성장이 뚜렷한 특징으로 꼽힌다. 세 번째 유형은 활동 노선을 따라서 발달한다. 물론, 이 3가지 경향 중 어느 하나가 완전히 부재하는 예는 절대로 발견되지 않는다. 그러므로 모든 실패자는 계속 간직되고 있는 충격의 영향에서 자신의 삶의 방식을 아주 분명히 보여줄 것이다.

범죄자나 자살자의 경우에 일반적으로 능동적인 요소가 전면에 드러나는 것처럼 보이는 반면에, 대부분의 강박 신경증과 정신병에서 일어나듯이, 만약 지적인 자료를 더욱 강조하는 일이 일어나지 않는다면, 일부 신경증은 감정적 측면을 강조하는 특징을 보인다. 중독자는 틀림없이 언제나 감정적인 유형이다.

그러나 삶의 과제의 성취로부터 도피하는 것은 인간 사회에 부담을 안기고 인간 사회를 착취의 대상으로 만든다. 어느 한 사람의 협동의 결여는 다른 사람들의 추가 작업에 의해서, 가족 또는 공동체에 의해서 보충되어야 한다. 이런 현상이 나타날 때, 사회의 이상에 반대하는 침묵의 투쟁이 벌어지고 있다. 그것은 사회적 감정의 추가적 발달을 돕는 것이 아니라 사회적 감정을 깨뜨리는 것을 목표로 잡고 있는 끝없는 항의와 비슷하다.

그러나 개인적 우월은 불가피하게 협력에 반대하게 되어 있다. 그리고 이것을 근거로, 우리는 실패자들의 경우에 공동 작업에 필요한 발달이 지체되었고 이미 적절한 시각과 듣기와 말하기, 판단력을 결여하고 있는 사람을 다루고 있다는 사실을 확인한다. 그들은 상식 대신에 '개인 지성'을 갖고 있으며, 이 지성을 그들은 올바른 길로부터의 일탈을 확보하는 일에 교묘하게 이용한다.

나는 버릇없이 자란 아이를 자신의 욕구를 충족시키기 위해 끊임없이 다른 사람들을 동원하는 기생충과 비슷한 존재로 묘사했다. 만약 삶의 방식이 이런 태도로부터 형성된다면, 실패자들의 과반수가 애착의 문제든 재산의 문제든 아니면 물질적 및 정신적 노력의 문제든, 타인들의 기여를 자신의 소유물로 여기는 것이 쉽게 이해될 것이다.

이런 침해로부터 스스로를 지키기 위해 어떤 강력한 조치나 언어를 동원하든, 사회는 당연히 지식보다는 더없이 깊은 열망에서 비롯된 온정과 인내를 베풀어야 한다. 이유는 사회의 영원한 과제가 잘못을 응징하거나 복수하는 것이 아니라 잘못을 설명하고 제거하는 것이기 때문이다.

그러나 사회적 감정을 쌓는 훈련이 되어 있지 않은 개인들의 내면에서는 협력하려는 충동에 반대하는 항의가 언제나 일어나고 있다. 협력하려는 충동이 그런 개인들에게는 견딜 수 없을 것처럼 보인다. 이유는 그것이 그들의 개인 지성에 역행하며 개인적 우위를 위해 분투하는 그들을 위협하기 때문이다.

모든 사람이 크거나 작은 일탈이나 오류를 비정상적이거나 잘못된 것으로 인식한다는 사실 자체가 사회적 감정의 힘을 암시한다. 모두가 사회적 감정에 공물을 바쳐야 한다고 판단하고 있는 것처럼 보인다. 과학적인 방법을 채택하고 있다는 착각을 품고 있고 또 간혹 천재성까지 보이는 저자들도 어떤 위장 밑으로 인위적으로 배양한, 개인적 권력을 추구하려는 의지를 보고 있으며, 그들은 그 의지를 사악한 원초적 본능이나, 초인(超人)의 속성이나 원시적인 가학적 충동으로 여기면서 그들 자신도 이상적인 형태의 사회적 감정에 경의를 표하지 않을 수 없다는 사실을 확인하고 있다.

이미 눈앞에 어떤 목표를 보고 있는 범죄자도 그때까지 자신과 반사회적인 행동을 분리시키고 있던 경계선을 넘기 전에 자신의 행동을 정당화할 길을 모색해야 한다. 이상적인 사회적 감정이라는 영원히 고정된 관점에서 보면, 그것으로부터의 일탈은 어떤 것이든 개인적 우월이라는 목표를 겨냥하고 있는 교활한 시도처럼 보인다. 사회의 손에 당하는 패배로부터의 도피는 그들과 같은 사람들 대부분의 경우에 우월감과 연결된다. 그리고 패배에 대한 두려움이 그들을 지속적으로 동료 근로자들의 집단으로부터 멀리 떨어져 있도록 할 때, 그들은 삶의 과제들로부터 벗어나 있는 상태를 자신들에게 다른 사람들보다 유리한 이점을 주는 그런 특권으로 경험하면서 즐긴다. 그들은 예를 들어 신경증에 걸렸을 때처럼 고통을 겪을 때조차도 자신들의 유리한 입장, 그러니까 고통을 당하는 상황에 안전하게 갇혀 지낸다. 그런 상태에서도 그들은 그 고통의 길이 어떻게 하여 그들이 삶의 과제로부터 자유로워지도록 만드는지에 대해서는 알지 못하고 있다.

그들의 고통이 클수록, 그들이 곤란을 느낄 상황에 덜 처하게 되고, 따라서 그들은 삶의 진정한 의미를 모르게 된다. 삶의 문제들로부터의 해방과 너무나 밀접히 연결되어 있는 이 고통은 표현 형식들을 전체의 일부로, 또는 이것이 훨씬 더 중요한데, 공동체가 제기하는 문제들에 대한 대답으로 보는 방법을 배우지 않은 사람들에게만 자기 징벌처럼 보일 수 있다. 신경증 환자들처럼, 그들도 신경증적 고통을 하나의 독립적인 실체로 여길 것이다.

독자 혹은 나의 견해에 반대하는 사람은 아첨과 비굴, 타인에 대한 의존, 게으름, 그리고 자기 학대적인 특성(열등감의 명확한 표시)이 안도의 느낌이나 심지어 특권의 느낌을 낳는다는 점을 인정하기가 대단히 어렵다는 사실을 확인할 것이다. 그럼에도, 그런 것들이 삶의 문제를 사회적으로 능동적으로 해결해야 한다는 데 대한 항의라는 점을 이해하는 것은 그다지 어렵지 않다. 그것들은 또한 그 사람들의 삶의 방식에서 확인되듯이 그들이 거의 갖추지 않은 사회적 감정이 요구되는 상황에서 패배를 피하려는 교활한 시도들을 나타내고 있다. 그런 경우에, 그들은 무거운 과제를 다른 사람들에게 떠넘기거나, 마조히즘에서처럼 종종 타인들의 의지에 반하게 그 과제를 지시한다.

모든 실패의 예에서, 개인이 생각하고 있는 특권적인 입장이 쉽게 눈에 띈다. 이 특권적인 입장에 서기 위해서, 실패자는 이따금 고통과 불만, 죄책감을 대가로 지불하지만, 그 위치에서 절대로 물러서지 않는다. 이유는 그가 사회적 감정을 결여하고 있는 탓에 "내가 세상을 분배할 때 당신은 어디 있었는가?"라는 질문이 던져질 때 그곳이 훌륭한 알리바이를 제공할 것처럼 보이기 때문이다.

내가 묘사한 바와 같이, 우월 콤플렉스는 자신만의 초인적 재능과 능력을 자각하고 있는 사람의 행동과 성격적 특성과 생각에서 가장 분명하게 드러나는 것 같다. 우월 콤플렉스는 또한 그 사람이 자기 자신과 타인들에게 과도하게 요구하는 태도에도 나타날 수 있다. 경멸, 세련미를 추구하거나 무시하는, 개인의 용모와 관련된 허영심, 유행을 따르지 않는 의상, 여자에게 나타나는 과도한 남성적인 행동이나 남자에게 나타나는 과도한 여성적인 행동, 오만, 풍부한 감정, 속물근성, 자화자찬을 일삼는 태도, 폭군적인 성격, 잔소리하는 태도, 경시하는 경향, 과도한 영웅 숭배, 탁월한 사람들의 비위를 맞추려 들거나 자신의 특성을 강조하면서 병에 걸렸거나 약한 사람들 앞에서 으스대려는 경향, 가치 있는 아이디어를 오용하는 태도, 타인들을 낮춰보려는 경향 등은 우월 콤플렉스를 숨기고 있을 수 있다. 또한 화 같은 고조된 감정이나 복수 욕구, 한탄, 열광, 습관적인 큰 웃음, 건성으로 듣는 태도나 사람을 만난 자리에서 눈길을 다른 사람에게 주는 태도, 대화의 초점을 자기 자신에게만 맞추는 경향, 사소한 일에 습관적으로 흥분하는 태도는 자주 우월 콤플렉스가 될 어떤 열등감을 가리킨다.

자신이 텔레파시나 그것과 비슷한 능력, 또는 예언가적 영감을 소유하고 있다는 식의 공상도 우월 콤플렉스를 의심하도록 한다. 나는 사회사상을 지지하는 사람들에게 그 사상을 하나의 우월 콤플렉스로 이용하거나 그것을 별다른 생각 없이 다른 사람들에게 강요하는 일이 없도록 하라고 경고하고 싶다. 이 경고는 열등 콤플렉스에 관한 지식과 그 콤플렉스를 위장하고 있는 상부 구조에 관한 지식에도 그대로 적용된다.

만약 어떤 사람이 조숙하게도 일찍부터 우월 콤플렉스와 열등 콤플렉스를 자유자재로 이용한다면, 그 사람은 두 가지 콤플렉스를 다 갖고 있는 것으로 의심받을 가능성이 크며, 유일한 결과는 종종 정당한 어떤 반감이다. 더 나아가, 이런 종류의 사실들을 확정할 때에는, 인간이 보편적으로 곧잘 오류를 저지른다는 사실을 잊지 말아야 한다. 이것은 곧 가치 있고 탁월한 인물들도 우월 콤플렉스라는 오류에 빠질 수 있다는 것을 의미한다. 그러니 바르뷔스(Barbusse)가 아주 적절히 표현하고 있듯이, "대단히 친절한 마음을 가진 사람도 언제나 경멸감을 완전히 떨치지는 못한다"는 사실에 대해서는 말할 필요조차 없을 것이다.

한편, 사소해서 꾸미지 않은 이 특성들은 개인 심리학자들이 삶의 중대한 문제들과 관련있는 실수 쪽으로 개인 심리학의 탐조등을 돌리도록 함으로써 삶의 문제들을 이해하고 설명할 수 있도록 이끈다. 속담이나 경구, 그리고 확립된 정신적 기제에 관한 지식도 우리가 개별 환자를 이해하는 데 전혀 아무런 기여를 하지 못한다.

유형에 관한 지식에 대해서도 똑같이 말할 수 있다. 그러나 우리가 추측을 이용할 때, 속담이나 경구, 정신적 기제에 관한 지식은 우리가 어떤 인격의 독특성을 발견할 것으로 예상할 수 있는 영역을 밝히는 데 도움을 줄 수 있다. 이 독특성에 대해서도 우리는 상담 중에 환자에게 설명해야 한다. 그때 환자에게 요구되는 사회적 감정의 크기에 대한 언급을 빠뜨리면 안 된다.

간단한 리뷰를 위해, 인간의 발달 과정에 주도적인 역할을 했던 사상들의 핵심을 들여다본다면, 우리는 다양한 시기에 인간의 모든 행위에 가치를 부여하는 명확한 행동 노선을 최종적으로 3가지 발견하게 된다. 수십 만 년에 걸친 목가적인 시기가 지난 뒤에, '늘리고 증식시키라'는 명령에 복종한 결과 비옥한 땅이 지나치게 좁아지게 되었을 때, 인간은 티탄이나 헤르쿨레스, 임페라토르(황제)를 이상적인 구세주로 창조했다. 현재까지, 우리는 영웅 숭배와 싸움과 전쟁에서 흘러간 날들의 긴 메아리를 여전히 발견하고 있다. 당시에 따랐던 경로가 여전히 인간을 발달시키는 데 최선이라는 칭송을 듣고 있다.

생계 수단이 충분하지 않은 탓에 생긴 이런 남성적인 충동은 논리적으로 보면 약한 자들에 대한 억압과 약한 자들의 전멸로 이어진다. 불량배는 간단한 해결책 앞에서 기뻐한다. 먹을 식량이 조금밖에 없는 상황이라면, 그는 그것을 자신의 것이라고 주장하면 그만이었다. 그는 노골적이고 명쾌한 해결책을 사랑한다. 그런 해결책이 그에게 이로운 것으로 드러나기 때문이다.

우리 문명의 단면을 보면, 이런 유형의 사고가 널리 퍼져 있다. 여자들은 이런 종류의 행위에 참여하는 길이 거의 완전히 막혀 있다. 여자들은 아이를 낳는 존재나 숭배자나 양육하는 사람으로서만 현실 속에 등장한다. 그러나 생계 수단이 엄청나게 증대되었다. 생계 수단은 지금도 여전히 증대되고 있다. 그렇다면 약화되지 않은 이 권력 체계는 이미 부조리한 것이 아닌가?

그래도 미래와 미래 세대를 위한 대비라는 문제가 여전히 남아 있다. 아버지는 자식들을 위해서 몹시 절약하며 살아간다. 아버지는 미래 세대를 위해 준비한다. 만약에 어느 아버지가 다섯 번째 세대를 위해 준비한다면, 그는 그와 동시에 적어도 자신의 세대에 속하는 32명의 후손들을 위해 준비하고 있으며, 이 32명도 그의 후손들에게 똑같이 관심을 갖고 있다.

생필품이 사라지고 있다. 생필품은 돈으로 교환될 수 있다. 생필품의 가치가 돈의 형태로 대여될 수 있다. 타인들의 능력을 구매할 수도 있다. 사람들에게 이래라 저래라 명령할 수도 있다. 그것만이 아니다. 사람들에게 성격도 각인시킬 수 있고, 삶의 의미도 주입시킬 수 있다. 사람들에게 능력과 돈을 중요하게 여기도록 교육시킬 수 있다. 사람들이 권력과 재산에 휘둘리도록 만드는 법도 만들 수 있다.

이 영역에서도 여자는 창조적인 일을 전혀 하지 못하고 있다. 인습과 교육이 여자의 길에 장애물을 놓고 있다. 여자는 감탄하는 방식으로 참여하거나 아니면 절망에 빠져 옆으로 비켜서 있을 수 있다. 여자는 권력에 경의를 표하거나, 대부분의 경우처럼 무력한 상태에서 스스로를 보호하려 노력할 수 있다. 이 대목에서 우리는 자기 방어에 나선 사람들은 대부분 그릇된 길을 밟기 쉽다는 점을 기억해야 한다.

대부분의 남자들과 여자들은 권력과 재산에 경의를 표할 줄 알며, 여자들은 수동적으로 감탄하는 모습을 보이고, 남자들은 야심적으로 노력하는 모습을 보인다. 여자들은 이런 문화적 이상들의 성취로부터 남자들보다 더 멀리 벗어나 있다.

권력과 재산을 추구하는 속물은 지금 교양 있는 속물들과 함께 개인적 우월을 위한 분투에 열중하고 있다. 지식은 또한 권력이기도 하다. 지금까지 대체로 보면 삶의 불확실성에 대응하는 방법으로 권력 투쟁보다 더 나은 것이 없었다. 이젠 이것이 생명을 보호하고 인류를 발달시키는, 유일하면서도 최고의 방법인지에 대해 진지하게 고민할 때가 되었다. 여자들의 삶의 구조로부터도 무엇인가를 배울 수 있다. 이유는 지금까지 여자는 교양을 갖춘 속물근성의 권력에서 어떤 몫도 누리지 않았기 때문이다.

그럼에도, 여자도 남자와 똑같이 준비할 기회를 누리는 경우에 속물근성의 권력에 일정 역할을 성공적으로 맡을 수 있다는 사실이 남자들과 여자들에게 똑같이 뚜렷이 보인다. 근육형 권력의 우월이라는 플라톤의 사상은 이해되지 않은 것(무의식) 속에서 그 의미를 잃었음에 틀림없다. 그렇지 않고서야 어떻게 여자들의 은밀하거나 공개적인 반항(남성성 추구)이 전반적으로 인류에게 유리하게 작용할 수 있겠는가?

마지막으로, 우리 모두는 예술가들과 천재들, 사상가들, 연구원들, 발견자들의 불멸의 성취에 기생하며 살아가고 있다. 그들이야말로 인류의 진정한 지도자들이다. 그들은 세계 역사의 원동력이고, 우리는 그 결실의 수혜자들이다. 지금까지 권력과 재산, 지적 오만이 남자와 여자를 나누는 선의 역할을 해 왔다.

앞으로 사랑과 결혼에 대한 격렬한 항의가 터져 나올 것이고, 그런 내용의 책들이 많이 소개될 것이다.

우리의 삶을 지탱하고 있는 위대한 성취들은 언제나 인류에게 최고의 기여로 여겨져 왔다. 그 성취들의 승리는 허풍스런 말로 요란하게 칭송을 듣고 있지 않지만, 모두가 그 승리의 혜택을 누리고 있다. 여자들도 이런 위대한 성취에 틀림없이 역할을 했지만, 권력과 재산, 지적 오만이 그들 대다수의 길에 장애물을 놓았다. 예술의 발달 과정 전반에 걸쳐서, 남성적인 특징이 두드러진다. 그 영역에서 여자는 남자의 대역이고 이류이다. 여자가 예술에서 여성적인 요소를 드러내고 발달시킬 때까지, 이런 상황이 지속될 것이다. 여자들의 그런 노력은 예술의 두 분야, 즉 연기와 무용에서 이미 펼쳐졌다. 그 분야에서 여자는 오롯이 자기 자신으로 남을 수 있으며, 그 분야에서 여자는 성취의 절정에 이르렀다.

8장

실패의 유형들

이제 유형 이론을 매우 조심스럽게 다룰 생각이다. 왜냐하면 나의 학생이 유형은 운명적으로 결정되고 독립적인 것이라고, 또 유형은 그 바탕에 크게 봐서 동질적인 어떤 구조 그 이상의 무엇인가를 갖고 있다고 상상하는 실수를 쉽게 저지르기 때문이다. 만약 나의 학생이 이 지점에서 멈추면서 '범죄자'나 '불안 신경증'이나 '정신분열증' 같은 단어를 들을 때마다 자신이 환자에 대해 어느 정도 이해하게 되었다고 믿는다면, 그는 환자를 개별적으로 연구할 기회를 스스로 버릴 뿐만 아니라 그와 그가 치료하고 있는 사람 사이에 일어날 오해로부터 절대로 자유롭지 못할 것이다.

정신생활에 관한 나의 연구에서 가장 정확한 지식은 나 자신이 유형 이론을 조심스럽게 활용한 결과 얻어진 것이다. 유형 이론을 이용하는 것을 완전히 피하지는 못한다. 이유는 그것이 일반화와 전반적인 진단 같은 것을 가능하게 하기 때문이다.

그러나 유형 이론은 구체적인 환자나 그를 치료하는 방법에 대해서는 거의 아무런 이야기를 들려 주지 못한다. 실패자를 다루는 경우에 언제나 증상들을 다뤄야 한다는 사실을 명심하는 것이 최선의 길이다. 그 증상들은 어떤 확실한 열등감에서 시작되어, 그 사람이 어린 시절부터 제공할 수 있었던 것보다 더 많은 사회적 감정을 요구하는 외적 요인의 충격으로 인해 우월 콤플렉스로 발달하게 되는데, 우리는 바로 이 열등감을 찾아내야 한다.

'다루기 힘든 아이들'로부터 시작하고자 한다. 상당한 기간 동안 어떤 아이가 협동에서 동등한 가치를 지닌 파트너로서 적절한 자리를 지키지 못하는 것이 분명하게 관찰될 때에만, 이 유형에 대해 말할 것이다. 거기엔 사회적 감정의 결여가 작용하고 있다. 일상적인 상황에서는 충분한 크기의 사회적 감정이 있을지라도, 가정에서나 학교에서 비정상적으로 힘든 상황에 처하는 경우에 그 아이의 사회적 감정이 부적절한 것으로 드러난다. 이런 예가 자주 발생하며, 그 현상들도 대체로 잘 알려져 있다. 그 현상들을 바탕으로, 우리는 개인 심리학의 조사의 가치를 평가할 수 있으며, 이것은 우리가 더 어려운 환자들을 다룰 준비를 하도록 할 것이다.

짧은 기간 동안 자신의 환경과 분리되어 있는 개인을 대상으로 한 필적학적 실험은 총체적 실수로 이어질 수 있으며, 그런 테스트는 우리가 그런 식으로 환경으로부터 분리된 사람에게 무엇인가를 권하거나 그 사람을 어떤 식으로든 분류하는 것을 절대로 정당화하지 못한다. 이런 사실들을 근거로 보면, 개인 심리학자가 환자의 상태를 정확히 파악하기 위해서는 모든 가능한 사회적 상황과 불평에 관한 지식을 확보해야 한다는 점이 분명해진다. 여기서 한 걸음 더 나아간다면, 개인 심리학자는 인류의 행복을 목표로 잡고 있는 자신의 과제를 정확히 인식하고 있어야 한다는 주장이 가능해진다. 개인 심리학자는 삶의 요구 사항들에 대해서도 잘 알아야 하고, 세상을 전반적으로 보는 관점도 갖추고 있어야 한다는 뜻이다.

나는 다루기 힘든 아이들을 분류할 것을 제안했다. 여러 측면에서 유익한 것으로 입증된 방식이다. 그 중 하나는 보다 수동적인 아이들이다. 게으르고, 나태하고, 공손하지만 의존적이고, 소심하고, 불안해하고, 진실성이 없는 아이들이다. 다른 하나는 보다 적극적인 유형이다. 지배하려 들고, 참을성 없고, 쉽게 흥분하고, 감정적이고, 문제를 일으키고, 잔인하고, 거만하고, 가출을 곧잘 하고, 도벽이 있고, 성적으로 쉽게 자극을 받는 아이들이다.

이 맥락에서 시시콜콜 따지고 들 필요는 없지만, 환자마다 활동량을 최대한 정확히 파악하려는 시도가 있어야 한다. 이것은 대단히 중요하다. 왜냐하면 완전히 기정사실로 굳어진 실패자의 경우에 어린 시절과 같은 정도의 그릇된 행위가 예상되고 또 관찰될 것이기 때문이다.

적절한 정도의 활동은 충분한 사회적 감정을 소유하고 있는 아이들에게서 발견될 것이다. 여기서 적절한 활동은 곧 용기를 의미한다. 만약에 기질이나 행동의 민첩함 또는 느림에서 활동의 정도를 확인하기를 원한다면, 이 표현 형식들이 삶의 방식의 일부이고, 따라서 치료가 이뤄지면 그 형식들이 변화된 방향으로 나타날 것이라는 점을 잊지 말아야 한다.

　신경증 환자들 중에서 어린 시절에 수동적인 기질의 실패자였던 사람의 비율이 월등히 더 높고, 범죄자들 중에는 적극적인 기질의 실패자의 비율이 높은 것으로 나타나는 것은 놀라운 일이 아니다. 만약 실패자가 양육에 전혀 어려움이 없는 내세에서 나타난다면, 나는 그 원인을 불완전한 관찰로 돌릴 것이다. 틀림없이, 호의적인 외적 환경이 예외적으로 어린 시절의 실패가 드러나는 것을 가릴 수 있을 것이며, 그런 경우에 실패가 드러나게 하려면 더욱 엄격한 테스트가 필요하다.

　의학 심리학의 영역에 해당하는, 어린 시절의 실패들은 가혹하게 다뤄진 예들을 제외하고는 거의 모두가 응석받이로 자란 의존적인 아이들 사이에서 발견되며, 거기에는 다양한 행위가 수반된다. 그런 행위의 예를 든다면, 잠을 자다가 오줌을 싸거나, 음식 투정을 하거나, 밤에 소리를 지르거나, 숨을 헐떡이거나, 기침을 지속적으로 하거나, 대변 이상 정체를 보이거나, 말을 더듬는 것이 있다. 이 증상들은 말하자면 아이가 독립과 협동심을 발휘하라는 요구에 반항하는 것이나 다름없다. 그런 증상들은 타인들에게 지원을 강요한다. 아이가 주변 사람들에게 발각된 뒤에도 오랫동안 지속하는 자위행위도 마찬가지로 사회적 감정이 결여되어 있음을 보여주는 신호이다. 단순히 증상들을 치료하고 잘못을 뿌리 뽑으려는 시도만으로는 절대로 충분하지 않다. 확실한 성공은 오직 사회적 감정의 강화를 통해서만 기대할 수 있을 뿐이다.

　만약에 보다 수동적인 오류와 어려움들이 이미 신경증적인 경향을 보인다면, 다시 말해 강력한 'yes'가 있지만 그보다 더 강한 'but'이 따른다면, 그런 경우에 삶의 문제로부터 물러서는 모습은 우월 콤플렉스가 두드러지지 않는 신경증에서 더 선명하게 보인다. 거기서는 언제나 삶의 전선 뒤에 머물며 꼼짝하지 않으려는 태도나 협동에 대한 무관심이나 안도에 대한 갈망 외에 실패할 경우에 변명을 찾는 모습이 관찰될 수 있다. 오래 지속되는 실망감과 새로운 실망들과 실패들에 대한 두려움이 충격의 증후들을 계속 간직하는 형식으로 나타난다. 이유는 그 증후들을 드러내는 경우에 사회적 문제들의 해결로부터 거리를 두는 것이 가능하기 때문이다.

강박 신경증에서 자주 일어나듯이, 병을 앓는 사람이 가끔 가벼운 욕을 내뱉기도 하는데, 그것은 환자가 다른 사람들에게 불쾌감을 느끼고 있다는 사실을 드러낸다. 피해망상증에서 환자가 삶에 대해 느끼는 적대감이 훨씬 더 분명하게 보이며, 그 적대감은 환자가 삶의 문제들로부터 일정 거리를 두고 있는 경우에 누구도 눈치 채지 못하게 나타난다. 생각과 감정, 판단은 언제나 후퇴 쪽으로 향하고 있으며, 따라서 신경증은 어떤 독창적인 행위이지 유아적이고 유전적인 형태들로 역행하는 것이 아니라는 것을 누구나 분명히 알 수 있다. 환자가 확신을 갖게 되고 환자의 내면에서 상식이 다시 승리를 거둘 때까지, 삶의 방식에 따라 다양한 형식으로 치료의 길에 장애물들을 놓으려고 애쓰는 것도 삶의 방식에서 비롯된 이런 독창적인 행위이다.

내가 명쾌하게 밝혀낸 바와 같이, 이 은밀한 우월 목표는, 환자의 독특하고 고상한 도피가 사소한 장애물에 의해 좌절되지 않을 경우에 환자가 성취할 수 있는, 비통하기도 하고 위안을 주기도 하는 관점에 의해 감춰지는 사례가 꽤 종종 있다. 혹시 장애물이 있어서 방해를 받게 된다면, 그 탓은 대부분 다른 사람들에게로 돌려진다. 어느 정도 경험을 쌓게 되면, 상담사는 언제나 실패자의 과거 역사에서 매우 예리한 열등감과 개인적 우월을 위한 분투와 불완전한 사회적 감정을 발견할 것이다.

삶의 문제들로부터의 후퇴는 자살에서 완벽하게 이뤄진다. 자살자의 정신 구조에서는 활동은 발견되지만 용기는 전혀 발견되지 않는다. 자살자의 행위는 단지 유익한 협동에 대한 적극적 항의에 지나지 않는다. 자살자에게 가해지는 일격은 다른 사람들을 가만두지 않는다. 자살 행위가 일어나는 경우에, 더 높은 곳을 추구하려고 노력하는 공동체는 언제나 상처를 입게 되어 있다.

너무나 작은 크기의 사회적 감정에 종말을 고하는 외적 요소들은 바로 우리가 삶의 중대한 3가지 문제라고 부르는 것들, 즉 사회와 직업과 사랑의 문제들이다. 어떤 경우든, 자살과 죽음 소망을 낳는 것은 자신의 진가에 대한 평가의 결여이다. 3가지 삶의 문제들 중 어느 하나에서 실제로 경험하거나 무섭게 느껴지는 어떤 패배가 자살과 죽음 소망을 낳는다는 뜻이다. 이런 상태가 나타나기 전에 간혹 우울증의 단계를 거친다.

1912년에 나는 우울증에 대한 조사를 마무리했다. 그때 나는 자살 위협 같은 우울증의 모든 단계나 자살은 사회적 감정이 너무나 적은 결과 생기는, 타인들에 대한 적대적인 공격이라는 점을 분명히 밝혔다. 개인 심리학의 이런 기여 덕분에, 이 정신병을 더 잘 이해할 수 있는 길이 열렸다. 불행하게도 이 정신병이 심각해지는 경우에 일어나는 자살처럼, 이 정신병도 공동체에 유익한 협동을 절망의 어떤 행위로 대체했기 때문에 생긴다. 재산 상실이나 실직, 실연, 모든 종류의 좌절은 행동 법칙에 따라 이런 절망의 행위를 낳을 수 있다. 그런 경우에 환자는 자신과 관계있는 사람들이나 타인들의 희생에 신경을 쓰지 않는다.

심리학적으로 듣는 감각이 예리한 사람은 누구나 여기서 다른 사람들에 비해 삶에 쉽게 낙담하는 환자를 치료하고 있다는 사실을 깨닫지 않을 수 없다. 이 환자가 쉽게 낙담하는 이유는 삶에 너무나 많은 것을 기대하고 있기 때문이다. 그런 환자를 치료하는 전문가는 환자의 삶의 방식을 근거로 그의 어린 시절에 오래 지속된 우울 또는 타인들을 처벌할 목적으로 자신에게 부상을 입히려 드는 경향과 결합된, 충격에 대한 고도의 민감성을 발견할 것이라고 예상할 수 있다. 최근의 연구서들이 밝혔듯이, 정상적인 사람보다 그런 환자에게 훨씬 더 심각하게 다가올 충격의 효과는 육체적 변화도 초래한다. 이 육체적 변화는 아마 자율신경계와 내분비계통의 영향 때문일 것이다.

나의 환자들 대부분에게 나타나듯이, 보다 정확한 연구는 틀림없이 신체 기관의 열등과 어린 시절에 응석받이로 키운 양육이 아이가 그런 특별한 삶의 방식을 형성하도록 이끌면서 적절한 크기의 사회적 감정의 발달을 짓밟았다는 사실을 증명할 것이다. 이런 아이들은 화를 폭발시키고, 자신의 전체 환경 안에서 일어나는 크거나 작은 모든 문제들을 지배하려 드는 경향을, 말하자면 뽐내는 경향을 공개적으로나 은밀히 꽤 자주 드러낸다.

열일곱 살인 청년은 자기 가족 중에서 나이가 가장 어리고, 어머니에 의해 과도하게 응석받이로 자랐다. 그의 어머니가 여행을 떠나자, 그는 누나의 보살핌 속에 집에 남아야 했다. 누나가 그를 혼자 집에 남겨 두었던 어느 날 밤에, 틀림없이 학교에서 극복 불가능할 것 같은 문제로 힘들어 했을 청년은 자살하고 말았다. 그는 다음과 같은 편지를 남겼다. '어머니에게 내가 한 일에 대해 말하지 마라. 어머니의 현재 주소는 ………이다. 어머니가 돌아오면, 내가 삶의 기쁨을 더 이상 누리지 못하게 되었다는 말을 전해 주라. 그리고 어머니에게 나의 무덤에 매일 꽃을 놓아달라는 말을 전해 주라.'

불치의 병을 앓고 있던 어느 늙은 여인은 이웃이 라디오 듣는 것을 포기하지 않는다는 이유로 자살했다.

어느 부자의 운전자는 주인이 죽은 뒤에 주인이 자신에게 약속했던 유산을 받을 수 없게 되었다는 사실을 알고는 아내와 딸을 죽이고 스스로 목숨을 끊었다.

56세인 부인은 어린 시절에도 응석받이로 자랐고 훗날에는 남편에 의해 응석받이로 살게 되었다. 그녀는 사회에서 탁월한 지위를 누렸으며, 남편이 죽자 고통을 매우 예리하게 겪었다. 그녀의 자식들은 결혼한 상태였으며 어머니에게 그다지 헌신하는 모습을 보이지 않았다.

그녀는 사고를 당해 대퇴골이 부러졌다. 골절에서 회복한 뒤에도, 그녀는 사회를 멀리하며 지냈다. 그녀는 어떻게 해서든지 세계 일주 여행에 나서면 집에서 찾지 못하고 있던 삶의 활력소를 발견하게 될 것이라고 상상했다. 그녀의 친구 두 사람이 기꺼이 그녀와 함께 여행에 나섰다. 대륙의 대도시들을 돌면서, 그녀가 돌아다니려 하지 않자, 그녀의 친구들은 그녀를 혼자 남겨두었다. 그녀는 지나치게 의기소침한 상태에 빠졌으며, 이것이 우울증으로 악화되었다. 그래서 그녀는 친구들에게 자식들을 보내달라고 부탁했다. 그런데 자식들 대신에 양언니가 와서 그녀를 집으로 데려갔다.

내가 이 부인을 본 것은 그녀가 그런 고통을 3년 동안 겪은 뒤였다. 그녀의 상태는 개선될 기미를 전혀 보이지 않고 있었다. 그녀의 불평의 주요 대상은 그녀의 병이 자식들에게 안겨주는 엄청난 고통이었다. 그녀의 가족은 교대로 그녀를 방문했지만, 그들의 감정은 어머니의 긴 병 때문에 무디어져 있었으며, 그들은 어머니에게 특별한 관심을 보이지 않았다. 환자는 자살할 생각을 지속적으로 표현하고 있었으며, 그녀는 자기 가족이 보여주는 근심 걱정에 대한 말을 결코 중단하지 않았다. 그녀가 병을 앓기 전보다 더 많은 관심을 받고 있었던 것은 분명하며, 또 자식들의 보살핌에 대한 그녀의 평가가 그녀의 진정한 감정과, 특히 그녀가 응석받이로 살았던 여자로서 기대했던 그런 헌신과 모순되는 것도 틀림없다. 누구든 그녀의 입장에서 생각해 본다면, 그녀가 병이라는 너무도 비싼 대가를 치르고 받는 관심을 거부하기가 얼마나 어려운지를 쉽게 이해할 수 있을 것이다.

자기 자신을 해치는 것이 아니라 타인들에게 해를 입히는 또 다른 형태의 행동은 타인들을 모두 자신의 종으로 여기거나 타인들의 행복과 재산, 일, 건강, 삶을 위협함으로써 그런 생각을 실제로 표현하는 아이들에 의해 초기 단계에 습득된다. 그런 아이들이 그 같은 행동을 어느 정도 심하게 할 것인지는 또 다시 그들의 사회적 감정의 크기에 달려 있다. 그리고 어떤 환자를 대하든, 사회적 감정이라는 요소를 언제나 기억해야 한다.

이 대목에서, 우리는 삶의 의미를 그런 식으로 인식하는 아이에게 공동의 행동을 요구하는 현실이 더욱더 힘들 수밖에 없다는 사실을 이해할 수 있다. 그런 인식은 생각과 감정과 정신 상태, 성격적 특성과 행동 등으로 표현되지만 말로는 적절히 표현되지 않는다.

자신의 욕망을 언제나 즉각적으로 충족시킬 수 있다고 기대하는 태도에는 삶을 적대적으로 보는 감정이 절대로 부재할 수가 없다. 더욱이, 그런 정신 상태는 박탈의 감정과 밀접히 연결되어 있으며, 이 박탈감 때문에 시기와 질투, 탐욕, 그리고 선택한 희생자를 압도하려는 노력이 언제나 치열하게 작동하게 된다. 유익한 발달을 위한 노력이 부적절한 사회적 감정 때문에 약하고, 또 광적인 우월 추구로 인해 생긴 큰 기대가 충족되지 않은 상태로 남아 있기 때문에, 감정의 고조가 종종 타인들에 대한 공격으로 이어진다.

동료 의식 영역의 실패가 학교나 사회나 사랑에서 두드러지기만 하면, 열등 콤플렉스가 만성적이게 된다. 범죄 행위를 일삼는 사람들의 40%가 학창 시절에 실패자였던 미숙련 노동자들이다. 파렴치한 범죄자들 중 큰 비중이 성병으로 고통을 겪고 있다. 이것은 그들이 사랑의 문제를 불완전하게 해결하고 있다는 점을 보여주는 신호이다. 그들은 자신과 같은 부류의 사람들 중에서 공범자를 찾으며, 그들은 그런 식으로 우정의 한계를 드러낸다. 그들의 우월 콤플렉스는 자신들이 자신들의 희생자들보다 우월한 존재라는 확신에서, 또 자신들이 일을 정확히 처리함으로써 법과 법을 집행하는 사람들을 멸시할 수 있다는 확신에서 나온다. 사실, 범죄자들 중에서 자신에게 불리하게 증명될 수 있는 것보다 더 많은 범죄를 저지르지 않은 사람은 하나도 없다. 그러니 발각되지 않은 범죄자의 수가 많다는 점에 대해서는 말할 필요도 없다.

범죄자는 행위를 제대로 수행하기만 하면 절대로 잡히지 않을 것이라는 착각 속에서 범행을 저지른다. 만약 범죄자가 붙잡혀 유죄 판결을 받는다면, 그는 자신이 범죄가 발각되도록 단서를 제공한 그 사소한 부분을 간과했기 때문이라고 굳게 믿는다. 범죄 성향의 뿌리를 어린 시절의 삶까지 거슬러 올라가면, 우리는 적개심이 느껴지는 특성과 사회적 감정의 결여가 두드러진 조숙한 행위가 잘못 행해지고 있는 것 외에, 그 개인이 범죄적인 삶의 방식을 형성하도록 오도하는 원인으로 신체 기관의 열등과 응석받이 양육, 방치를 발견한다. 아마 애지중지 버릇없이 키우는 것이 지배적인 원인일 것이다.

삶의 방식을 향상시킬 가능성을 절대로 배제해서는 안 되기 때문에, 어떤 환자든 사회적 감정의 크기를 조사하고 외적 요인의 중대성을 고려하는 일이 반드시 필요하다. 자신이 원하는 것이면 무엇이든 얻도록 훈련된, 버릇없이 큰 아이만큼 유혹에 쉽게 넘어가는 존재도 따로 없다. 범죄인의 성향을 갖게 된 사람에게 더 심각한 피해를 안겨줄 수 있는 유혹의 강도(强度)에 대한 정확한 지식이 갖춰져 있어야 한다. 게다가, 범죄자의 경우에 우리는 그 개인과 그가 처한 사회적 상황 사이의 관계도 파악해야 한다. 많은 예들을 보면, 사회적 상황의 요구가 지나칠 만큼 심하지 않으면 범죄를 저지르지 않을 정도의 사회적 감정을 갖추고 있다. 이것은 상황이 가혹할 때 범죄자들의 숫자가 현격히 증가하는 데 대한 설명이기도 하다.

그러나 미국에서 부(富)를 재빨리 쉽게 챙길 기회가 많은 호황기에 범죄자의 수가 증가한다는 사실이 보여주듯이, 가혹한 상황 자체가 범죄의 원인인 것은 아니다. 범죄적인 성향의 원인을 찾는 도중에, 우리는 틀림없이 아이가 살았던 불우한 환경을 만나게 된다. 우리는 또 대도시의 일부 지역에서 다수의 범죄자들을 발견하지만, 그렇다고 그 같은 사실이 가혹한 환경이 범죄의 원인이라는 식으로 결론내리는 것을 정당화하지 못한다. 그런 조건에서 사회적 감정의 적절한 발달을 기대하기가 어렵다는 것이 훨씬 더 확실하다.

게다가, 아이가 아주 어릴 때부터 삶 자체에 항의하고 매일 다른 사람들이 훨씬 더 호의적인 조건에서 사는 것을 보면서 결핍과 박탈감 속에서 성장한다면, 그 아이가 훗날의 삶을 준비하는 것도 매우 불완전해진다는 것을 우리는 잊지 말아야 한다. 그런 상황에서는 아이의 사회적 감정이 절대로 배양되지 않는다.

이것을 뒷받침하는 증거가 바로 영(Young) 박사가 어느 이민자 종파 안에서 범죄의 증가를 연구한 논문이다. 이 이민자 집단의 첫 세대는 고립된 상태에서 가난한 삶을 영위했으나, 그때는 범죄자가 한 사람도 없었다. 두 번째 세대에, 아이들은 공립학교에 다녔지만 여전히 빈곤과 신앙심 속에서 종파의 전통에 따라 양육되었다. 그때 이미 그들 사이에 상당수의 범죄자가 존재했다. 세 번째 세대에 이르자, 범죄자의 숫자는 놀라울 만큼 증가했다.

'타고난 범죄자'는 폐기된 범주이다. 이런 종류의 그릇된 인식이나, 범죄는 죄책감에서 비롯된다는 사상은 오직 개인 심리학의 발견들을 전혀 고려하지 않는 사람들에게만 받아들여지고 있다. 개인 심리학의 발견들은 어린 시절의 심각한 열등감과 우월 콤플렉스의 형성, 그리고 사회적 감정의 불완전한 발달에 주의를 기울일 것을 거듭 요구하고 있다.

범죄자들 사이에 신체적 열등의 징후들이 많이 발견되고, 유죄 선고에 따른 충격의 효과 중에 신진대사의 매우 두드러진 변화가 포함될 수 있다. 이 변화는 아마 신체가 균형 상태를 이루는 데 큰 어려움을 겪는 체질이라는 점을 암시한다. 엄청난 수의 범죄자들이 버릇없이 성장했거나 버릇없이 살아가기를 원하고 있으며, 그들 중에 어린 시절에 방치되었던 아픈 기억을 가진 사람들이 있다.

만약 그 연구에 피상적이지 않고 편협하지 않은 마음으로 접근한다면, 이 같은 사실들은 누구에게나 설득력을 발휘할 것이다. 신체 기관의 열등은 종종 일부 범죄자들의 추한 모습에서 매우 분명하게 보인다. 한편, 응석받이로 버릇없이 성장했다는 의심은 범죄자들 사이에 선한 생김새의 사람들이 아주 많다는 사실에 의해 끊임없이 확인되고 있다.

N은 잘 생긴 사람이다. 그는 6개월 동안 교도소에 갇혀 지내다가 보석으로 풀려났다. 그의 범죄는 사장의 금고에서 상당한 액수의 돈을 훔친 절도였다. 또 다시 범죄를 저지르는 경우에 그가 받은 형에 따라 3년 동안 교도소에서 지내야 하는 위험을 무릅써야 함에도

불구하고, 그는 얼마 지나지 않아서 소액의 돈을 다시 훔쳤다. 그가 나에게 보내진 것은 이 사건이 알려지기 전이었다.

그는 매우 존경받는 가문의 장남이었으며, 어머니 손에 애지중지 자라면서 버릇없는 존재가 되었다. 그는 대단히 야심적이었으며, 모든 일에서 주도권을 잡기를 원했다. 그는 친구들을 자기보다 사회적으로 열등한 사람들 중에서만 선택했으며, 그런 식으로 열등감을 드러냈다. 어린 시절 초기에, 그는 언제나 받기만 하던 존재였다. 그가 많은 액수의 돈을 훔쳤을 당시에, 그러니까 그의 아버지가 일자리를 잃고 가족을 예전처럼 부양할 수 없었던 시기에, 그는 주변에서 엄청난 부자들을 보았다.

하늘을 붕붕 날아다니는 꿈들과 그가 주인공으로 등장하는 꿈 상황은 그가 야심적으로 분투하고 있다는 것을 보여주는 신호임과 동시에 자신은 운명적으로 성공하게 되어 있다는 감정을 품고 있다는 것을 보여주는 신호이다. 그는 자신이 아버지보다 더 낫다는 점을 보여주겠다는 생각을 품고는 유혹적인 기회가 보이자 그만 절도를 저질렀다.

그보다 작은 액수를 훔친 두 번째 절도는 보호 관찰 기간과 그가 지금 처한 종속적인 위치에 대한 항의로 행해졌다. 교도소에 수감되어 있을 때, 그는 자기가 좋아하는 음식이 담긴 접시가 자신에게로 오는 꿈을 꾸었지만, 꿈에서도 그는 교도소에서 그런 일은 가능하지 않다는 사실을 기억했다. 이 꿈에서 드러난 탐욕 외에, 판결에 대한 항의도 쉽게 파악될 수 있다.

대체로 마약 중독자들 사이에서 활동이 적은 사람들이 발견될 것이다. 환경과 올바른 안내의 결여, 병이나 의료계라는 직종 때문에 모르핀과 코케인 같은 해로운 물질과 친숙해지는 상황은 마약 중독자가 될 가능성을 높인다. 그러나 그런 것들은 환자가 해결 불가능해 보이는 어떤 문제를 맞닥뜨리고 있는 상황에서만 심각한 결과를 안길 뿐이다.

자살의 경우와 마찬가지로, 여기서도 희생자 본인을 돌봐야 하는 타인들에 대한 은밀한 공격이 좀처럼 가려지지 않는다. 내가 보여준 바와 같이, 취향의 특별한 요소가 알코올에 대한 갈망에 일정 역할을 한다. 정말로, 알코올을 좋아하는 경향이 없는 사람의 경우에 완전한 절제가 더 쉽듯이 말이다. 그 같은 갈망이 어떤 우월 콤플렉스로 시작하지는 않더라도 예리한 열등감으로 시작하는 예가 자주 있다. 초기 단계인 경우에, 이 갈망의 특징은 부끄러움과 고립을 좋아하는 성향, 극도의 예민함, 조바심, 성마름, 그리고 불안과 우울과 성적 기능 부전 같은 신경증 증후를 보인다는 점이다. 아니면 그런 갈망은 자화자찬이나 악의적으로 비판하는 경향, 권력 욕구 등의 형태로 우월 콤플렉스로 시작할 수 있다. 과도한 흡연과 진한 블랙커피에 대한 갈망도 종종 소심하고 우유부단한 정신 상태를 보여주는 신호이다.

부담스러운 열등감은 교묘한 방법을 통해서 한동안 옆으로 밀쳐놓아질 수 있으며, 심지어 열등감은 범죄 행위에서처럼 활동의 증대로 바뀔 수도 있다. 모든 마약 중독의 예들을 보면, 실패는 사회적 관계에서 일어나든 일에서 일어나든 아니면 사랑에서 일어나든 예외 없이 정복 불가능한 악의 탓으로 돌려질 것이다. 더욱이, 독물의 즉시적인 효과는 종종 희생자에게 그 부담으로부터 풀려난다는 감정을 안겨준다.

누나보다 8년 늦게 태어난 26세 남자는 호의적인 환경에서 자기하고 싶은 대로 하며 지나치게 응석받이로 자랐다. 그는 종종 인형처럼 차려 입고 엄마나 누나의 팔에 안겼던 사실을 기억하고 있었다. 4세 때에 그가 이틀 동안 할머니의 엄격한 통제를 받아야 했던 적이 있었다. 그때 그는 할머니가 거부의 말을 처음 하자마자 가방을 챙겨 짊어지고 집으로 돌아가기를 원했다.

그의 아버지는 술을 마셨으며, 그 같은 사실이 그의 어머니를 몹시 화나게 만들었다. 학교에서 그의 부모의 입김이 그가 다른 학생들보다 훨씬 더 유리한 위치에 서도록 만들었다. 그러다 응석을 받아주던 어머니의 태도가 세월이 흐름에 따라 바뀌게 되자, 그는 네 살 때 했던 것과 똑같이 부모의 집을 떠났다.

버릇없이 자란 아이에게 종종 일어나듯이, 그는 이방인들 사이에 발붙일 기반을 만들지 못했으며, 사교적인 모임과 직장 생활과 소녀들을 다루는 일에서 우울과 긴장이 이어지는 불안 상태에 빠졌다. 그는 자신에게 술 마시는 버릇을 가르쳐준 다른 부류의 사람들과 더 잘 어울려 지냈다. 그의 어머니가 이 같은 사실을 알았을 때, 특히 그녀가 아들이 술을 마신 상태에서 경찰과 문제를 일으켰다는 사실을 알았을 때, 그녀는 그에게 가서 가슴 뭉클한 말로 술을 끊으라고 간청했다. 그 결과는 그가 음주에서 더 큰 위안을 찾을 뿐만 아니라 어머니로부터 애지중지 보살핌을 예전보다 더 많이 받는 것으로 나타났다.

24세인 학생은 지속적인 두통을 호소했다. 학교에 있는 동안에,

그는 심각한 광장 공포증 증상을 보였다. 그래서 그는 마지막 시험을 집에서 치르도록 허락을 받았다. 그 이후로 그의 상태는 크게 향상되었다.

그는 대학교에 들어간 첫 해에 어느 소녀와 사랑에 빠져 그녀와 결혼까지 했다. 결혼하고 얼마 지나지 않아서, 그의 두통이 다시 시작되었다. 대단히 버릇없이 자랐고 야심찬 이 남자의 경우에, 두통의 원인은 아내에 대한 질투와 아내에 대한 끝없는 불만이었다. 이를 뒷받침하는 증거는 그의 태도와 꿈에서 쉽게 발견된다. 그럼에도 환자 본인은 그것을 절대로 깨닫지 못했다.

한 번은 그가 자기 아내가 사냥을 나서는 것처럼 옷을 차려입는 꿈을 꾸었다. 그는 어릴 때 구루병을 앓았으며, 당시에 언제나 다른 사람들이 자기를 돌봐주기를 바랐던 그는 유모가 그로부터 자유로워지길 원할 때면 반드시 그를 등이 바닥에 닿도록 똑바로 뉘었다는 것을 기억했다. 그가 네 살이었음에도 뚱뚱했던 탓에 혼자 힘으로 몸을 일으킬 수 없었는데도 말이다.

둘째 아이였던 그는 형과 끊임없이 마찰을 일으키는 상태에서 지냈으며, 둘 사이에서 언제나 1등을 하기를 원했다. 호의적인 환경이 그가 정신력이 아니라 지력으로 높은 위치에 오를 수 있도록 했다. 자신의 상황이 불가피하게 야기할 수 있는 어려움 속에서, 그는 모르핀에 손을 댔다. 그는 이따금 마약에서 손을 뗐지만, 언제나 다시 마약으로 돌아갔다. 또 다시 그의 불합리한 질투심이 발동을 시작하면서 그의 상황을 더욱 어렵게 만들었다. 그는 자신의 위치에서 스스로 불안하다고 느끼고는 자살을 하고 말았다.

9장

버릇없이 자란 사람의
비현실적인 세계

버릇없이 자란 사람들의 평판은 좋지 않다. 그들이 좋은 평판을 들었던 적은 한 번도 없었다. 부모들은 자식을 버릇없이 키운다는 비난을 듣고 싶어 하지 않는다. 버릇없이 자란 사람 본인도 그런 존재로 여겨지길 거부한다. 개인 심리학이 버릇없이 키우는 양육이라고 부르는 표현이 의미하는 바에 대해 의문이 거듭 제기되고 있다. 그러나 직관적으로 모든 사람이 그런 양육을 하나의 부담으로, 적절한 발달에 방해로 작용하는 것으로 느끼고 있다.

그럼에도 불구하고, 누구나 응석받이로 귀여움을 받으며 성장하기를 좋아한다. 꽤 많은 사람들이 응석받이로 자라는 것을 특별히 좋아하는 경향을 보인다. 많은 어머니는 아이들의 응석을 받아주는 외에 다른 방법을 실천하지 못한다. 다행히도, 많은 아이들이 어머니의 그런 태도에 맞서 자신을 강하게 지킨다. 따라서 그런 양육에 따른 폐해가 생각보다 작을 수 있다.

심리학적인 방식만을 이용하는 경우에, 이 문제는 극히 풀기 어려운 문제가 된다. 우리는 어떤 인격의 기본 구조를 발견하거나 경향과 성격에 대한 설명을 찾기 위해 심리학적 방식들을 맹목적으로 따르면 안 된다. 그보다는 모든 방향으로 무수히 많은 변형과 미세한 차이가 발견될 것이라고 예상해야 한다. 개인 심리학자들은 개인 심리학이 발견했다고 생각하는 것을 언제나 증명해야 하며 그것을 그것과 비슷한 다른 사실들과 비교해야 한다. 왜냐하면 아이가 응석받이 양육에 맞설 때 대체로 그에 대한 반대를 지나치게 멀리 끌고 나가며, 그 저항을 다른 상황, 그러니까 외부 세계로부터 우호적인 도움을 기대하는 것이 합당한 상황까지 확장하기 때문이다.

그래도 시간이 어느 정도 지난 뒤에 응석받이 양육이 아이의 자유 의지를 짓밟지 않은 상태에서 행해질 때, 아이가 간혹 그런 식의 양육에 혐오감을 느낄 수 있다. 그러나 그런 양육 방식은 어린 시절에 습득한 삶의 방식에 어떤 변화도 주지 않을 것이다.

개인 심리학은 어느 한 인간을 이해하는 방법으로 그 사람이 삶의 문제들을 해결하기 위해 취하는 행동들을 연구하는 길 외에 다른 방법은 절대로 없다고 주장한다. 그의 행동 유형과 그런 행동을 하는 이유들을 면밀히 관찰해야 한다. 그의 삶은 사람마다 다 다르기 마련인 발달의 잠재력과 가능성을 가진 상태에서 시작한다. 이 차이들을 판단할 기준을 우리에게 제공할 수 있는 것은 그 사람의 행동뿐이다.

우리가 그 사람의 삶이 시작하는 단계에서 발견할 수 있는 모든 것은 이미 출생한 날부터 외부 환경의 영향을 강하게 받고 있다. 유전과 환경의 영향들은 모두 아이의 소유물이 되며, 아이는 발달의 경로를 발견하는 데 이 두 가지를 모두 이용한다. 그러나 방향과 목표가 없는 상태에서 경로나 행동에 대해 생각하거나 채택하는 것은 불가능하다. 인간 영혼의 목표는 정복과 완성, 안전, 우월이다.

육체나 환경을 통해서 경험한 영향들을 활용하는 아이는 자신의 독창력과 어떤 경로를 추측하는 능력에 다소 의존한다. 그러므로 삶에 관한 아이의 해석은 아이 자신의 걸작품인 셈이다. 그럼에도 그 해석은 삶을 대하는 아이의 태도 그 밑바닥에서 작용하고 있지만 아직 말로 다듬어지지도 않고 생각으로 표현되지도 않고 있다. 따라서 아이는 어느 정도의 훈련을 거친 뒤에 삶의 방식을 형성하는 데 도움을 줄 행동 법칙을 습득하며, 우리는 이 삶의 방식을 바탕으로 그 아이의 전체 존재 속에서 개인적 사고와 감정, 행동을 본다. 이 삶의 방식은 거의 언제나 아이가 외부 지원을 확신하는 상황에서 발달했다. 늘 변화하는 존재의 조건 속에서, 그런 삶의 방식은 집 밖의 세상 속에서 이타적인 지원을 요구하는 일을 행해야 할 때가 되면 그 테스트를 견뎌내는 데 적절하지 않아 보인다.

이제 여기서 삶에서 옳은 태도는 어떤 것이며, 삶의 문제들에 대한 해결책은 어떤 것이어야 하는가, 하는 질문이 제기된다. 개인 심리학은 이런 질문들에 대해 최대한 성실히 대답하려고 노력한다.

어느 누구도 절대적 진리를 소유하는 축복을 받지 못했다. 보편적으로 옳은 구체적인 어떤 해결책은 두 가지 측면에서 타당해야 한다. 생각이나 감정, 행위는 영원의 관점에서 옳을 때에만 옳은 것으로 여겨질 수 있다. 그리고 그 관점에 공동체의 행복이 반드시 포함되어야 한다. 이 말은 새롭게 생겨나는 문제들뿐만 아니라 전통에도 그대로 유효하며, 그것은 결정적인 문제뿐만 아니라 그보다 덜 중요한 문제에도 똑같이 적용된다.

각자가 나름의 방식으로 풀어야 하는 3가지 중요한 문제들, 그러니까 사회와 일과 사랑의 문제들은 공동체를 위한 노력이 하나의 사실로서 체화된 사람들에 의해서만 적절히 해결될 수 있다. 새로운 문제가 생길 때면 틀림없이 의심과 불확실성을 피할 수 없겠지만, 협력하려는 의지만 있으면 중대한 실수는 막을 수 있다.

환자를 조사하다가 어떤 유형을 확인하게 되더라도, 우리는 그 환자의 독특성을 찾아내야 하는 의무에서 면제되지 않는다. 이것은 버릇없이 자란 아이들에게도 똑같이 적용된다. 집과 학교, 사회에서 끊임없이 늘어나고 있는 부담을 찾아내야 하는 것이다. 다루기 힘든 아이이든 신경증이 있거나 광기가 있는 사람이든, 비행 소년이든, 마약 중독자든, 성적 도착자든, 우리는 치료하고 있는 환자가 저마다 보이는 특성을 발견해야 한다. 그들 모두는 거의 언제나 그 기원이 거꾸로 어린 시절의 응석받이 양육이나 그런 양육에 대한 과도한 갈망으로 거슬러 올라가는, 사회적 감정의 결여로 힘들어 하고 있다.

어떤 사람의 활동적인 태도는 그 사람이 삶의 문제 앞에서 보이는 행동에 대한 정확한 이해에 의해서만 발견될 수 있다. 이것은 활동의 결여에도 적용된다. 소유의 심리학자들처럼, 모든 종류의 실패의 증상들을 불확실한 유전의 영역이나 주변 세상의 영향들에서 찾으려 시도해서는 개별 환자에 관한 중요한 지식을 절대로 얻지 못한다. 어느 정도 선택의 자유를 행사하고 있는 아이는 그 영향들을 동화시키고 반발하면서 받아들인다.

개인 심리학은 활용의 심리학이다. 개인 심리학은 아이가 이 모든 영향들을 독창적으로 이용하고 활용하는 것에 많은 관심을 기울이고 있다. 삶의 다양한 문제들을 불변하는 것으로 여기며 각 환자의 독특성을 파악하지 않는 전문가는 곧잘 동력인(動力因)이나 충동이나 본능을 인간 운명의 악마 같은 지배자로 믿어버린다. 세대마다 그 전에 존재하지 않은 새로운 문제들을 경험한다는 사실을 인정하는 사람은 물려받은 무의식의 작용 같은 것을 절대로 믿지 못할 것이다.

개인 심리학은 더듬으며 찾으려 노력하는 인간 정신의 작용을 잘 알고 있고, 또 문제들의 해결책을 찾으며 벌이는 정신의 활동이 옳든 그르든 거의 예술의 경지에서 이뤄진다는 사실을 너무나 잘 알고 있기 때문에 그런 믿음을 받아들이지 못한다. 각 개인이 삶의 문제들을 해결하는 방식은 그 사람의 삶의 방식에서 비롯되는 활동성에 의해 결정된다.

인간의 언어가 빈곤하다는 사실을 깨닫는다면, 유형 이론의 가치는 대부분 사라지고 만다. 우리가 "사랑"이라는 단어로 묘사하는 관계도 얼마나 다양한가! 내향적인 두 사람은 서로 똑같은가? 일란성 쌍둥이가 서로 똑같아지려고 노력한다 하더라도 그들의 삶의 경로가 똑같을 수 있는가? 유형이라는 개념은 확률 개념과 같은 수준에서만 사용할 수 있을 뿐이다. 비슷한 환자들을 다루고 있을 때조차도, 우리는 그 차이가 서로 완전히 다른 사람들이 보이는 것이라는 점을 망각해서는 안 된다. 어떤 환자가 따를 경로를 예측하는 경우에, 우리는 독특한 사건이 발견될 것으로 예상되는 영역을 밝힐 목적으로 확률을 이용할 수 있지만, 그러다가 어떤 모순에 맞닥뜨리는 순간, 즉시 확률의 도움을 거부해야 한다.

인간의 내면에서 사회적 감정의 발달이 일어날 가능성을 전제하고 그 감정의 뿌리를 찾아 나설 때, 우리는 당장 최초이면서 가장 중요한 지도자로서 어머니를 만난다. 자연은 어머니에게 그런 지위를 부여했다. 어머니와 아이의 관계는 상호 이익을 안겨주는 친밀한 협력의 관계이다. 많은 사람들이 믿는 것과 달리, 그것은 아이가 어머니를 일방적으로 착취하는 관계가 아니다. 아버지와 가족 안의 다른 아이들, 친척, 이웃들은 아이가 사회의 반대자가 아니라 동등한 동료 근로자로 성장하도록 훈련시킴으로써 협동심을 키우는 이 작업을 더욱 향상시킬 수 있어야 한다. 다른 사람들의 신뢰성과 협력에 강한 인상을 받을수록, 아이는 공동체 생활과 독립적인 협력에 더 적절한 존재로 성장한다. 그런 아이는 자신이 소유한 모든 것을 협력적인 노력에 쏠 것이다.

한편, 어머니가 과도한 애착을 보이며 모든 것을 풍성하게 제시하면서 아이가 직접 행동하거나 생각하거나 말하는 것을 불필요하게 만들어 버릴 때마다, 아이는 기생적인 존재(착취자)로 자라면서 필요한 것이 있을 때마다 다른 사람들에게 기댈 것이다. 그런 아이는 모든 장소에서 중심에 서려 할 것이며 주변의 모두가 자기를 시중들도록 할 것이다. 아이는 이기적인 경향을 보이고, 다른 사람들을 억누르고 그들로부터 버릇없이 키워지는 것을, 또 남에게 주지는 않고 받기만 하는 것을 자신의 권리로 여길 것이다. 아마 그런 식의 훈련이 1, 2년만 이어지면, 아이의 사회적 감정과 타인들과 함께 일하려는 경향의 발달은 종지부를 찍고 말 것이다.

어떤 때는 타인들에게 의존하고 또 어떤 때는 타인들을 억누르려 갈망하다가, 그런 아이들은 곧 동료애와 협력을 요구하는 세상의 반대에 직면하게 된다. 그런데 그 아이들에게 이 반대가 극복 불가능한 것처럼 보인다. 환상을 빼앗긴 아이들은 다른 사람들을 탓하며 언제나 삶에서 적대적인 원칙만을 보게 될 것이다.

그들의 질문은 비관적인 성격을 띠게 된다. '삶에 과연 어떤 목적이 있는가?' '내가 왜 이웃을 사랑해야 하는가?' 만약에 그 아이들이 현재의 어떤 사회사상의 합당한 요구에 승복한다면, 그것은 단지 그 사상에 반대하는 경우에 처벌 받거나 퇴짜를 맞지 않을까 하는 두려움 때문이다. 공동체와 일과 사랑의 문제에 봉착하는 경우에, 그들은 사회적 관심을 드러낼 경로를 발견하지 못한다. 그들은 충격을 받으며 몸과 마음으로 충격의 효과를 고스란히 느낀다. 그들은 자신이 어떤 패배를 겪고 있다는 것을 의식하기 전이나 후에 뒤로 물러난다. 그러나 그들은 언제나 익숙한 어린 시절의 태도에 집착하는데, 이 같은 태도는 그들에게 어떤 잘못이 일어났다는 것을 암시한다.

지금 우리는 모든 성격적 특성들이 타고나는 것이 아니라는 점을 이해했을 뿐만 아니라, 무엇보다도 그 특성들이 전적으로 삶의 방식에 의해 결정되는 관계들을 나타내고 있다는 점을 이해할 수 있다. 그 특성들은 아이의 독창적인 활동의 산물이다. 이기심을 품도록 잘못 인도된, 버릇없이 자란 아이는 이기적이고, 질투가 심하고, 시기하는 특성을, 정도는 다 달라도 전반적으로 아주 강하게 발달시킬 것이다. 그런 아이는 마치 자신이 적국에 잡힌 것처럼 살 것이며, 과민증과 조급증과 인내심의 부족, 화를 폭발시키는 경향, 탐욕스런 성격을 드러낼 것이다. 이런 특성들에는 대체로 뒤로 물러나거나 과도하게 조심하는 경향이 수반된다.

상황이 버릇없이 자란 사람에게 유리하게 돌아갈 때, 그의 태도는 쉽게 탐지되지 않는다. 상황이 그에게 불리하게 돌아가고, 그래서 그가 사회적 감정의 내용물을 놓고 시험대에 오를 때, 그의 태도가 훨씬 더 쉽게 탐지된다. 불리한 상황에 처할 때, 그런 사람은 주저하는 태도를 보이거나 문제와 꽤 멀리 떨어진 지점에서 걸음을 멈춰 버린다. 그는 그 거리를 유지하는 데 대해 허구의 이유들을 제시하며, 그 이유들은 그의 행위가 현명함이나 신중의 결과가 아니라는 점을 증명한다.

그는 성공적인 결실을 맺지 못하는 상태에서 단체와 친구, 연인과 직업을 자주 바꾼다. 이따금 이런 사람들은 무엇인가를 시작할 때 지나치게 서두르는 모습을 보인다. 그럴 때면, 전문가는 그런 서두름에서 자립이 거의 발견되지 않는다는 것을, 그리고 그 열정이 금방 식게 된다는 것을 금방 알게 된다.

또 어떤 사람들은 모든 문제를 피하기 위해 사막으로 물러나는 쪽을 선호하는 괴짜가 된다. 아니면 그들은 문제의 부분적인 해결책만을 발견하며, 그렇게 함으로써 그들은 자신의 열등감의 크기와 일치하는 방향으로 행동 영역을 크게 제한한다. 절대로 '용기'라 불릴 수 없는 어느 정도의 활동이 가능할 때, 그들은 어쨌든 억압적인 상황에서 쉽게 옆으로 비키며 사회적으로 쓸모없는, 정말이지, 사회적으로 유해한 부류에 합류하며 범죄자나 자살자, 주정꾼, 성도착자가 된다.

과도하게 버릇없이 자란 사람의 삶과 자신을 동일시하는 것은, 바꿔 말해 그 사람을 완전히 이해하는 것은 누구에게나 쉽지 않은 일이다. 전문가는 한 사람의 훌륭한 배우로서 이 역할에 숙달해야 하며, 존재의 전체 영역 속으로 깊이 파고들면서 자신을 중심적인 인물로 만드는 방법을 이해하고, 다른 사람들을 억압하면서 절대로 동료 근로자가 되지 못하는 모든 상황을, 또 모든 것을 기대하면서 아무것도 주지 않는 모든 상황을 날카롭게 찾아내는 방법을 이해해야 한다.

이런 사람들이 이성의 안내를 받지 않는다는 점을 이해하기 위해서는, 그들이 다른 사람들의 공동체적 활동을, 말하자면 다른 사람들의 우정과 노동과 사랑을 자기 자신을 위해 어떤 식으로 이용하려 드는지를 알 필요가 있다. 또 그들의 유일한 관심이 어떻게 자신의 행복과 수고의 면제에 있는지, 그들이 어떻게 다른 사람들에게 피해를 입히면서까지 자신의 과제를 경감시키려 드는지에 대해서도 이해할 필요가 있다.

정신적으로 건강한 아이는 용기와 보편적으로 타당한 추리력과 능동적으로 적응하는 능력을 발달시킨다. 버릇없이 자란 아이는 이런 것들을 전혀 갖추지 못했으며, 그런 아이는 대신에 소심함과 교활함을 갖추고 있다. 게다가 버릇없이 자란 아이는 대단히 제한적인 경로를 밟고 있으며, 그 결과, 아이는 언제나 똑같은 실수를 저지르는 것처럼 보인다.

폭군 같은 아이는 언제나 폭군처럼 보인다. 소매치기는 언제나 그짓을 한다. 불안 신경증이 있는 아이는 언제나 삶의 과제 앞에서 불안해하는 모습을 보인다. 마약 중독자는 독물에 집착한다. 성도착자는 언제나 도착을 포기할 뜻을 전혀 보이지 않는다. 다른 활동들을 배제하는 것에서, 삶을 영위하는 좁은 경로에서, 그들의 소심함과 자신감의 결여, 열등 콤플렉스, 스스로 목숨을 끊으려 드는 경향이 쉽게 확인된다.

버릇없이 자란 사람들이 꿈꾸는 세상은, 그러니까 그들이 삶을 보는 관점과 삶에서 느끼는 의미와 삶에 대한 이해는 실제 세상과 너무나 많이 다르다. 그들이 인간의 진화에 적응하는 능력은 다소 막혀 있으며, 그 때문에 그들은 삶과 끊임없이 갈등을 빚는다. 이 갈등은 다른 사람들까지 끌어들여 피해를 안긴다.

어린 시절에 우리는 버릇없이 자라는 아이들을 과도하게 활동적인 아이들과 수동적인 아이들 사이에서 똑같이 발견한다. 시간이 지나면, 버릇없이 자란 아이들은 범죄자와 자살자, 신경증 환자, 마약 중독자들 중에서 발견되며, 그들은 언제나 서로 다른 모습을 보인다. 그들은 대부분 불만을 품고 있는 탓에 다른 사람들의 성공을 시기하는 모습을 보이지만 정작 자신을 위해서 노력할 생각은 하지 않는다. 그들은 언제나 끔찍한 패배를 두려워하거나 자신의 무가치가 발각될까 두려워하며 삶의 과제로부터 뒤로 물러서는 모습을 보인다. 그러면서 뒤로 물러나는 변명을 대는 일에 조금도 어색해 하지 않는다.

그들 중 많은 사람들이 인생에서 성공을 거둔다는 점을 간과해서는 안 된다. 그런 사람들은 자신의 실수로부터 무엇인가를 배움으로써 어려움들을 정복한 사람들이다.

그런 사람들을 치료하고 변화시키는 일은 그들 스스로가 삶의 방식의 구축에 실패했다는 확신을 더욱 강하게 키우고 정신의 경로를 따를 때에만 가능하다. 치료보다 예방이 더 쉽다. 가족, 특히 어머니는 아이를 향한 사랑이 응석받이 양육으로 발전해서는 안 된다는 것을 이해해야 한다. 심리학적 훈련을 받은 덕분에 이런 오류들을 파악하고 바로잡는 방법을 배운 선생들의 집단으로부터 더 많은 것을 기대할 수 있다. 그러면 결과의 측면에서 어린이들을 응석받이로 버릇없이 키우는 것보다 더 나쁜 악이 없다는 사실이 지금까지보다 더 선명하게 보일 것이다.

개인 심리학은 모든 개인이 삶에 대해 품고 있는 생각이 그 사람의 삶의 방식에 의해 결정되고 또 삶의 방식의 일부라는 점을 증명함으로써, 철학자들과 심리학자들이 내면세계에 대한 해석에서 서로 많이 다르다는 불편한 사실에 대해 설명할 수 있었다. 철학자들과 심리학자들은 똑같이 자신의 삶의 철학에 의해 결정되는 관점에서 정신과 심리를 보고 있는 것이 분명하다. 따라서 버릇없이 자란 아이처럼 삶에 대해 그릇된 인식을 품고 있는 저자는 당연히 모든 문제는 개인이 원하는 것을 '얻지' 못하기 때문에 일어난다고 선언할 것이다. 그리고 그 저자는 모든 실패자와 신경증 환자, 정신병 환자, 비행 소년, 자살자, 성도착자들이 소망을 억누른 사실 때문이라는 설명을 당연한 것으로 받아들일 것이다.

이런 저자들은 또 현실의 세상이 적대적이고 사라질 운명에 처해 있다고 생각할 것이다. 그들에게 사회적 관심은 착각이나 두려움 때문에 사람들에게 강요된 모호한 교리일 뿐이다. '이웃을 네 자신처럼 사랑하라'는 가르침은 그들에게 우스꽝스럽게 들린다. 그러나 그들은 개인과 버릇없이 키우는 사람인 어머니의 관계를 가장 중요한 것으로 생각한다. 그들은 충돌을 빚는 다른 관점들에는 자동적으로 눈을 감아버린다.

기반을 잃거나 비판에 시달리지 않을까 두려워하는 저자들은 실험실에서 물질적으로 확증을 받을 수 있거나 기록으로 남기거나 숫자로 환원될 수 있는 사실들에만 중요성을 부여하고 있다. 그들은 수학적 공식에 의해 보호 받는다고 느끼며, 만약 그런 상징들을 갖고 있지 못한 상태라면, 그들은 화를 내게 된다.

물론, 수학은 엄청난 안전감을 주고, 많은 사람들에게 지지를 보낸다. 그러나 정신과 심리를 연구할 때, 우리는 정신과 심리가 진화의 선물이고 수백 만 년에 걸쳐 전개되었다는 것을 발견한다. 정신과 심리는 기적처럼 작동하며, 우리가 정신과 심리에 대해 발견하는 모든 것은 그것들이 외부의 문제들과의 관계에서 작동하는 방식이다. 우리는 육체와 육체가 물려받은 특성들은 단순히 전반적인 환경의 부분들이라는 것을 명심해야 한다.

그러면 개인 심리학은? 개인 심리학도 나름대로 삶에 대해 특별한 인식을 갖고 있지 않은가? 개인 심리학도 개인이 외부 문제들과의 관계에서 보이는 행동에 대해 특별한 견해를 갖고 있지 않는가?

물론, 개인 심리학도 그런 견해를 갖고 있다. 그러나 가장 먼저 우리는 삶에 대한 우리의 인식이 다른 심리학자들의 인식보다 더 객관적이라는 점을 입증하려고 노력했다. 두 번째로, 우리는 우리의 삶의 철학에 영향을 받고 있다는 점을 잘 알고 있다. 반면, 다른 심리학자들은 자신들이 언제나 예전에 알았던 것을 발견하고 있다는 것을 모르고 있다. 이런 이유 때문에, 개인 심리학은 보다 초연하고 자제할 수 있다.

마지막으로, 개인 심리학은 매우 중요한 이점을 한 가지 더 누리고 있다. 개인 심리학자는 인격이 하나의 통일체라는 점을 인정하며, 따라서 개인 심리학자는 개인이 삶의 어느 한 가지 측면에 대해 품고 있는 그릇된 인식이 삶의 다른 측면에서도 반복된다는 것을 알고 있다. 사회적 관심의 결여는 잘못을 저지르고 있는 그 개인의 모든 표현 형식들에 영향을 미칠 것이다.

개인의 모든 표현을 그것과 사회의 관계 속에서 고려하지 않는다면, 어떤 심리학자도 그 표현의 의미를 절대로 제대로 파악하지 못한다.

10장

———✕———

신경증이란 무엇인가?

이 문제를 놓고 끊임없이 고민해 온 사람은 누구나 '그렇다면 신경증의 진정한 본질은 무엇인가?'라는 질문이 명쾌한 대답을 들어야한다는 점을 이해할 것이다. 그에 대한 설명을 찾을 목적으로 그 주제를 다룬 문헌을 뒤진다면, 통일된 어떤 개념에 이르기는 거의 불가능한 일이라는 생각이 들 만큼 신경증에 대한 정의들이 너무나혼란스럽다는 사실이 확인될 것이다.

늘 그렇듯이, 어떤 질문에 모호한 구석이 있는 경우에, 다양한 해석이 나오고, 서로 대립하는 파벌들이 많이 생기기 마련이다. 신경증 문제에도 그런 일이 벌어졌다. 신경증은 성마름이라거나, 성마른 허약함이라거나, 내분비샘 질병이라거나, 치아 또는 코의 전염의 결과라거나, 성기의 질병이라거나, 신경계의 약함이라거나, 출생에 따른 정신적 충격의 결과라거나, 외부 세계나 종교, 윤리와 갈등을 빚은 결과라거나, 사악한 무의식과 타협의 경향이 있는 의식 사이의 갈등이라거나, 성적이거나 가학적이거나 범죄적인 충동을 억압한 결과라거나, 도시의 소음과 위험들의 결과라거나, 엄격한 양육의 결과라거나, 어떤 조건 반사들의 결과라는 등 신경증에 관한 해석은 정말 다양하다.

이 견해들 중에도 신경증을 이루는 다소 중요한 현상들 일부를 설명하는 데 이용될 수 있는 중요한 것들이 많다. 그러나 이 현상들 대부분은 신경증을 앓지 않는 사람들에게서도 자주 발견된다. 그 견해들 중 일부만이 '신경증은 진정 무엇인가?'라는 물음에 대한 대답이 있는 곳을 가리킬 뿐이다.

신경증이 아주 빈번하게 일어나고 있고, 그 병의 사회적 폐해가 매우 크고, 신경증을 가진 사람들 중에서 아주 작은 일부만 치료를 받을 뿐 대부분은 큰 고통을 겪으면서도 평생 그 병을 안고 살고 있고, 또 평범한 사람들 사이에 신경증에 대한 관심이 엄청나게 커졌기 때문에, 그 문제를 보다 큰 재판소에서 과학적으로 냉철하게 설명하는 것이 합당하다.

신경증이라는 병을 이해하고 치료하기 위해서는 상당히 많은 의학 지식이 필요하다. 더욱이, 신경증을 예방하는 것이 가능하고 또 필요한 일이지만, 그것은 어디까지나 신경증을 야기한 상처들을 명확히 알아야만 가능한 일이라는 사실을 언제나 잊어서는 안 된다.

신경증을 예방하고 신경증의 사소한 기원을 이해하기 위해 채택해야 하는 조치들은 의학 영역에 속한다. 그럼에도 가족과 선생, 교육가를 비롯한 조력자들의 도움이 반드시 필요하다. 이것은 신경증의 본질과 기원에 관해 알려진 모든 것이 광범위하게 퍼져 있는 현상을 설명해 준다.

오랫동안 존재하고 있는 근거 없는 정의(定義)들은 무조건 부정되어야 한다. 예를 들면, 의식과 무의식 사이의 갈등이 신경증이라는 정의가 있다. 이 정의에 대한 논의는 거의 필요하지 않다. 이 견해를 지지하는 저자들이 최종적으로 갈등이 없는 경우에 어떠한 일도 일어날 수 없다는 사실을 깨달았어야 했기 때문이다. 따라서 이 진술은 신경증의 본질에 대해 아무것도 밝히지 못한다.

마찬가지로, 아주 고매한 과학적 관점을 바탕으로 신체 기관의 변화들을 화학 작용으로 돌림으로써 우리를 오도하고자 하는 사람들로부터도 어떤 도움도 기대하지 못한다. 그런 사람들은 그런 식으로 접근해서는 그 문제의 해결에 기여하기가 어렵다는 사실을 확인할 것이다. 이유는 우리가 화학 작용에 대해 어떤 의견도 제시하지 못하기 때문이다.

현재의 다른 정의들도 우리에게 새로운 것을 들려주지 못하기는 마찬가지이다. 신경증적 상태로 이해되고 있는 것은 성마름이나 의심, 수치심 등이다. 한마디로 말해, 부정적인 특성들, 말하자면 삶에 적절하지 않고 감정이 지나치게 강하게 실린 성격적 특성들이 두드러진 온갖 증상들이 신경증적인 상태로 여겨지고 있는 것이다. 모든 저자들은 신경증적인 상태가 격한 감정적 상태의 삶과 관계있다는 점에는 동의한다.

여러 해 전에 나는 개인 심리학에서 신경증적인 성격으로 이해하고 있는 것을 묘사하는 작업을 시작했다. 그때 나는 신경질적인 사람의 과민성을 찾아냈다. 이 특성은 틀림없이 신경증을 가진 모든 사람들에게서 발견된다. 일부 예외적인 경우에 그것이 숨겨져 있어서 찾아내기가 다소 어렵긴 하지만 말이다. 그러나 조금 더 면밀히 조사하면, 예외적인 사람들도 대단히 민감한 것으로 드러난다. 개인 심리학은 보다 철저한 연구를 통해서 이 신경과민의 원천을 보여주었다. 이 지구 위에서 편안함을 느끼고, 거기서 일어나는 즐거움뿐만 아니라 불행까지도 공유해야 한다고 믿고, 사회 복지에 어느 정도 기여하겠다고 결심한 사람은 누구나 어색한 민감성을 보이지 않을 것이다.

과도한 민감성은 열등감의 표현이다. 이것으로부터, 신경증적인 사람의 다른 특성들, 예를 들면 안달 같은 것이 꽤 자연스럽게 나온다. 이 같은 현상도 스스로 안전하다고 느끼고, 자신감 있고, 삶의 문제들을 직면하는 방법을 기꺼이 배우는 사람들에게는 나타나지 않는다. 과도한 민감성과 안달이라는 두 가지 성격적 특성을 고려한다면, 감정이 격한 상태에서 살아가는 사람들이 있다는 사실이 이해될 것이다. 그리고 이 불안의 감정이 평온과 안전의 상태를 위한 맹렬한 분투로 이어진다는 점을 고려한다면, 신경증적인 사람이 우월과 완성을 위한 분투에 박차를 가하는 이유가 보일 것이다. 또 탁월을 위한 분투를 암시하는 불안의 감정이 야망의 형태를 띠는 것도 이해될 것이다. 이때의 야망은 오직 그 사람 본인에게만 관심을 쏟는 그런 야망이다. 이것은 궁지에 빠져 있는 사람에게서 쉽게 확인된다.

탁월을 위한 분투는 이따금 보편적으로 비판의 대상이 되는 탐욕이나 강한 욕망, 시기, 질투 등 다른 형태로도 나타난다. 여기서 그 분투는 정직한 해결책을 발견할 수 있는 능력에 대한 확신이 전혀 없는 까닭에 계략을 써서 어려움을 피하려고 신경을 곤두세우고 있는 사람들의 문제이다. 여기에다가 심한 열등감은 용기의 불완전한 발달을 동반한다는 사실을, 그리고 용기 대신에, 삶의 문제들을 회피하고 존재를 보다 쉽게 영위하고 짐을 다른 사람들의 어깨로 넘기려는 온갖 교활한 시도가 발견된다는 사실을 더하라. 이 같은 책임 회피는 다른 사람들에 대한 관심의 결여와 직결된다.

지금 우리는 이런 태도를 다소 보이고 있는 많은 사람들을 비판하거나 비난하는 것과 거리가 멀다. 책임감만 있어도 최악의 실수를 피할 수 있지만, 문제가 된 사람이 삶을 대하는 그릇된 태도의 희생자라는 것을 우리가 잘 알고 있기 때문이다. 이런 사람들은 추구하는 경우에 반드시 이성(理性)과 갈등을 빚게 되어 있는 그런 목표를 정해 놓고 있다.

신경증 상태의 본질에 대해서, 그리고 신경증이 생기는 과정이나 신경증을 형성시키는 요소들에 대해서는 아직 한마디도 하지 않았다. 그러나 우리는 앞으로 한 걸음 내디뎠다. 신경증을 가진 사람의 불완전한 용기와 삶의 과제 앞에서 망설이는 태도를 고려하면서, 우리는 삶의 문제들 앞에서 그 사람의 삶의 과정이 낳은 빈약한 결과를 보여줄 수 있었다. 이런 약한 활동의 원인을 찾다보면 어린 시절까지 거슬러 올라갈 것이 틀림없다.

개인 심리학자로서, 우리는 이 같은 현상에 놀라지 않는다. 왜냐하면 삶의 패턴이 어린 시절 초기에 발달하고, 또 문제가 된 사람이 과거 자신의 발달에 있었던 오류를 이해하고 전반적으로 인류의 행복을 염두에 두면서 다른 사람들과 접촉할 수 있는 힘을 다시 확보할 수 있게 될 때에만 변화를 기대할 수 있기 때문이다.

그릇된 행동을 정상적인 수준보다 더 많이 하는 아이는 훗날 실패자가 되더라도 신경증적인 사람은 절대로 되지 않을 것이라고 단정할 수 있다. 그런 아이의 실패는 다른 형태를 띨 것이며, 그는 범죄자나 자살자, 알코올 중독자가 될 것이다. 그는 '다루기 가장 힘든' 부류의 아이인 것으로 드러날 수도 있지만, 신경증적인 특성은 절대로 발달시키지 않을 것이다.

이제 우리는 문제 해결에 조금 더 가까이 다가섰다. 신경증적인 사람의 경우에 행동반경이 그다지 넓지 않다고 자신 있게 말해도 좋다. 그런 사람의 행동반경은 보다 정상적인 사람의 행동반경보다 훨씬 더 제한적이다. 다른 예들의 경우에 활동량이 보다 많은 이유를 아는 것이 중요하다. 만약에 우리가 아이의 행동반경을 발달시키거나 제한하는 것이 가능하다는 점을 입증할 수 있다면, 또 우리가 그릇된 교육에 아이의 행동반경을 최소한으로 축소하는 수단이 포함되어 있다는 것을 이해한다면, 우리는 또한 유전의 문제가 이 방향으로 우리에게 영향을 미치지 않고 있다는 것을, 우리가 보는 것이 아이 자신의 독창력의 산물이라는 것을 이해할 수 있다. 아이가 인격 건설을 위해 사용하는 건축 재료는 육체적 조건과 외부 세계의 인상들이다.

신경증적 상태의 증상들과 관련해서 주목해야 하는 사실은 그것들이 모두 만성이라는 점이다. 이 증상들은 일부 신체 기관들의 육체적 장애와 정신적 충격으로 분류될 수 있다. 후자의 예를 든다면, 불안 표출과 강박적 사고(思考), 우울의 징후들(이런 것들은 특별한 중요성을 지니는 것 같다), 신경성 두통, 강박적 얼굴 붉힘과 씻기, 이런 것들과 비슷한 정신적 표현 형식들이 있다. 그 증상들은 오랫동안 지속된다. 만약 공상이라는 모호한 영역에 빠지지 않고, 그런 증상들의 출현이 어떤 의미를 지닌다는 점을 인정하고, 그 증상들의 상호 연결을 찾아내려고 노력한다면, 아이가 직면했던 과제들이 그 아이에게 지나치게 어려웠다는 사실이 발견될 것이다.

이런 식으로, 신경증 증상들의 영구적인 본질이 확립되고 설명되는 것 같다. 이런 증상들의 돌연한 출현은 명백한 어떤 과제에 대한 반발 때문에 일어난다. 개인 심리학자들은 문제 해결의 어려움이 어디에 있는지를 발견하기 위해 연구 활동을 광범위하게 벌였으며, 그 결과 개인 심리학은 인간들이 언제나 사회적 준비를 요구하는 문제들을 직면하고 있다는 사실을 밝혀냄으로써 이 영역 전체에 영원히 꺼지지 않는 불을 밝힐 수 있게 되었다.

아이는 어린 시절 초기에 이런 사회적 준비를 성취해야 한다. 이유는 사회적 준비의 어떤 증대도 오직 그런 이해 위에서만 가능하기 때문이다. 그런 문제가 언제나 어떤 충격으로 끝난다는 점을 명확히 밝히려는 과제를 떠안을 때, 우리는 충격의 효과에 대해 말할 수 있다. 그런 충격은 종류가 참으로 다양하다. 일부 경우에 그 충격은 하나의 사회적 문제, 예를 들면, 우정에서 겪는 실망일 수 있다.

이런 경험을 전혀 하지 않았거나 그런 경험으로 인해 충격을 받지 않은 사람이 있는가? 그러나 그 충격은 아직 신경증적인 병의 징후는 절대로 아니다. 그 충격은 오래 지속될 때에만, 말하자면 만성적인 조건으로 악화될 때에만 신경증적인 병의 증상이 된다. 그런 경우에, 문제가 된 그 사람은 의심스럽다는 듯이 모든 개인적 친교를 피하며, 그는 부끄러움이나 당혹감, 빨라진 맥박과 발한, 위장 장애, 급박한 배뇨감 같은 육체적 증상 때문에 다른 사람들과의 밀접한 접촉이 언제나 저지당하고 있다는 점을 분명히 보여준다.

이것은 개인 심리학이 밝힌 바에 따르면 대단한 중요성을 지니는 조건이다. 그 같은 조건은 그 사람이 다른 사람들과의 접촉 감각을 충분히 발달시키지 못했다는 이야기를 들려주고 있다. 이것을 근거로, 그의 환멸이 그를 고립 상태로 몰아넣었다고 말할 수 있다. 이제 우리는 그 문제를 조금 더 깊이 파악하게 되었으며, 신경증 상태에 대해 어느 정도 설명할 수 있게 되었다.

예를 들어, 누군가가 사업을 하다가 돈을 잃고 상실의 충격을 느끼고 있다고 하더라도, 그는 아직 신경증적인 사람이 아니다. 그 사람이 계속 그 상태로 남을 때, 그러니까 그가 그 충격 외에 다른 것을 느끼지 않을 때에만 신경증 환자가 된다. 이런 상태에 있는 사람은 협력하는 능력을 충분히 확보하지 않았다는 점을, 또 그 사람은 자신이 시도하는 모든 일에서 성공을 거둘 수 있는 상황에서만 앞으로 나아간다는 것을 우리가 이해할 때에만, 그 같은 사실이 설명될 수 있다.

이 말은 사랑의 문제에도 똑같이 적용된다. 사랑의 문제를 해결하는 것은 절대로 사소한 일이 아니다. 그 문제를 해결하기 위해서는 어느 정도의 경험과 이해력뿐만 아니라 책임감도 필요하다. 만약에 누구라도 이 문제 때문에 흥분하거나 신경질을 내게 된다면, 만약에 그 사람이 한 번 퇴짜를 맞은 뒤에 더 이상 이성에게 접근을 시도하지 않는다면, 만약에 해결의 대상이 되고 있는 문제로부터의 후퇴를 보장해 주는 온갖 감정이 그 후퇴에 어떤 역할을 하고 있다면, 만약에 그가 후퇴의 길을 고수하게 만드는 삶의 인식을 갖고 있다면, 그는 신경증적인 사람이지만, 그 전까지는 신경증적인 사람이 아니다.

모든 사람이 비난을 받게 되는 경우에 충격을 느끼지만, 충격의 결과에 시달리는 사람이 삶의 과제를 해결할 준비를 제대로 갖추지 않았을 때에만 충격의 효과가 만성적이게 된다. 그렇게 되는 경우에 그 사람은 정지하게 된다. 모든 문제의 해결을 위한 준비가 적절히 되어 있지 않은 사람들, 그러니까 어린 시절부터 진정한 동료 근로자가 되었던 적이 한 번도 없었던 사람들이 있다고 말할 때, 우리는 이 같은 완전한 정지를 구체적으로 보았다.

그러나 이 이상으로 말할 것이 있다. 우리가 신경증 상태에서 보는 것은 고통이며 희생자가 즐기고 있는 그 무엇이 아니다. 만약 내가 누군가에게 해결할 준비가 되어 있지 않은 문제를 직면할 때 생기는 두통을 느껴보라고 제안한다면, 그 사람은 그렇게 하지 못할 것이다. 그러므로 우리는 사람이 자신의 고통을 스스로 만들어 내거나 아프기를 원한다는 점을 암시하는 설명이면 무엇이든 당장 거부해야 한다.

틀림없이 문제가 된 사람은 고통을 겪고 있지만, 그는 자신의 문제를 해결하는 데 실패한 것처럼 보일 경우에 겪게 될 더 큰 고통보다 현재의 고통을 언제나 선호한다. 그는 자신의 무가치성이 탄로나는 것보다 이런 신경성 고통을 인내하는 쪽을 택할 것이다. 신경증을 가진 사람이나 정상적인 사람이나 똑같이 자신의 패배를 노출시키는 데 대단히 강하게 반대하겠지만, 신경증 환자가 그 반대를 훨씬 더 강하게 보인다. 신경과민이나 조바심, 격한 감정, 개인적 야심이 어떤 의미인지를 상상하려고 노력한다면, 우리는 그런 사람이 자신의 무가치성을 드러낼 위험이 있다고 판단하고 있는 이상 그 사람을 앞으로 한 걸음도 더 나아가도록 만들지 못한다는 점을 충분히 이해할 것이다.

그렇다면 이런 충격의 효과에 따른 정신 상태는 어떤가? 고통을 겪고 있는 사람이 그 효과를 야기하지 않았다. 그는 그런 효과를 원하지 않는다. 그러나 그 효과는 정신적 충격의 결과로서, 패배감의 결과로서, 말하자면 자신의 무가치함이 고스란히 드러나는 데 대한 두려움의 결과로서 존재한다. 그는 이 결과에 맞서 진정으로 투쟁을 벌일 뜻이 전혀 없으며, 그는 어떻게 해야 그 결과에서 자유로워질 수 있는지에 대해서도 이해하지 못하고 있다. 그는 그 결과를 제거하고 싶어 하면서 이런 식으로 거듭 말할 것이다. "다시 좋아졌으면 좋겠어. 이 증상들을 제거하고 싶어."

따라서 그는 의사를 찾아 상담을 받는다. 그러나 그가 모르고 있는 것은 그가 여전히 다른 무엇인가를, 즉 무가치하다는 것이 증명되는 것을 훨씬 더 두려워하고 있다는 사실이다. 어떻든 그 불길한 비밀은 탄로날 수 있다. 그 자신이 아무런 가치가 없는 존재라는 사실 말이다.

지금 우리는 신경증 상태가 실제로 어떤 상태인지를 보고 있다. 그것은 보다 큰 악을 피하려는 시도이고, 어떤 대가를 치르더라도 가치 있어 보이는 모습을 지키려는 시도이지만, 동시에 전혀 아무런 비용을 지불하지 않고 그 목적을 이루고 싶어 하는 욕망도 작용하고 있다. 불행하게도 이것은 불가능한 일이다. 문제의 그 사람에게 제공할 수 있는 것은 삶을 위한 준비를 더 잘 하도록 용기를 불어넣고 보다 확고한 바탕을 제공하는 것 외에 다른 방법은 절대로 없다. 이것은 그 사람을 몰아붙이거나, 처벌하거나, 억압하거나, 관계를 단절하는 방식으로는 성취될 수 없다. 자신이 어느 정도 활동을 할 수 있는 상황에서 자신의 문제를 풀기보다 자기 자신을 제거하려 드는 사람이 얼마나 많은지를 우리는 알고 있다. 그것은 분명한 사실이다. 그러므로 우리는 강요를 통해서는 어떤 것도 기대할 수 없다. 반드시 체계적인 준비가 필요하다. 그래야만 고통을 겪는 당사자가 안전감을 느끼며 자신의 문제를 해결하는 방향으로 나아갈 수 있는 위치에 서게 된다. 그렇게 하지 않으면, 우리 앞에는 자신이 깊은 심연 앞에 서 있다고 상상하면서 그 깊은 곳으로 떠밀려 떨어질 것이라고, 다시 말해 자신의 무가치성이 드러날 것이라고 두려워하는 사람이 서 있을 것이다.

35세인 법정 변호사는 신경과민과 뒤통수의 만성적 통증, 온갖 종류의 위장 장애, 머리의 멍한 느낌, 전반적인 허약과 피로를 호소하고 있다. 그 외에 그는 언제나 흥분되어 있고 불안한 상태로 지내고 있다. 그는 이방인들과 대화해야 할 때면 종종 의식을 잃게 되지 않을까 두렵다. 집에서 부모의 가족들과 함께 있을 때엔 조금 편안한 마음을 느낀다. 물론, 그런 자리에서도 그는 기분이 완전히 좋은 느낌을 받지는 못한다. 그는 이 증상들이 앞으로도 그의 성공을 막을 것이라고 확신하고 있다.

임상 검사는 척추측만을 제외하고는 음성의 결과를 보였다. 척추측만은 우울증의 결과 생긴 근력 상실과 함께 후두골과 척추의 통증을 설명할 수 있다. 피로는 불안 때문인 것이 분명하지만, 그것은 또한 머리의 띵한 느낌처럼 우울증의 부분적인 징후로도 이해되어야 한다. 위장 부위의 문제는 우리가 이 환자에게 채택하고 있는 일반적인 진단을 통해 이해하기가 조금 어렵지만, 그것도 어떤 기질의 표현일 것이다. 다시 말하면, 열등한 신체 기관이 정신적 짜증에 반응한 결과일 것이다. 이 견해를 뒷받침하는 것으로, 그의 어린 시절에 자주 일어났던 위장 장애가 있으며, 그의 아버지도 뚜렷이 원인으로 꼽을 만한 신체 기관의 결함이 없는데도 비슷한 증상을 호소했다는 사실이 있다. 환자는 이따금 흥분이 일어날 때면 언제나 식욕 부진이 따르고 가끔은 구토가 따랐다는 것을 알고 있다.

사소한 것으로 여겨질 수 있는 불평이 환자의 삶의 방식을 더욱 명료하게 이해하는 데 도움을 줄 수 있다. 환자의 불안은 그가 '성공'을 위한 분투를 아직 포기하지 않았다는 사실을 보여주는 증거이다. 이 결론은 비록 강도가 약하긴 하지만 집에서도 편안함을 느끼지 못한다는 그의 진술에 의해 뒷받침되고 있다. 여기서 강도가 약하다는 식으로 표현하는 이유는 그가 이방인을 만나는 일에, 말하자면 세상 속으로 들어가는 일에 느끼는 불안이 집에서도 그를 떠나지 않기 때문이다. 그러나 의식을 잃게 될지 모른다는 두려움은 우리에게 그의 신경증의 작동을 들여다볼 기회를 준다. 이방인을 만나야 하는 상황에 처할 때면 무의식에 빠질 수 있다는 걱정을 통해서, 그는 인위적으로 마음에 동요를 일으킨다는 이야기를 자기도 모르는 사이에 우리에게 들려주고 있다.

환자가 마치 어떤 목적이 있는 것처럼 인위적으로 자신의 흥분을 혼란 상태로 격화시키는 것을 모르고 있는 이유로는 두 가지가 제시될 수 있다. 첫 번째 이유는 일반적으로 잘 인식되지 않고 있지만 명백하다. 말하자면, 환자가 자신의 증상들에 단지 은밀한 시선을 줄 뿐이라서 그 증상들과 자신의 전체 행동 유형 사이의 연결을 보지 못한다는 점이다. 다른 한 이유는 피할 수 없는 후퇴, 그러니까 내가 오래 전에 가장 중요한 신경증 증상으로 묘사한 그 '후진'(後進)이 방해받지 않을 수 있다는 것이다. 비록 지금 논하고 있는 환자의 경우에, 이 후진이 환자가 자제심을 되찾으려는 약한 시도와 연결되어 있을지라도 말이다.

환자가 준비를 제대로 갖추지 않은 탓에 삶의 세 가지 문제에 직면할 때 느끼는 불안은 육체에 영향을 미치면서 육체의 기능 변화를 야기할 뿐만 아니라 정신에도 영향을 미친다. (이 불안도 확실히 검증되어야 한다. 지금까지 일반적인 진단과 개인 심리학의 경험과 의료 심리학적 직관의 도움으로 추측만 되고 있기 때문이다.) 환자의 불완전한 준비로부터, 육체와 정신의 기능적 장애가 나타난다. 아마 이전에 있었던 사소한 실패의 경험으로부터 배웠을 환자는 '외적 요소' 앞에서 두려움을 느끼며 한껏 움츠러들 것이다. 그는 자신이 영원한 어떤 패배의 위협을 받고 있다고 느낀다. 버릇없이 자란 아이로서 그가 스스로 정한, 타인들에 대한 관심의 결여가 두드러진 특징인 그런 개인적 우월 목표를 달성하기가 어렵다는 사실을 깨닫기 때문에, 그 위협은 그에게 더욱더 크게 다가온다.

언제나 결정적인 어떤 패배에 대한 불안 때문에 생겨나는, 이처럼 매우 고조된 감정 상태에서, 우리가 신경증과 정신병에서 발견하는 그런 증상들이 생겨난다. 그 증상들은 일반적으로 타고난 육체적 체질과 언제나 습득되는 정신적 기질에 그 기원을 두고 있다. 그 증상들은 서로 결합되어 있으며 서로에게 영향을 미친다.

그러나 우리는 이미 어떤 신경증에 도달했는가? 개인 심리학은 어떤 사람이 삶의 문제들을 해결하는 데 필요한 준비를 잘하거나 못할 수 있다는 사실을, 그리고 훌륭한 준비와 그릇된 준비 사이에 수많은 변형들이 존재한다는 사실을 설명하는 데 틀림없이 많은 기여를 했다. 개인 심리학은 또 외적 요인에 의해 드러나게 되는, 삶의 문제들을 해결하지 못한다는 감정이 육체와 정신에 수많은 진동을 일으킨다는 것을 이해하는 일에도 많은 도움을 주었다. 개인 심리학은 또한 준비가 부족한 원인이 어린 시절 초기에 있다는 것을, 그리고 그 준비는 경험이나 감정에 의해서는 바로잡아지지 않고 보다 훌륭한 지식에 의해서만 바로잡아진다는 것을 보여주었다.

더 나아가, 개인 심리학은 사회적 감정이 삶의 방식에서 통합적인 요소라는 것을, 또 삶의 모든 문제들을 제대로 해결하려면 사회적 감정이 뚜렷이 나타나야 한다는 것을 발견했다. 실패의 느낌에 수반되고 또 그런 느낌에 특징적으로 나타나는 육체적, 정신적 현상을 나는 열등 콤플렉스로 묘사했다. 틀림없이, 어떤 충격의 효과는 삶의 문제 해결을 위한 준비를 잘한 사람보다 제대로 하지 못한 사람에게 더 강하게 느껴지고, 또 용기 있는 사람보다 언제나 외부의 도움에 기대는 겁쟁이들에게 더 강하게 느껴지기 마련이다.

모든 사람은 다소의 동요를 야기하는 갈등들을 겪으며, 그 갈등들의 효과를 모두가 육체와 정신으로 느낀다. 우리가 육체적 구조와 외부의 사회적 환경을 갖고 있다는 사실은 모든 사람이 외부 세계 앞에서 열등감을 느끼게 되어 있다는 이야기를 들려주고 있다. 유전적인 신체적 결함이 삶의 거친 요구로부터 완전히 면제되는 근거로 작용하는 경우가 너무나 잦다.

아이에게 영향을 미치는 환경적 요소들은 아이가 쉽게 '올바른' 삶의 방식을 구축하게 하는 것들이 결코 아니다. 응석받이로 키우는 양육과 상상되었거나 실제로 있었던 방치는 너무나 자주 아이가 사회적 감정에 맞서도록 이끈다. 특히 응석받이 양육에서 그런 결과가 더 자주 나타난다. 아이는 대부분 적절한 지도를 받지 않는 가운데 자신의 행동 법칙을 발견한다.

아이는 오직 인간의 가능성이라는 한계의 제한만을 받는, 개인적이고 자유로운 선택을 누리는 가운데 시행착오라는 기만적인 원칙을 동원하지만, 동시에 아이는 다양한 변형이 존재하는 우월 목표를 성취하려고 늘 분투하고 있다. 아이의 독창적인 에너지는 평생 지속될 태도를 구축하고 개인적인 행동 법칙을 발달시키는 일에 모든 인상들과 감각들을 '이용'한다. 개인 심리학에 의해 밝혀진 이같은 사실은 훗날 다른 심리학 학파들에 의해 '태도'나 '형태'(게슈탈트)로 불리었다. 개인을 하나의 전체로 다루지도 않고, 개인과 삶의 3가지 중요한 문제들의 밀접한 연결을 다루지도 않고, 또 개인 심리학이 이 방향으로 성취한 것을 인정하지도 않은 채 말이다.

그렇다면 '신경증'은 모든 육체적, 정신적 영향들과 빚는 일종의 갈등인가? 말하자면, '다루기 힘든' 아이나 자살자, 범죄자, 반동주의자, 무분별하고 급진적인 광인, 입에 풀칠이나 근근이 하는 게으름쟁이, 주변 사람들의 유혹 때문에 방향을 잃고 헤매는 난봉꾼이 겪는 갈등이 신경증이란 말인가? 그릇된 행동 법칙을 따르고 있는 이 사람들은 모두 개인 심리학이 강조하는 '진리'와, 영원의 관점에서 본 '옳은 것'과, 이상적인 공동체의 피할 수 없는 요구사항과 갈등을 빚고 있다. 그들은 너무나 다양한 형태로 육체와 정신에 나타나는 이 충돌의 결과를 틀림없이 느끼고 있다.

그러나 그것이 신경증인가? 만약에 이상적인 공동체의 피할 수 없는 요구사항이 전혀 없다면, 만약에 모두가 삶에서 자신의 그릇된 행동 법칙들을 충족시킬 수 있다면, 혹은 더욱 공상적으로 말해 모두가 자신의 본능과 조건 반사를 충족시킬 수 있다면, 그런 경우에 갈등이 전혀 일어나지 않을 것이다. 어느 누구도 터무니없는 요구를 하지 않을 것이니까. 그런 곳에선 개인과 공동체의 연결이 간과되거나 개인과 공동체를 분리시키려는 시도가 일어날 때에도, 그 문제는 아주 조심스럽게 제기될 것이다. 모두가 이상적인 공동체의 철칙에 다소 의도적으로 따르고 있다. 오직 완전히 버릇없이 자란 아이만 기대할 것이고 요구할 것이다. 호라티우스(Quintus Horatius Flaccus)의 표현을 빌리면, 그런 아이는 "공동체에 아무것도 보태지 않으면서도 자신의 목적을 위해 공동체의 기여를 이용한다".

"나는 왜 이웃을 사랑해야 하는가?"라는 질문은 우리를 멈춤 없이 앞으로 이끄는 사회의 이상에서 인간들을 서로 끊어질 수 없게 연결시키고 있는 끈에 암시되어 있다. 자신의 내면과 행동 법칙에 이런 사회적 목표를 충분히 갖추고 있고 또 사회적 목표가 숨쉬기만큼이나 자연스러운 사람만이 자신에게 다가오는 갈등들을 공동체의 정신으로 직면할 수 있다.

신경증을 앓는 사람은 다른 모든 사람들과 마찬가지로 나름대로 갈등을 겪고 있다. 신경증 환자를 다른 사람들과 뚜렷이 달라 보이게 만드는 것은 그 갈등들을 해결하려는 시도이다. 이 시도의 수많은 변형들에서 부분적인 신경증과 혼합적인 신경증이 보인다.

신경증 환자는 어린 시절부터 줄곧 자신의 행동 법칙에 따라서, 실패하는 경우에 자긍심에 상처를 입히거나 개인적 우월을 위한 분투, 즉 일등이 되려는 분투를 방해할 것 같은 과제로부터 뒤로 물러나는 훈련을 한다. 이런 분투는 사회적 감정과 완전히 분리되어 있는 분투이다. '전부 아니면 전무'(대체로 이 표현을 아주 조금 변화시킨다)라는 삶의 좌우명, 지속적으로 패배 위협에 시달리는 사람의 과도한 민감성, 조바심, 적국에 있는 듯이 사는 사람의 격한 정서, 탐욕 등은 모두 갈등이 더욱 빈번하게, 또 더욱 격하게 일어나게 만들고 그 사람의 삶의 방식이 그를 위해 처방한 후퇴를 더욱 쉽게 만든다.

이런 전략적 후퇴는 어린 시절부터 훈련되고 검증되었기 때문에 유아기 소망으로 '퇴행'하는 듯한 기만적인 모습을 쉽게 띨 수 있다. 그러나 신경증 환자는 그런 소망에 관심이 없다. 그는 단지 후퇴에 대해서만 생각하고 있다. 그는 이 후퇴를 위해서 온갖 종류의 희생을 치를 준비가 되어 있다. 여기서도 희생을 '자기 징벌'로 오해할 소지가 있다. 그러나 또 다시 말하지만 신경증 환자는 자기 징벌에도 관심이 없다. 그는 후퇴로 얻게 될 안도를 추구하고 있다. 이 후퇴가 그를 자긍심과 자존심의 붕괴로부터 보호할 것이다.

개인 심리학에 '안전'의 문제가 지니는 중요성이 마침내 파악될 것이다. 안전 문제는 전체적인 맥락에서 볼 때에만 이해가 가능하다. 안전은 '이차적' 중요성이 아니라 '일차적' 중요성을 지니는 것으로 여겨져야 한다. 신경증 환자는 후퇴를 통해 자신을 '안전'하게 지키며, 그는 자신에게 패배를 안기겠다고 위협하는 문제의 충격에서 비롯된 육체적, 정신적 증상들을 강화함으로써 자신의 후퇴를 '안전'하게 지킨다.

그는 개인적 가치감이 붕괴하는 것을 겪는 것보다 고통을 선호한다. 이 개인적 가치감의 힘에 관한 지식은 지금까지 개인 심리학만이 확보하고 있다. 종종 정신병에서만 분명히 드러나는 이 중요한 개인적 가치감, 즉 내가 우월 콤플렉스라고 부르는 것이 아주 강력하기 때문에, 신경증 환자 본인도 그것의 존재를 의심하게 될 때 두려움과 전율만 느끼게 된다. 신경증 환자는 그 가치감이 현실의 테스트를 받아야 하는 상황에 처할 때면 기꺼이 그 테스트를 외면하려 들 것이다. 개인적 가치감이 그를 앞으로 몰아붙인다. 그러나 후퇴를 안전하게 확보하기 위해서 그는 모든 것을 거부해야 하고 그 후퇴를 방해할 모든 것을 망각해야 한다. 그는 오직 후퇴에 관한 생각과 감정과 행동만 할 여유밖에 갖고 있지 않다.

신경증 환자는 관심을 모두 후퇴에 집중한다. 앞으로 나아가는 걸음은 모두 그에게 온갖 공포가 도사리고 있는 심연으로 추락하는 것으로 여겨진다. 바로 그런 이유 때문에 그는 뒤쪽에 확실히 서 있기 위해서 자신의 모든 힘과 모든 감정과, 검증을 거친 모든 철수 수단을 동원한다. 그는 모든 관심을 충격의 경험 쪽으로 돌리고, 그렇게 함으로써 유일하게 중요한 요소, 즉 그가 이기적인 높은 목표로부터 아직도 멀리 떨어져 있다는 사실을 아는 데 따르는 두려움을 배제하면서 그 경험을 과장한다.

그는 자신의 삶의 방식을 고수하기 위해서 상식의 명령에 맞서면서 격해진 감정을 최대한 활용한다. 따라서 그는 지금 완전히 확립된 자신의 안전을 강력히 고수할 수 있으며, 이 안전은 그가 패배를 겪지 않도록 막아준다. 다른 사람들의 의견과 판단이 매우 큰 위험이 되고 있다. 다른 사람들은 신경증이 발발한 상황에서는 정상을 참작하겠지만, 그런 상황이 부재하는 경우에는 신경증 환자의 불안한 분위기를 인정하지 않을 것이다. 한마디로 말해서, 위협받고 있는 분위기를 보호하는 데 충격의 경험들을 이용하는 것, 바로 그것이 신경증이다. 더 간단히 표현하면, 신경증적인 사람의 태도가 'yes-but'으로 변하는 것이 신경증이다. 'yes'에 사회적 감정에 대한 인정이 있고, 'but'에 후퇴와 후퇴를 확보하려는 수단이 있다.

우리의 환자는 대학을 떠나면서 변호사 사무실에 일자리를 구하려고 노력했다. 그는 거기서 몇 주일밖에 근무하지 않았다. 활동 범위가 그만한 가치가 있는 것으로 보이지 않았기 때문이다. 이런저런 이유로 몇 차례 직장을 바꾼 뒤에, 그는 차라리 이론적인 공부에 매진하기로 결정했다. 그는 법률적인 문제에 관한 강의를 해달라는 초청을 받았지만, "많은 청중 앞에서 제대로 말을 하지 못한다는 이유로 초청에 응하지 않았다". 서른두 살이던 당시에, 그의 증상들이 다시 나타났다. 그를 돕기를 원했던 한 친구가 자기와 함께 공동으로 강연을 하자고 제안했다. 우리 환자는 자신이 먼저 하는 것을 조건으로 내걸었다. 그는 머릿속이 하얘지고 몸을 떠는 상태에 연단에 올라가면서 그러다가 의식을 잃게 되는 것은 아닐까 하고 두려워했다. 그의 눈에는 검은 점들밖에 보이지 않았다. 강연이 있은 직후에, 위장 부위에 문제가 다시 생겼으며, 그는 청중 앞에서 또 다시 강연을 하다가는 죽을 수도 있겠다는 상상을 했다. 그 후 그가 시도한 것은 모두 아이들을 가르치는 일이었다.

그를 상담한 의사는 회복되길 원한다면 성관계를 가질 필요가 있다고 그에게 말했다. 그 같은 조언이 몰상식하다는 점을 충분히 예견할 수 있었을 텐데도 말이다. 이미 후퇴하고 있던 환자는 그 조언에 대해 매독에 대한 공포와 도덕적 망설임, 기만과 사생아를 낳게 될지도 모른다는 두려움의 반응을 보였다.

그의 부모는 아들에게 결혼할 것을 권했다. 그들의 조언이 받아들여진 것이 분명하다. 그들이 아들을 위해 소녀를 주선해 주었고, 그가 그녀와 결혼했으니 말이다. 그의 아내는 임신을 하자마자 그의 집을 떠나 부모에게로 돌아갔다. 이유는 그녀가 밝힌 바와 같이, 그녀가 자신을 줄기차게 무시하며 비난하는 그의 태도를 견뎌낼 수 없었기 때문이다.

지금 우리는 이 환자가 약간의 기회가 주어지기라도 하면 얼마나 거만해질 수 있는지를 보고 있는 동시에, 어떤 문제에든 불확실한 요소가 끼어드는 즉시 그가 어떤 식으로 뒤로 물러나는지도 보고 있다. 그는 자기 아내와 아이에 대해 신경을 쓰지 않았다. 그의 유일한 관심은 자신이 열등하게 보이지 않는 것이었으며, 이 문제에 몰두하는 것이 그가 간절히 바라던 성공을 위한 분투보다 더 강했다. 그는 삶의 전면으로 나서야 하는 상황에 처하면 실패하면서 더없이 불안한 상태에 빠졌으며, 자신을 괴롭히는 것들을 떠올리면서 후퇴의 충동을 강화했다. 이유는 그런 것들이 그에게 후퇴를 더 쉽게 만들었기 때문이다.

이보다 더 강력한 증거들이 필요한가? 우리는 증거들을 두 가지 방식으로 제시할 것이다. 먼저, 그가 삶의 방식을 잘못 선택하도록 안내 받았다는 사실을 드러내기 위해 그의 어린 시절 초기로 돌아갈 것이다. 두 번째 방법은 그의 삶에서 그것과 같은 방향을 가리키는 사실들을 추가로 끌어내는 것이다. 만약에 어떤 사람의 특징들에 관한 우리의 지식에 기여하고 있는 다른 요소들이 이미 발견된 것들과 완벽하게 조화를 이루는 것으로 드러난다면, 나는 그런 사실을 우리의 진단의 정확성을 뒷받침하는 가장 강력한 증거로 여겨야 한다. 만약에 우리의 지식에 기여한 다른 요소들이 그렇지 않은 것으로 드러난다면, 조사자의 관점이 바뀌어야 한다.

우리 환자에 따르면, 그의 어머니는 부드러운 성품의 소유자였다. 그는 어머니에게 강하게 집착했으며, 어머니는 아들을 완전히 버릇없이 키웠다. 게다가, 그녀는 언제나 아들로부터 대단한 것을 기대했다. 그의 아버지는 아들을 버릇없이 키우는 경향이 덜했지만, 그도 아들이 울 때마다 소망을 들어줬다.

환자가 가족 중에서 가장 좋아하는 구성원은 남동생이었다. 남동생이 형인 우리 환자를 우상화하고, 형이 원하는 것이면 무엇이든다 해 주었고, 형을 강아지처럼 졸졸 따라다니면서 언제나 형의 안내를 받고 있었으니 말이다. 우리 환자는 가족의 희망이었으며, 그는 형제자매들 사이에서 언제나 자신의 길을 고집했다. 그래서 그는 대단히 쉽고 편안한 상황에서 지낼 수 있었으며, 이 같은 상황이그가 외부 세계와 접촉할 준비를 갖추지 못하도록 만들었다.

그가 처음으로 학교에 가야 했을 때, 이 같은 사실이 당장 눈에 두드러졌다. 그는 학급에서 나이가 가장 어렸으며, 학교를 두 번이나바꿈으로써 자신이 열등한 지위를 좋아하지 않는다는 사실을 드러내야 했을 때 그는 그에 대한 변명으로 그 같은 사실을 제시했다. 그러나 그런 일이 있은 뒤에 그는 다른 학생들을 능가하려는 욕망을과도하게 보였다. 그 뜻을 이루지 못하게 되었을 때, 그는 뒤로 물러서면서 두통이나 복통을 이유로 학교에 가지 않거나 종종 지각을했다. 만약 이 기간에 그가 가장 우수한 축에 들지 못했다면, 그와그의 부모는 그것을 잦은 결석 탓으로 돌렸을 것이다. 그와 동시에우리 환자는 자신이 다른 학생들보다 더 많은 것을 알고 더 많은 것을 읽었다는 사실을 특별히 강조했다.

그의 부모는 아들이 약간의 핑계만 대도 침대에 눕게 하고는 지극 정성으로 보살폈다. 그는 언제나 소심한 아이였으며, 낮뿐만 아니라 밤에도 자기 어머니가 자신을 돌보도록 하기 위해 잠을 자다가 종종 울부짖었다.

그는 이 증상들의 의미와 연결에 대해 전혀 아무것도 모르고 있었던 것이 분명하다. 이 증상들은 모두 그의 삶의 방식의 표현이고 외침이다. 그는 이튿날 아침에 늦게 일어나는 특권을 누리기 위해 새벽까지 침대에 누워 책을 읽었으며, 그런 식으로 일상의 과제 일부로부터 면제되고 있다는 사실을 깨닫지 못했다. 그는 남자들과 있을 때보다 소녀들과 있을 때 부끄럼을 더 많이 느꼈으며, 이 같은 태도는 성인으로 발달해 가는 내내 이어졌다. 용기 부족이 그가 삶의 모든 상황에서 실패하도록 만들었으며, 그는 어떤 경우에도 자만심의 붕괴를 무릅쓰려 하지 않았다. 그가 여자들을 상대로 성공을 거둘 수 있을 것인지에 대해 품었던 불확실성은 그가 어머니의 헌신을 기대할 때의 그 확실성과 뚜렷한 대조를 이루었다. 그는 어머니와 형제들 사이에서 누렸던 지배력을 결혼생활에서도 행사하기를 원했으나, 당연히 그는 그 일에 실패했다.

어린 시절 초기의 기억들이 틀림없이 깊이 묻혀 있을지라도 거기서 그 사람의 삶의 방식이 발견된다는 점을 나는 보여주었다. 우리 환자가 떠올린 가장 빠른 기억은 이렇다. '남동생이 죽었고, 아버지는 집밖에 앉아 비통하게 울었다.' 우리는 이 환자가 어떤 식으로 강연 요청을 거부하며 자신을 포기했는지 기억하고 있다.

우정을 대하는 태도는 동료 인간들과 공동으로 삶을 추구하는 능력을 매우 분명하게 보여주는 신호이다. 우리 환자는 자신이 친구들을 짧은 기간만 사귈 수 있었다는 점을, 그리고 언제나 친구들을 지배하길 원했다는 점을 인정한다. 이것은 틀림없이 타인의 우정을 악용하는 것이 아닌 다른 것으로는 설명되지 못한다. 이 점을 그에게 에둘러 말했을 때, 그는 이렇게 대답했다. "나는 어떤 사람도 공동체를 위해 일한다고 믿지 않아요. 모든 사람은 다 자신만을 위해 행동하지요."

다음에 소개되는 사실들은 그가 자신의 후퇴를 스스로 어떻게 준비했는지를 보여준다. 그는 논문이나 책을 쓰기를 간절히 원했지만, 글을 쓰기 시작하자마자 흥분한 나머지 생각을 차분하게 정리할 수 없었다. 그는 자기 전에 책을 읽지 않으면 잠을 이룰 수가 없다고 설명한다. 그러나 그는 책을 읽기 시작하면 머리에서 너무나 강한 압박을 느낀 나머지 잠을 잘 수 없었다. 그의 아버지는 얼마 전에 세상을 떠났다. 환자가 다른 도시를 방문 중이던 때였다. 시간이 조금 지나서 그는 그 도시에서 어떤 자리를 맡게 되었다. 그는 그 도시로 들어가면 죽음을 맞을지도 모른다는 핑계로 그 자리를 거부했다. 그가 살던 도시에서 일자리를 제안 받았을 때에도, 그는 첫날 잠을 이루지 못하는 탓에 다음날 실패할 수 있다면서 그 자리까지 거부했다. 그는 먼저 자신부터 회복해야 했을 것이다.

이제 환자의 행동 법칙, 그러니까 그의 'yes-but'이 마찬가지로 그의 꿈에서도 어떤 식으로 발견되는지를 보여주는 예를 하나 제시할 것이다. 개인 심리학의 기법 덕분에, 꿈의 역학을 분석하는 것도 가능해졌다.

꿈은 우리에게 새로운 이야기는 아무것도 들려주지 않는다. 우리가 환자의 행동에서 발견할 수 없는 것에 대한 이야기는 꿈에도 없다는 뜻이다. 제대로 이해된 방법을 이용하고, 꿈의 내용물 중에서 어떤 부분을 선택함으로써, 우리는 자신의 행동 법칙을 따르고 있는 환자가 자신의 감정을 인위적으로 자극함으로써 상식에 어긋나는 삶의 방식을 어떻게 실행하고자 애쓰는지를 파악할 수 있다. 그런 경우에, 환자가 어떤 패배에 대한 두려움에 따른 압박 때문에 증상들을 창조하고 있다는 암시도 발견된다.

우리 환자가 꾼 어느 꿈의 내용은 이렇다. '나는 다리 건너편에 살고 있는 친구들을 방문할 예정이었다. 다리 난간은 밝은 색으로 새로 칠해져 있었다. 나는 물속을 들여다보려고 난간 위로 몸을 기울였다. 이것이 위에 경련을 일으켜 배가 아프기 시작했다. 그때 나는 혼잣말을 했다. "물속을 들여다보지 말자. 떨어질 수도 있으니까." 그러나 나는 위험을 무릅쓰고 다시 난간 쪽으로 향했다. 나는 다리 아래를 내려다본 다음에 안전이 최고라고 생각하면서 재빨리 원래의 자리로 돌아갔다.'

친구를 방문하는 일과 새롭게 칠한 난간은 사회적 감정과 보다 나은 삶의 방식의 새로운 구축을 암시한다. 높은 곳에서 아래로 떨어지는 것에 대한 환자의 두려움, 말하자면 'yes-but'은 충분히 분명하게 두드러진다. 이미 지적한 바와 같이, 두려움의 감정 때문에 일어나는 복통은 그의 육체적 체질의 결과로서 언제나 가까이에 있다. 꿈은 그때까지 의사가 벌인 노력을 거부하는 환자의 태도와 그의 낡은 삶의 방식의 승리를 보여주고 있다. 그의 낡은 삶의 방식은 그의 후퇴에 대한 보장이 조금이라도 의문스러운 상황에 처하는 경우에 그를 위협하게 되는 위험의 인상적인 이미지의 도움을 받고 있다.

신경증은 환자가 어떤 충격의 결과로 생겨난 증상들을 자신도 모르는 가운데 자동적으로 악용하는 것이다. 이 악용은 체면을 잃게 될까 크게 두려워하고, 대부분 버릇없이 자란 경험 때문에 그런 과정을 밟도록 유혹 받는 사람들에게 보다 쉽게 일어난다. 육체적 증상들과 관련해서 몇 가지 관찰이 추가될 수 있다. 이 주제를 다루면서, 일부 저자들은 상상의 승리들을 크게 칭송한다. 그런 저자들이 취하는 입장은 이렇다. 유기체는 하나의 통일체이며 어려운 조건에서도 최대한 유지되는 그런 균형을 얻는 데 필요한 재능과 자질을 진화를 통해 얻었다. 이 균형은 맥박의 변화 민감성과 호흡의 깊이와 숫자, 혈액의 응고하는 성격, 내분비샘들의 협력 등에 의해 지켜진다. 이 연결 속에서, 특히 정신적 흥분이 자율신경계와 내분비계에 영향을 미치며 분비물의 양을 증대시키거나 변화시키는 것이 더욱 분명해진다. 현재로서는 충격의 효과 때문에 갑상선에 나타나는 변화가 가장 잘 이해되고 있다.

이 변화들은 가끔 치명적일 수 있다. 나는 그런 환자들을 직접 보았다. 이 분야의 최고의 연구자인 존데크(Zondek)가 이 변화들에 수반되는 정신적 효과들을 찾아내는 문제와 관련해서 나에게 협력을 요청했다. 더욱이, 내분비 장애는 모두 정신적 충격의 결과로 발달하는 것이 틀림없다. 그런 장애를 가진 사람들의 갑상선은 정신적 교란에 의해 흥분해 있다.

부신의 과민에 관한 연구에서도 진전이 이뤄졌다. 교감 신경 아드레날린 콤플렉스 같은 것에 대해 말하는 것도 가능하다. 특히 화가 나 있는 동안에, 부신의 분비가 증대된다. 미국 연구원 캐넌은 동물들을 대상으로 한 실험을 통해서 화의 폭발이 아드레날린 양의 증가를 야기한다는 점을 증명했다. 이것은 심장 활동을 자극할 뿐만 아니라 다른 변화도 낳는다. 따라서 두통과 안면 통증, 아마 간질 발작까지도 정신적 원인을 가질 수 있다. 그런 경우에 우리는 자신의 문제들 때문에 늘 새롭게 짜증을 내는 사람을 다루고 있다.

어기서 삶의 시기도 고려해야 하는 것이 분명하다. 신경증이 있는 스무 살 소녀를 치료하고 있다면, 우리는 그녀가 사랑이 아니면 직업과 관계있는 문제로 힘들어하고 있다고 짐작할 것이다. 50세인 남자나 여자를 치료하고 있다면, 그 사람이 늙어가는 현상과 관련 있는 문제로 힘들어하고 있다는 것을 쉽게 짐작할 수 있다. 그런 환자는 그 문제를 해결하지 못할 것이라고 상상하고 있다. 우리는 삶의 사실들을 절대로 직접 느끼지 못하며 오직 그 사실들에 대한 우리의 인식을 통해서만 느낄 수 있다. 그것이 표준이다.

치료는 어디까지나 지적인 수단을 통해서, 환자가 자신의 실수에 대한 통찰을 키움으로써, 환자의 사회적 감정의 발달을 통해서만 가능할 수 있다.

11장

—— ✕ ——

성적 도착

여기 제시하는 성적 도착에 관한, 그야말로 도식적인 설명이 실망을 야기하지 않기를 바란다. 내가 이런 희망을 품는 중요한 이유는 독자들 대다수가 개인 심리학의 기본 개념들에 익숙하게 될 것이며, 그래서 어떤 문제에 대한 잠정적 조언들이 그 문제의 세세한 해결책으로 받아들여질 것이기 때문이다. 여기서 우리는 우리의 세계관과 성적 도착의 구조 사이에 불일치가 전혀 없다는 점을 보여주는 데 더 많은 관심을 기울일 것이다.

우리 세대에 이 문제를 논하는 것은 결코 안전한 일이 아니다. 이유는 현재 성적 도착들의 원인을 찾아 유전적인 요소로 거슬러 올라가는 경향이 너무나 강하기 때문이다. 이런 경향이 너무나 중요한 사실이기 때문에, 그런 관점을 무시하는 것은 불가능하다.

개인 심리학의 인식에 따르면, 성적 도착의 경우에 우리는 어떤 사람이 알지 못하는 사이에 그 사람의 교육에서 어떤 자리를 발견하게 된 인위적인 산물들을 다루고 있다. 따라서 우리의 견해들과 다른 연구원들의 견해 사이에 두드러진 대조가 쉽게 확인된다. 또 다른 연구원들, 예를 들어 크레펠린(Emil Kraepelin)[6] 같은 사람이 개인 심리학과 비슷한 입장을 취한다 하더라도 우리의 어려움이 줄어들지 않는다는 것도 확인될 것이다.

다른 조사자들을 대하는 우리의 태도를 쉽게 보여주기 위해서, 나는 어떤 환자에 대한 설명을 제시할 것이다. 성적 도착과 아무 관계가 없는 환자이지만, 나의 심리학적 관점을 보여주는 데 도움을 줄 수 있는 예이다.

아이를 둘 둔 가운데 행복한 결혼생활을 영위하고 있는 여인이다. 그런데 그녀는 6년 동안 자신의 환경과 갈등을 빚고 있다. 그녀의 문제는 이것이다. 여러 해 동안 그녀와 친하게 지낸 여자가, 그러니까 그녀가 어린 시절부터 알고 지내며 그 능력에 감탄했던 여자가 지난 6년 동안 남을 지배하려는 기질을 발달시키면서 언제나 타인을 괴롭히려 든다는 점이었다.

그녀는 자신이 그 여자의 그런 기질의 최대 희생자라고 말하면서, 자신의 진술을 뒷받침할 증거 자료를 수없이 제시하고 있다. 그런데 다른 사람들은 그녀의 진술이 사실과 다르다고 말한다. 그래도 그녀는 계속 고집하고 있다. "어떤 측면에서 보면 내가 지나칠 수도 있지만, 나의 말 대부분은 맞다. 6년 전에 이 친구가 다른 친구가 없

---

6 현대의 과학적 정신 의학의 창시자(1856-1926)로 평가받는다. 그는 정신병의 원인을 생물학적 유전적 장애에서 찾으려고 노력했다.

는 자리에서 그 친구에 대해 좋지 않은 말을 했으면서도 그 친구가 있는 자리에서는 언제나 아주 다정한 것처럼 굴었다."

그래서 나의 환자는 친구가 자기에 대해서도 똑같은 말을 하지 않을까 두려워했다. 그녀는 추가적인 증거로 친구의 말하는 태도를 제시했다. "걔는 틀림없이 복종하지만 어리석어." 나의 환자의 친구는 이 말 끝에 나의 환자를 흘끗 훑어보았다. 마치 "꼭 너처럼!"이라고 말하려는 듯이. 환자의 지인들은 그녀가 그 말을 그런 식으로 받아들이는 데 대해 아주 불쾌하게 생각했다. 그들은 그 말에 전혀 아무런 중요성을 부여하지 않았으며 나의 환자로부터 비난을 듣고 있는 여자를 오히려 강하게 옹호했다.

이 여자는 나의 환자의 지인들에게 아주 매력적인 측면을 보여주었다. 나의 환자는 자신의 의견을 다시 뒷받침하면서 이렇게 말했다. "그녀가 개를 어떻게 다루는지 봐라. 그녀는 개를 괴롭히고, 개한테 아주 어려운 묘기를 요구하고 있어." 그러자 그녀의 지인들이 대답했다. "개는 개일 뿐이야. 개와 인간을 비교할 수는 없어. 그녀는 인간에게 충분히 친절해." 나의 환자의 아이들은 그 친구 편에 서서 자기 어머니의 입장에 강하게 반대했다. 그녀의 남편도 달리 생각하는 것이 가능하다는 점을 인정하지 않았다.

그러나 환자는 특별히 자신을 향하고 있던, 자기 친구의 지배하려 드는 태도를 뒷받침할 증거들을 계속 발견했다. 나는 나의 환자에게 그녀의 판단이 옳다고 생각한다고 주저 없이 말했다. 그녀는 대단히 기뻐했다. 그 후에도 타인을 지배하려 드는 그 친구의 경향을 보여주는 다른 증거들이 계속 나왔으며, 내가 받은 인상은 최종적으로 남편에 의해 확증되었다. 그때 가엾은 그 여자가 꽤 옳았다는 것이 분명히 보였다. 다만 그녀가 자신의 지식을 그릇 이용하고 있었을 뿐이었다.

그녀는 우리 모두가 타인을 흠보는 경향을 다소 숨기고 있는 한편으로 훌륭한 자질을 어느 정도 갖추고 있다는 사실을 제대로 이해하지 못한 채 엉뚱하게 그 부인에게 등을 돌리고 그 여자가 하는 모든 일에서 결함을 발견하며 거기에 화를 내고 있었다. 그녀는 다른 사람들보다 민감한 편이었으며, 친구의 정신 속에서 벌어지는 일을 제대로 이해하지 못했지만 짐작은 아주 잘 할 수 있었다.

여기서 내가 보여주고자 하는 것은 이것이다. 세상에서 옳게 행동하는 것이 종종 심각한 재앙을 부르는 일이 될 수 있다는 사실 말이다. 이것이 놀라운 진술처럼 들리지만, 아마 모두가 경험을 통해서 자신의 편에서 보면 옳은데도 거기서 나쁜 일이 비롯된다는 것을 알고 있을 것이다. 이 여자가 덜 민감한 상담사를 만났다면 그녀에게 어떤 일이 벌어졌을 것인지 상상해보기만 하면 된다. 그런 상담사였다면 아마 피해망상과 강박적인 생각에 대해 말하며 그녀의 상태를 더욱 악화시키는 쪽으로 다뤘을 수도 있다.

어떤 사람이 옳은 상황에서 자신의 관점을 포기하는 것은 어려운 일이다. 스스로 옳다고 확신하고 있는데 자신의 관점이 도전을 받는 모든 조사자들이 처한 입장이 그렇다. 개인 심리학자들도 우리의 견해들을 둘러싸고 열띤 논쟁이 벌어져도 놀랄 필요가 전혀 없다. 단순히 옳은 것만을 고집하면서 그런 입장을 그릇 이용하지 않도록 경계하기만 하면 된다.

아주 많은 조사자들이 우리의 견해에 도전하고 있다는 사실에 화를 내지 않도록 해야 한다. 과학자는 대단한 인내심을 발휘할 필요가 있다. 현재 성적 도착과 관련해서 유전이라는 개념이 압도적인 위치를 차지하고 있다. 이 견해를 지지하는 사람들은 유전을 믿는 사람으로서 제3의 성에 대해 말하거나 제3의 성이 출생 당시에 누구에게나 존재한다는 식으로 생각한다. 혹은 그들은 유전적인 요인들이 발달한다고 생각하고 그것을 막기 위해 할 수 있는 일은 전혀 없다고 믿는 사람들이다. 또 다른 사람들은 타고난 육체적 구성에 대해 말할 것이다. 그러나 이런 요소들 중에서 그 어떤 것도 우리가 개인 심리학의 인식을 포기하도록 만들지 못한다. 신체 장기 이론의 지지자들이 장기의 변화들과 장기의 비정상들을 찾으면서 매우 나쁜 결과를 얻고 있는 것이 분명하다.

동성애와 관련해서, 나는 지난해[7] 이 문제를 다뤘던 논문 한 편에 대해 언급하고 싶다. 그 문제는 라쿼(Ernst Laqueur)가 모든 남자의 소변에서 여성 호르몬이 발견된다는 사실을 발표한 1927년에 제기되었다. 이 같은 사실은 개인 심리학의 개념을 철저히 파악하지 못한 사람에게 강력한 인상을 줄 것이다.

성적 도착이 일어나면 그 기원이 성(性)의 이런 이중적인 본성에 있을 것이라는 식으로 사람들은 쉽게 상상할 수 있었다. 그러나 동성애자 9명을 대상으로 한 브런(Brun)의 연구들은 동성애자들에게서도 정상적인 사람들에게서 발견되는 호르몬이 똑같이 발견된다는 사실을 보여주었다. 그것은 개인 심리학의 방향으로 나아가는

7 아들러가 이 책을 처음 출간한 것은 1938년이었다.

한 걸음이다. 동성애는 호르몬에 좌우되지 않는다.

　나는 심리학의 모든 경향들을 분류할 수 있는 어떤 계획을 제시할 것이다. 인간이 태어나면서 자신의 소유물로 이 세상에 갖고 오는 것이 무엇인지를 보여주는 일에 몰두하고 있는 '소유'의 심리학들이 있다. 그런 심리학들은 유전으로부터 온갖 정신적인 것을 끌어내려고 노력하고 있다. 상식의 관점에서 보면, 이것은 거북한 주장이다. 일상의 삶 속에서 사람들은 다른 문제들과 관련해서 사람이 소유하고 있는 것들을 바탕으로 결론을 끌어내는 것이 아니라 그 사람이 소유하고 있는 것을 활용하는 방법을 바탕으로 결론을 끌어낸다. 개인 심리학자들에게는 활용이 소유보다 훨씬 더 흥미롭게 다가온다. 어떤 사람이 칼을 소유하고 있다면, 그 같은 사실이 그가 칼을 적절히 사용하고 있다는 것을 의미하지 않는다. 그는 칼을 버릴 수도 있고, 그것으로 무엇인가를 난도질할 수도 있고, 그것을 예리하게 갈 수도 있다. 개인 심리학자들이 관심을 주는 것은 바로 그 사람이 칼을 활용하는 부분이다. 그런 이유로, 나는 활용의 심리학이라고 불려야 하는 심리학 학파들이 있다는 점을 밝혀야 한다.

　어느 한 개인을 이해하기 위해서 그가 삶의 문제들을 대하는 태도를 전면으로 끌어내는 개인 심리학은 활용에 관심을 특별히 많이 기울이고 있다. 옳게 생각하고 있는 모든 사람을 위해서, 활용은 그 사람의 능력을 넘어서지 못하고 언제나 인간 가능성의 경계에 의해 제한된다는 점을 굳이 강조할 필요는 없을 것 같다. 그런데 이 인간 가능성의 범위에 대해 우리가 종국적으로 말할 수 있는 것은 전혀 없다. 이런 평범한 내용에 대해 아직도 언급해야 한다는 사실은 지극히 유감스러운 일이며, 그것은 심리학의 영역에 무식꾼들의 침투가 확실히 이뤄졌다는 사실을 뒷받침하는 증거이다.

인간의 능력을 활용하는 것에 대해 말해야 할 것이 한 가지 더 있다. 개인 심리학이 어떤 사람의 정신적 삶에서 그의 개성을 결정하는 결정적인 요소가 바로 그의 행동 법칙이라고 단언한 것은 틀림없이 아주 대담한 걸음이었다는 점이다. 행동을 형태로 보기 위해서는 그것을 고정시킬 필요가 있음에도 불구하고, 우리 개인 심리학자들은 언제나 행동이 전부라는 확신을 품은 가운데 모든 것을 보았으며, 우리는 문제들의 해답을 발견하고 어려움을 극복하려면 그런 식으로 접근해야 한다는 사실을 확인했다. 쾌락 원리는 이와 모순된다는 식의 반대는 제기될 수 없다. 왜냐하면 쾌락을 추구하려는 노력도 어떤 부족함이나 고통의 감정을 극복하려는 시도이기 때문이다.

만약에 이 이론이 옳다면, 우리는 성적 도착도 이와 똑같은 관점에서 봐야 한다. 그렇게 해야만 행동의 영역이 개인 심리학이 필요로 하는 방향으로 밝게 비춰질 것이다. 이런 식으로 성적 도착의 구조에 관한 공식과 기본적인 개념을 알게 된다 하더라도, 우리가 개별 케이스를 이해하기 위해 해야 할 일은 아직 아주 많다.

모든 환자는 저마다 독특한 무엇인가를, 다시는 일어나지 않을 무엇인가를 나타내고 있다. 예를 들어, 환자를 치료하기 시작할 때, 우리는 모든 일반화를 버려야 한다. 우리의 방법이 활용의 심리학이라는 사실을 근거로, 인간은 정상적인 사회적 환경으로부터 분리될 때 개성을 전혀 드러내지 못한다는 말이 가능해진다. 환자가 어떤 테스트를 받도록 한 다음에 능력을 활용하는 것을 관찰할 수 있을 때까지, 우리는 그의 특이성에 대해 아무것도 말하지 못한다.

이런 측면에서 보면, 개인 심리학은 훨씬 제한적인 실험 심리학과 아주 비슷하다. 단지 개인 심리학의 경우에 실험을 실시하는 것이 삶 자체라는 점이 두드러진 차이이다. 개인이 다뤄야만 하는 외적 요소들은 그 개인을 연구하는 데 대단히 중요하다. 독특한 개인과 그의 앞에 놓인 문제의 관계가 정확히 어떤 관계인지를 밝혀내야 한다. 그의 인격의 두 가지 양상을 연구하고, 그가 외적인 문제들 앞에서 어떤 식으로 움직이는지를 알아야 한다. 우리는 그가 그 문제를 어떤 식으로 정복하려고 하는지를 발견하려고 노력해야 한다. 그 개인의 '행동 패턴', 말하자면 그가 사회적인 과제 앞에서 언제나 드러내는 행동 법칙은 개인 심리학이 반드시 관심을 두고 관찰해야 하는 분야이다.

여기서 우리는 수많은 변형과 미묘한 차이를 만나게 된다. 엄청난 수의 변형들 속에서, 우리는 유형과 비슷한 무엇인가를 잠정적으로 가정함으로써만 우리의 길을 발견할 수 있지만, 그럼에도 불구하고 유형적이라고 가정한 그것도 언제나 변형을 보이기 마련이며 바로 이 변형을 찾는 일이 꼭 필요하다는 확신을 버리면 안 된다.

전형적인 예에 대한 우리의 이해는 오직 관찰의 영역에 불을 비춰주는 선에서 그칠 뿐이다. 관찰 영역에 불이 밝혀지면, 그 개인을 발견하는 어려운 과제가 뒤따른다. 이 과제의 수행에는 민감한 감수성이 필요하며, 이 감수성도 획득될 수 있다. 더 나아가, 현실의 문제가 개인에게 실제로 작용하는 무게와 충격도 적절히 이해되어

야 한다. 개인 심리학자가 사회적 경험을 충분히 쌓고 환자의 삶의
방식에 충분히 공감할 수 있을 때에만, 그런 이해가 성취될 수 있다.
우리가 인식하는 이 행동 법칙에서, 두 가지의 유형적인 형태가 구
분될 수 있다. 이 유형적인 형태들을 나는 '개인 심리학 저널'에 기
고한 마지막 두 편의 논문에서 '탐욕스런 형태'와 '사회적으로 유
익한 형태'로 묘사했다.

성도착자가 사랑의 문제를 직면할 때 보이는 다른 형태들의 행
동 외에, 우리는 놀랄 만큼 두드러진 '협소한 구애 경로'를 발견한
다. 정상적인 폭의 경로가 이용 가능하지 않지만 그 경로가 터무니
없을 만큼 수축되어 있고, 예를 들면 페티시즘에서처럼 문제의 일
부만 해결되는 것이 분명하다. 이런 형태들의 모든 행동이 표준적
인 것들을 배제함으로써 열등감을 상대로 승리를 거둔다는 목표 쪽
을 향하고 있다는 것을 인식하는 것도 중요하다. 삶에 대한 인식의
영향을 강하게 받는 그의 행동에 대해 깊이 생각한다면, 우리는 그
관점에서, 그가 정복하려고 하는 것이 무엇인지를, 또 그가 사랑의
문제의 해결에 관심을 온전히 쏟지 못하고 사랑의 문제로부터 멀찍
이 떨어져 있거나 그 문제 쪽으로 느리게 움직이거나 시간을 헛되
이 보내고 있을 때, 그에게 승리처럼 보이는 만족이 무엇인지를 짐
작할 수 있다. 이 대목에서, 오랜 시간을 지체한 덕분에 전투에서 승
리를 거둘 수 있었던 파비우스 막시무스(Fabius Maximus)의 과정
을 예로 제시할 수 있지만, 그것도 단지 규칙들을 엄격히 고집하는
일은 절대로 없어야 한다는 점을 다시 보여주고 있을 뿐이다.

이 정복의 목표는 성적 신경증(불감증이나 조루증 등)에서도 분

명해진다. 문제에 대한 접근이 이뤄지지만, 협력하지 않는 상태에서 거리를 둔 가운데 머뭇거리는 태도로 접근하고 있다. 이것은 문제 해결로 이어지지 않는다. 이런 형태의 행동에서, 우리는 또한 배제하려는 경향을 발견하며, 그것은 철저한 동성애에서 가장 분명하게 보인다.

다른 경우에도, 예를 들어 페티시즘과 사디즘에서도 그런 경향이 작동하고 있는 것이 확인된다. 사디즘에서 우리는 문제의 해결로 이어지지 않는 강력한 공격성을 발견하며, 특별한 형태의 망설임과 배제를 확인할 수 있다. 이런 망설임과 배제의 상황에서, 폭력적인 성적 흥분이 상대방을 억압하는 행위로 이어진다. 이런 억압 행위는 곧 어떤 문제의 불완전한 해결을, 즉 일방적인 해결을 낳는 격한 공격이다.

이것은 마조히즘에도 적용된다. 그럼에도 여기서 우월의 목표가 두 가지 다른 방향으로 향하는 것으로 이해되어야 한다. 마조히스트가 파트너에게 명령하고, 그가 나약함에도 불구하고 자신이 지휘하고 있다고 느끼는 것은 확실하다. 그와 동시에 그는 정상적인 폭의 경로에서 패배할 가능성을 배제한다. 그는 교묘한 방법으로 불안 긴장을 상대로 승리를 거둔다.

개인의 특징적인 태도를 연구할 때, 다음과 같은 사실들이 발견된다. 누군가가 명확한 어떤 형태의 행동을 고수할 때, 사실상 그는 문제 해결의 다른 형태들을 배제하고 있다. 이 배제는 단순히 운의 문제가 아니다. 이 유형의 행동을 위한 준비가 있었듯이, 마찬가지로 배제를 위한 준비도 있었다.

준비 없는 성적 도착은 절대로 없다. 이것은 당연히 행동을 연구하는 사람들에게만 이해된다. 여기서 강조해야 할 관점이 한 가지 더 있다. 정상적인 유형의 행동은 어떤 문제를 완전히 해결하기 위해 그 문제를 공격하는 것이 되겠지만, 성도착자의 예전 행동을 연구하는 경우에 문제의 완전한 해결을 위한 준비가 발견되지 않는다. 어떤 사람의 어린 시절 초기로 거슬러 올라갈 때, 우리는 그 시기에 외적 영향들의 자극 하에서 어떤 원형이 물려받은 능력과 잠재력으로부터 형성되었다는 것을 발견한다. 그러나 그 아이가 그 모든 영향들과 신체 기관의 경험들로부터 무엇을 형성할 것인지에 대해 우리는 사전에 말하지 못한다.

아이는 자유의 영역 안에서 자신의 독창력을 맘껏 발휘한다. 우리는 거기서 엄청나게 많은 가능성을 발견한다. 나는 언제나 이 가능성을 특별히 강조하려고 노력함과 동시에 그 가능성이 인과적으로 결정된다는 점을 부정했다. 허약한 내분비 기관을 갖고 세상에 태어나는 아이는 필히 신경증이 될 것이라고 단정하는 것은 옳지 않지만, 사회적 접촉을 가능하게 할 적절한 교육적 영향력이 결여된 경우에 일반적으로 특정한 경험들이 비슷한 방식으로 나타날 가능성이 아주 크다. 자유로운 선택의 영역에도 가능성이 무한히 많고 오류의 영역에도 가능성이 무한히 많다. 모두가 다소 잘못된 형성을 낳기 마련이다. 절대적 진리를 소유한 사람은 결코 없으니까. 원형(元型)은 정상적인 인간처럼 보이기 위해서 협력을 추구하려는 충동을 반드시 소유해야 한다. 한 인간의 전체 발달은 그 사람이 3세와 4세, 5세에 얼마나 많은 접촉의 감정을 느꼈는지에 좌우된다.

그 나이에도 아이가 다른 사람들과 접촉하는 능력이 어느 정도인지가 이미 분명하게 드러난다.

이 같은 계략에 신경 쓰면서 실패자들을 조사하면, 그릇된 모든 행동 형태들이 접촉 능력의 결여로 설명된다는 사실이 확인된다. 아니, 그 이상이다. 문제가 된 사람은 자신의 특징적인 성향 때문에, 제대로 준비하지 못한 다른 형태의 행동에 항의하지 않을 수 없다.

우리는 그런 사람에 대한 판단에 너그러워야 한다. 왜냐하면 그들이 필요한 정도의 사회적 관심을 발달시키는 것을 배운 적이 한 번도 없었기 때문이다. 이 점을 이해하는 사람들은 누구나 사랑의 문제도 사회적인 문제라는 것을, 또 그 문제는 파트너에 대한 관심이 적은 사람이나 자신이 인류의 발달에 어떤 역할을 맡고 있다는 확신을 갖고 있지 않은 사람에 의해서는 해결될 수 없다는 것을 알고 있다. 파트너에 대한 관심이 약한 사람은 사랑의 문제를 해결할 준비를 적절히 갖춘 사람의 행동 법칙과 다른 행동 법칙을 갖게 될 것이다. 따라서 우리는 모든 성도착자들과 관련해서 그들이 동료 근로자가 되지 않았다는 점에 대해 단정적으로 말할 수 있다.

우리는 또한 아이가 부적절한 접촉 능력에서 좀처럼 벗어나지 못하는 이유를 이해하게 하는 오류의 원천들을 발견할 수 있다. 우리의 사회적 존재에서 다른 사람들과 연합하는 능력을 크게 떨어뜨리고 있는 한 가지 요인은 바로 버릇없이 키우는 양육이다. 버릇없이 자란 아이들은 오직 응석을 받아주는 사람들하고만 접촉하며, 그 결과 그들은 다른 사람들을 배제하지 않을 수 없다.

그럼에도 각각의 구체적인 성도착과 관련해서 다른 영향력에도 주목해야 한다. 그것을 이런 식으로 표현할 수 있다. 여기서 아이는 이 경험의 결과 자신의 행동 법칙을 형성했는데, 이 행동 법칙은 이성과의 관계라는 문제를 그런 특별한 방식으로 해결했다. 모든 성도착자들은 사랑의 문제에서만 아니라 제대로 준비하지 않은 모든 테스트에서 자신의 행동 법칙을 보인다. 그런 이유로, 우리는 성도착자들 사이에서 신경증의 모든 성격적 특징을, 말하자면 신경과민과 안달, 화를 폭발시키는 경향, 갈망을 발견한다.

성도착자들은 소유욕을 매우 강하게 보이는데, 이 소유욕이 그들의 특징적인 성향에 함축된 계획을 실행하도록 만든다. 그 결과, 성적 도착이 있는 사람은 다른 형태의 행동에 너무나 강하게 반대하기 때문에 타인들에게 끼칠 위험도 완전히 배제되지 않는다(강간, 사디즘).

구체적인 어떤 형태의 성도착에 필요한 준비가 어떤 식으로 이뤄졌는지를 발견하는 방법을 직접 보여주고 싶다. 나는 그런 훈련의 결과로 어떤 성도착들이 존재하게 된다는 점을 암시하는 예를 제시할 것이다. 그 준비를 육체적인 영역에서만 찾으려 해서는 안 된다. 생각과 꿈의 세계에서도 그런 준비가 행해질 수 있다는 점을 우리는 분명히 이해해야 한다.

개인 심리학은 이 점을 크게 강조한다. 왜냐하면 많은 사람들이 예를 들어 성도착적인 꿈은 타고난 동성애의 증거라고 믿고 있는 반면에, 우리는 꿈 생활에 관한 개인 심리학의 이론을 바탕으로 그런 동성애 꿈이 준비의 일부라는 점을 확실히 보여줄 수 있기 때문이다. 개인 심리학이 동성애 꿈을 그런 식으로 보는 이유는 바로 그 꿈에 동성에 대한 관심의 발달과 이성에 대한 관심의 배제가 동시에 보인다는 데에 있다.

나는 나이 때문에 성적 도착들에 관한 의심이 있을 수 없는 그런 환자를 통해 이런 훈련의 예를 제시할 생각이다. 또 행동 법칙이 꿈 생활에서도 마찬가지로 발견된다는 점을 보여주기 위해 두 건의 꿈을 인용할 것이다. 개인 심리학에 관한 지식을 갖춘 사람이라면, 삶의 전체 패턴을 이루고 있는 모든 작은 조각들에서 전체 패턴을 찾는 일을 두려워하지 않을 것이다. 그러나 우리는 꿈의 생각들에서 만 아니라 꿈의 내용물에서도 전체 삶의 패턴을 발견할 수 있어야 한다. 물론, 꿈의 생각들도 제대로 이해하고 그 생각들을 꿈을 꾼 사람의 삶의 방식과 정확히 연결시킨다면, 그 사람이 당시에 직면하고 있는 문제를 대하는 태도를 파악하는 데 큰 도움을 얻을 수 있다. 여기서 우리가 하고 있는 일은 탐정의 일과 비슷하다는 점을 강조하고 싶다. 우리는 반드시 필요한 중요한 사실들을 모두 알 수 있을 만큼 운이 좋지는 않다. 우리는 개인의 통일성을 구축하기 위해서 추측 능력을 최대한 발휘해야 한다.

첫 번째 꿈은 이렇다. '나는 다음 번 전쟁의 와중에 있다고 상상했다. 모든 남자들과 심지어 10세 이상의 소년들조차도 전부 입대해야 했다. …'

첫 문장을 근거로, 개인 심리학자는 이 꿈을 꾼 아이는 관심이 삶의 위험과 타인들의 냉혹함에 집중되고 있는 아이라고 결론을 내릴 수 있다.

'… 그러던 어느 날 밤에 나는 잠에서 깨어나면서 내가 병원 침대

에 누워 있다는 사실을 깨달았다. 부모님이 침대 옆에 앉아 있었다.'

이미지를 선택하는 것이 그가 버릇없이 컸다는 사실을 암시한다.

'나는 엄마 아빠한테 무슨 일인지 물었다. 그들은 전쟁이 터졌다고 대답했다. 그들은 전쟁이 나에게 심각한 영향을 미치는 것을 원하지 않았으며, 그래서 그들은 내가 소녀로 성을 전환하는 수술을 받도록 했다.'

이 문장들로부터 그의 부모가 아들에 대해 걱정을 대단히 많이 하고 있다는 사실이 드러난다. 그의 말은 이런 뜻이다. 나는 위험한 상황에 처하는 경우에 부모에게 매달린다. 그것은 버릇없이 자란 아이의 표현 형식이다. 개인 심리학자는 확실히 앞으로 나아갈 수 있는 상황이 아니라면 절대로 앞으로 나아가지 않는다. 우리는 일을 하면서 최대한 의심을 품도록 노력해야 한다.

여기서 성 전환의 문제가 드러난다. 아직 매우 의문스러운 과학적 시도라는 점과 별도로, 소년을 소녀로 바꿀 수 있는 가능성은 오직 문외한에 의해서만 믿어지고 있다는 사실을 밝혀야 한다. 이 꿈에서 우리는 성생활에 대한 불확실성을 발견한다. 그것은 꿈을 꾼 사람이 자신의 성적 역할에 대해 꽤 확신하지 못하고 있다는 점을 보여준다.

꿈을 꾼 사람이 12세 청년이라는 사실을 알게 되면, 그런 불확실성이 많은 사람을 놀라게 만들 것이다. 우리는 그가 어떻게 이런 생각을 품게 되었는지를 관찰할 수 있을 것이다. 그에게 삶은 전쟁과 같은 문제들 때문에 용인할 수 없는 것처럼 보인다. 그래서 그는 삶에 강하게 항의하고 있다.

'소녀들은 전쟁에 나갈 필요가 없다. 내가 징집된다 하더라도, 생식기가 총을 맞는 일은 없을 것이다. 나에겐 다른 소년들에게 있는 것이 없으니까.'

전쟁 동안에 성기가 위험에 처한다는 말은 거세를 아주 분명하게 찬성하는 주장은 아닌 것 같다. 아마 그 말은 전쟁에 대한 혐오로 그의 사회적 감정을 표현하고 있을 것이다.

'내가 병원에서 집으로 돌아왔는데, 기적처럼 전쟁이 멈췄다.'

그렇다면 수술은 불필요한 일이었다. 이제 그가 뭘 할까?

'내가 소녀처럼 되는 것은 불필요하다. 어쨌든 전쟁은 더 이상 없을 테니까.'

우리는 그가 소년으로서의 역할을 완전히 포기하지 않는 것을 보고 있다. 우리는 그의 행동 법칙과의 연결 속에서 그 점에 주목해야 한다. 그는 남성성 쪽으로 조금 더 나아가려 시도한다.

'집에서 나는 매우 불행했으며 우는 일이 잦았다.'

많이 우는 아이들은 버릇없이 자라고 있다.

'부모가 우는 이유를 물으면, 내가 여자인 까닭에 나이가 들면 아이를 낳는 고통을 겪어야 한다는 사실이 무섭다고 대답했다.'

그렇다면 여성의 역할도 아무런 소용이 없었다. 그 청년이 모든 불쾌한 상황을 피하길 원하고 있다고 단정했을 때, 우리는 그의 목표를 발견할 수 있는 길을 제대로 밟고 있었다. 나는 성도착자들에게서 어린 시절에 버릇없이 자랐고 종종 방치되었다는 사실을 발견했다. 적어도, 그들은 호의적인 인정이나 즉시적인 성공, 개인적 우월에 대한 욕망을 강하게 품고 있다. 그런 경우에 아이가 자신이 소년인지 소녀인지를 모르고 있을 가능성이 꽤 크다. 그는 무엇을 해야 하는가? 그는 소년으로서나 소녀로서나 희망을 전혀 보지 못하고 있다.

'이튿날 나는 클럽으로 갔다. 실제로 나는 패스파인더 클럽의 회원이다.'

그가 그곳에서 어떤 식으로 처신할 것인지, 우리는 이미 상상할 수 있다.

'그 클럽에 어느 소녀가 외로이 혼자 있었다. 그녀는 소년들로부터 멀찍이 떨어져 있었다.'

이것은 남녀 성별 차이를 명확히 구분하려는 시도이다.

'소년들이 나를 향해 자기들 쪽으로 오라고 소리를 질렀다. 그래서 나는 나 자신이 소녀라고 말하며 혼자 있던 소녀 쪽으로 갔다. 내가 더 이상 소년이 아니라는 것이 나에게도 매우 이상했다. 나는 소녀로서 어떻게 행동해야 할지 몰라 당혹스러웠다.'

갑자기 이런 질문이 제기되고 있다. 나는 소녀로서 어떻게 처신해야 하지?

이것이 훈련이다. 모든 성적 도착에서 훈련을 확인하고, 그 훈련이 어떻게 배제를 통해서 정상으로부터 멀어지게 하는지를 파악한 사람들만이 성적 도착은 인위적인 산물이라는 점을 이해할 것이다. 각자가 스스로 성적 도착을 형성했다. 그 사람은 스스로 창조한 정신적 성향에 의해 성적 도착 쪽으로 기울었으며, 이따금 그런 일탈을 쉽게 하도록 만드는, 타고난 육체적 체질에 의해 성적 도착 쪽으로 잘못 이끌렸다.

'그것에 대해 거듭 생각하다가 나는 충돌로 인해 방해를 받았다. 나는 잠에서 깨어나며 머리를 벽에 받았다는 사실을 깨달았다.'

꿈을 꾸는 사람은 종종 자신의 행동 법칙과 일치하는 자세를 취한다. 머리를 벽에 부딪는 것은 흔히 일어나는 일이다. 그의 태도 전반이 우리로 하여금 이 같은 결과를 예상하도록 만든다.

'그 꿈은 나에게 너무나 깊은 인상을 남겼다.' 인상을 남기는 것이 꿈의 목적이다. '그래서 학교에 다시 갔을 때 나는 나 자신이 소년인지 소녀인지 자신이 서지 않았다. 휴식 시간에 나는 내가 소녀가 아닌지를 확인하기 위해 화장실로 가야 했다.'

이제 두 번째 꿈이다.

'나는 학급에서 유일한 소녀를 만나는 꿈을 꾸었다. 앞의 꿈에서 본 소녀와 같은 소녀였다. 그녀는 나와 함께 산책하기를 원했다. 그래서 나는 소년들하고만 갈 것이라고 대답했다. 그러자 소녀는 "나도 소년인데."라고 말했다. 그럴 리가 없다는 생각이 들어, 나는 소녀에게 그걸 증명해 보이라고 말했다. 그녀는 자신도 소년과 똑같은 성기를 갖고 있다는 사실을 확인시켜 주었다. 나는 그녀에게 어떻게 그런 일이 가능한지를 물었다. 그녀는 수술을 받았다고 했다. 소년을 소녀로 전환하는 것이 소녀를 소년으로 전환하는 것보다 쉬웠다. 후자의 경우에 무엇인가를 보태야 했으니까. 그래서 그녀는 고무로 만든 소년의 성기를 꿰매어 붙였다. 그러나 바로 그 순간에 우리의 대화는 "일어나!"라는 외침에 단절되었다. 나의 부모님이 나를 깨웠던 것이다. 나는 간청한 끝에 5분 더 누워 있을 수 있었지만, 내가 마법사가 아니었기 때문에 꿈을 다시 불러올 수는 없었다.'

마법의 경향은 응석받이로 자란 아이들 중 한 유형에서 발견된다. 그런 아이들에게는 마법이 최고로 중요해 보인다. 그들은 어떤 노력이나 어려움 없이 모든 것을 얻기를 원하며, 그들은 텔레파시를 중요하게 여긴다.

이제 이 청년이 이 꿈을 스스로 어떤 식으로 설명하는지를 보도록 하자.

'나는 이야기책에서 공중을 날아다니는 성기들의 전쟁에 관한 내용을 읽은 적이 있다. 성기를 잃는 사람은 죽는다고 들었다.'

이 청년이 성기에 부여하는 중요성이 확인되고 있다.

'나는 신문 1면에서 "두 시간 만에 군인으로 변한 2명의 가정부"라는 제목의 글을 읽었다.'

이것은 아마 잘못 이해한 성기 기형의 예였을 것이다.

결론으로, 나는 이 주제와 관련 있는 모든 토론을 보다 단순한 토대 위에 올려놓을 무엇인가에 대해 말하고 싶다. 전문가가 소녀를 치료하고 있는지 소년을 치료하고 있는지 말하기가 정말 어려운, 그야말로 남녀 양성을 가진 사람이 있다. 그런 사람들은 자신의 자웅동체성을 어떤 식으로 활용할 것인지를 스스로 결정할 수 있다. 유사 자웅동체자들 사이에, 이성의 성기와 비슷한 모양을 가진 기형이 발견될 수 있다.

사실은 모든 인간이 반대 성의 흔적들을 지니고 있다는 것이다. 소변에서 이성의 호르몬이 들어 있는 것과 똑같다. 이것이 다소 대담한 추측을 하도록 만든다. 말하자면, 우리 모두의 안에 숨겨진 어떤 쌍둥이가 있다고 말이다. 이 쌍둥이는 형태가 대단히 다양한 것이 특징이며, 이 쌍둥이의 문제가 해결될 때, 인간의 안에 두 가지의 성적 형태가 동시에 존재할 가능성도 해결될 것이다. 모든 인간은 남성의 물질과 여성의 물질로부터 태어난다. 쌍둥이의 문제를 깊이 조사하는 경우에 우리가 모든 사람의 안에 있는 자웅동체성을 더욱 많이 밝혀줄 문제들을 만날 가능성이 꽤 높다.

치료와 관련해서 한두 문장 더 보태고 싶다. 성적 도착은 치료 불가능하다는 소리가 지속적으로 들린다. 성도착자들을 치료하는 것은 어려운 일이지만 불가능하지는 않다. 치료의 어려움은 그들이 자신에게 그 길을 제시하는 제한적인 행동 법칙을 갖고 있는 탓에 평생 동안 도착을 위한 훈련을 받은 사람이라는 사실에 있다.

그들은 아주 어린 시절부터 자신의 육체와 정신을 제대로 사용하게 할 그런 접촉을 발견하지 못했기 때문에 그런 방향으로 움직여야 한다. 육체와 정신의 적절한 활용은 사회적 감정을 미리 발달시켜 놓았을 때에만 보장될 뿐이다. 성도착자들 중 과반이 치료 가능한 사람들이라고 말할 수 있는 것은 바로 이 같은 사실에 대한 지식이 있기 때문이다.

나에게 꽤 타당해 보이는 다음 설명에서, 나는 성적 기능도 다른 기능들과 마찬가지로 사회적 관심이 없는 상태에서 시작한다는 점을 보여주려 시도할 것이다. 음식을 먹고, 배설하고, 보고, 듣고, 말하는 것은 처음에 오직 아이의 육체의 필요에 의해서만 통제된다. 일상의 교육적, 문화적 영향력들은 아이의 독창력이 자신의 기능들과 사회생활의 요구 사이에 어떤 일치를 끌어내도록 돕는다. 아이가 이룬 사회적 관심의 크기가 이 일치가 성취될 수 있는 범위를, 또 아이가 사회에 도움이 되는 존재가 될 것인지 짐이 되는 존재가 될 것인지를 결정할 것이다. 성적 기능에도 사회적 관심이 똑같이 소중하다. 성적 기능은 삶의 초기에는 한 사람의 기능이며, 그것은 자위에서 명확히 표현된다. 이 기능의 느린 발달과, 그 기능이 사회적 기능으로, 그러니까 두 사람의 이성 사이의 과제로 발달하는 데 유리한 조건을 결여한 것이 그 기능이 사랑과 생식, 인간 종의 보존을 위한 진화론적 발달을 꾀하는 데 방해로 작용할 수 있다.

사회적 관심의 크기가 그 문제를 결정한다. 모든 형태의 성적 도착과 결함은 성적 기능의 첫 번째 단계를 나타내고 있는 자위의 변형들이다. 이를 뒷받침하는 증거는 모든 성도착자들의 삶의 방식과 그들이 외부 문제들을 보는 태도에서 발견될 수 있다.

12장

어린 시절 초기의 기억

자아의 통일성에 대해 아는 것이 거의 없다 하더라도, 우리가 그 통일성으로부터 벗어나는 것은 절대로 불가능하다. 다소 무가치한 다수의 견해들에 맞춰 동질적인 정신생활을 분석하는 것은 가능한 일이다. 분할 불가능한 자아를 설명할 목적으로 만들어진 두세 개의 공간적인 개념들을 서로 비교하거나 서로 대비시킬 수 있는 것이다. 이 통일성을 의식적 세계나 무의식적 세계, 성적 세계, 외부 세계에서부터 펼쳐 보이려는 시도가 이뤄질 수 있지만, 어떤 방법을 쓰든, 결국에는 모든 것을 포괄하는 자아의 활동에 그 통일성을 다시 찾아주는 작업을 피할 길은 없다. 그것은 아마 기수(騎手)를 그의 준마 위에 다시 올려놓는 것과 비슷할 것이다.

그럼에도 불구하고, 개인 심리학이 낸 길에서 이뤄진 진전은 더이상 오해의 대상이 될 수 없다. 현대 심리학의 관점에서 자아는 그

가치를 증명했으며, 자아가 무의식 또는 '이드'(Id)의 영역에서 나왔다고 믿어지든지 여부와 상관없이, 결국 '이드'는 자아와 똑같이 좋거나 나쁜 방식으로 행동한다. 심지어 소위 의식, 즉 자아조차도 무의식 또는 나의 표현대로 이해되지 않은 것들로 가득하며, 의식은 언제나 사회적 감정의 크기를 다양하게 보여준다. 이 사실들은 정신분석에 의해서 인위적인 어떤 체계로 점점 더 많이 통합되고 있다. 그래서 정신분석이 개인 심리학을 '정신분석을 절대로 자유롭게 놓아주지 않을 죄수'로 만들고 말았다.

정신생활의 확고한 통일성을 밝히려는 노력의 초기 단계에서, 내가 기억의 기능과 구조를 고려해야 했다는 사실은 쉽게 이해될 수 있다. 나는 기억을 인상과 감각의 집합 장소로 여겨서는 절대로 안 된다는, 나보다 앞선 저자들의 진술을 증명할 수 있었다. 또 나는 인상들이 '므네메'(mneme)[8]로 간직되지 않지만, 기억의 기능에서 우리가 동질적인 정신생활의 힘, 즉 자아의 힘의 부분적인 표현을 다루고 있다는 점도 증명할 수 있었다.

자아는 인상들을 인식처럼 삶의 방식에 맞추고 그것들을 삶의 방식에 따라 이용하는 임무를 맡는다. 다소 야만적인 내용의 비유를 이용한다면, 기억의 임무는 인상들을 삼켜서 소화시키는 것과 비슷하다. 이 대목에서 독자들에게 이 비유로부터 기억이 가학적인 경향을 갖고 있다는 결론을 끌어내서는 안 된다는 점을 굳이 강조할 필요는 없을 것 같다. 그러나 소화 과정은 삶의 방식의 기능이다. 삶의 방식의 식성에 맞지 않는 것은 무엇이든 버려지거나 잊히거나

---

8 개인의 기억과 종족의 기억을 합한 것을 말한다.

경고의 예로 간직된다. 그 결정은 삶의 방식에 달려 있다. 만약에 삶의 방식이 경계에 빠진 상태라면, 그것은 소화할 수 없는 인상들을 그 목적에 이용한다.

이 맥락에서, 신중을 기하는 성격적 특성이 떠오른다. 지나치게 신중한 성격의 소유자는 많은 인상들을 반쯤만 소화시킨다. 인상들 중에서 4분의 1 또는 1,000분의 1만 받아들여지는 것도 가끔 있다. 그러나 그 과정은 또 인상들에 수반되는 감정과 정신 상태만을 소화시키는 노선을 취하기도 한다. 그 감정과 정신 상태에 이따금 말이나 생각 또는 그런 것들의 파편들이 섞여 있다.

내가 잘 알고 있는 어떤 사람의 이름을 망각했다고 가정하자. 그 사람이 반드시 내가 좋아하지 않는 사람일 필요는 없으며, 나에게 불쾌한 것을 상기시키는 사람일 필요도 없다. 그의 이름과 인격에 관한 한, 그것들은 나의 삶의 방식에 의해서 그것들에게 쏟아진 관심의 밖에 당분간 또는 영원히 놓여 있을 수 있지만, 그럼에도 나는 종종 그와 관계있는, 중요해 보이는 것은 모두 알고 있다.

그가 내 앞에 서 있다. 나는 그를 알아볼 수 있고 그에 대해 많은 이야기를 들려줄 수 있다. 내가 그의 이름을 기억하지 못한다는 바로 그 이유 때문에, 그는 나의 의식적 시야 안에 아주 분명하게 우뚝 서 있다. 그것은 나의 기억이 앞에서 묘사한 목적들 중 어느 한 목적 또는 다른 목적을 위해서 인상의 부분 또는 전체를 사라지게 내버려둘 수 있다는 것을 의미한다. 이것은 그 개인의 삶의 방식과 일치하는, 예술적 경지의 능력이다. 그러므로 인상은 대체로 말로 표현되는 경험보다 훨씬 더 많은 것을 포함하고 있다.

개인의 통각이 관찰된 사실들을 기억으로 넘긴다. 이때 관찰된 사실들은 그 사람의 성격적 경향과 조화를 이룬다. 그 사람은 이런 식으로 형성된 인상을 자신의 특이성에 따라 넘겨받으며, 그는 인상에 감정과 정신 상태까지 장착시킨다. 이 감정과 정신 상태는 다시 그 사람의 행동 법칙을 따른다. 이 소화 과정으로부터, 우리가 기억이라고 부르는 것이 남는다. 이 기억은 말이나 감정 또는 외부 세상을 대하는 태도에 표현된다. 이 과정은 우리가 기억의 기능에 의해 이해하는 것을 다소 포함한다. 그러므로 개인의 특이성으로부터 자유로운, 이상적이고 객관적인 인상들의 재현은 존재하지 않는다. 따라서 우리는 삶의 방식의 숫자만큼이나 많은 형태의 기억을 발견할 것이라고 예상해야 한다.

나는 그 같은 사실을 아주 분명하게 보여주는 예를 하나 제시할 생각이다. 삶의 패턴과 기억의 연결성이 뚜렷이 드러나는 예이다.

어떤 남자가 자기 아내가 '모든 것'을 망각하고 있다고 아주 심각하게 불평을 털어놓았다. 그러면 의사는 당장 뇌 조직에 어떤 문제가 있을 것이라고 생각하게 된다. 이 경우에 그런 문제가 전혀 없기 때문에, 나는 환자의 삶의 방식을 세밀히 조사했다. 그러면서 환자의 증상에 대해서는 한동안 전혀 고려하지 않았다.

이 같은 조치는 많은 정신 치료 전문가들이 인정하지 않고 있지만 반드시 필요한 절차이다. 그 결과, 그녀는 차분하고 상냥하고 지적인 사람으로 드러났다. 그녀는 자기 부모가 반대하는 어려움 속에서도 폭군 같은 남자와 결혼하는 데 성공했다. 결혼 생활 동안에, 그녀의 남편은 아내가 미천한 집안 출신이라는 점을 느끼도록 만들었을 뿐만 아니라 경제적으로 그에게 의존하고 있다는 사실을 느끼도록 만들었다. 대부분 그녀는 남편의 질책과 책망을 말없이 받아주었다. 이따금 별거라는 문제가 두 사람 모두에 의해 제기되었다. 그러나 아내를 전적으로 지배할 가능성이 남편으로 하여금 극단적인 조치를 취하지 않도록 거듭 막았다.

그녀는 자상하고 정이 많은 부모의 무남독녀였으며, 그런 그녀에게서 부모들은 나무랄 점을 전혀 발견하지 못했다. 그녀는 어린 시절부터 놀거나 무슨 일에 빠져 있을 때에는 다른 아이들과 함께 하지 않는 쪽을 더 선호했다. 그녀의 부모는 그 같은 사실에서 잘못된 점을 조금도 보지 못했다. 그녀가 어쩌다 다른 소녀들과 함께 있을 때에도 나무랄 데 없이 잘 행동했으니 말이다.

그러나 결혼 생활에서도 마찬가지로 그녀는 홀로 있는 시간이, 그녀의 표현을 빌리면 여가 시간인 독서 시간이 남편이나 사회적 요구 때문에 지나치게 많은 방해를 받는 일이 없도록 신경을 썼다. 한편, 그녀의 남편은 자신이 아내보다 우월하다는 점을 보여줄 수 있는 기회를 더 많이 누리는 쪽을 선호했을 것이다. 게다가, 그녀는 가정주부로서의 의무를 수행하는 일에 대단히 열심이었다. 유일한 예외는 그녀가 남편의 지시 사항을 실행하지 않는 경우가 매우 잦았다는 점이다.

그녀의 어린 시절의 기억을 바탕으로 할 때, 그녀는 자신의 의무를 스스로 수행할 수 있을 때 언제나 가장 행복했던 것 같다.

개인 심리학의 경험을 쌓은 사람은 당장 이 환자의 삶의 패턴이 혼자 힘으로 수행할 수 있는 행위에는 대단히 적절하지만 두 사람의 적당한 성취가 요구되는 사랑과 결혼 같은 공동 과제에는 적합하지 않다는 것을 확인할 것이다. 그녀의 남편은 자신의 특성 때문에 이 권력을 그녀에게 넘겨줄 수 없었다. 그녀의 완성 목표는 혼자하는 작업 쪽으로 모아졌다. 홀로 하는 일인 경우에, 그녀는 나무랄데가 없었다. 그리고 그녀의 본성 중에서 이 측면만을 본 사람은 그녀에게서 어떤 결함도 발견하지 못했을 것이다.

그러나 그녀는 사랑과 결혼을 위한 준비를 제대로 하지 않았다. 그녀는 2인용 장비를 걸치고는 앞으로 좀처럼 나아가지 못했다. 이 대목에서 한 가지 세부사항만 제시한다면, 우리는 그녀의 성생활의 형태가 불감증일 것이라고 짐작할 수 있다. 여기서 우리는 처음에 잠시 옆으로 밀쳐 두었던 증상을 고려하는 방향으로 나아갈 수 있다. 사실 그 증상에 대한 이해는 벌써 이뤄졌다. 그녀의 건망증은 준비되지 않은 일에, 특히 자신의 완성 목표를 이룰 수 없는 일에 참여하도록 강요하는 분위기에 대한 항의를 어느 정도 공격적으로 표현하고 있다.

그런 간단한 묘사로부터 어느 한 개인의 복잡한 계략을 간파하고 이해할 수 있는 능력은 모두에게 두루 있는 것이 아니다. 그러나 예외 없이 정신분석의 대상이 되어야 하는 프로이트와 그의 제자들이 개인 심리학에서 끌어내려고 노력한 이론은 의심스러운 그 이상이다. 그 이론은 실패를 인정하고 있는 셈이다. 왜냐하면 우리의 설명에 따르면 그 이론이 환자가 다른 사람들이 자신에게 보다 많은 관심을 갖게 하기를 원한다는 점만을 암시하고 있기 때문이다.

덧붙여 말하자면, 환자를 다루기 쉬운 것으로 여겨야 하는가 다루기 힘든 것으로 여겨야 하는가 하는 문제가 자주 제기되고 있다. 우리의 관점에 따르면, 이것은 전적으로 환자의 사회적 감정의 크기에 달려 있다. 지금 우리가 고려하고 있는 환자의 경우에, 그녀의 실수, 그러니까 삶과 공동 과제를 위한 준비의 부족은 치료하기가 쉽다는 것이 어렵잖게 이해될 수 있다. 그렇게 보는 이유는 그녀가 가장 중요한 것을 말하자면 단지 건망증 때문에 무시했기 때문이다.

그녀는 이 점을 깨닫게 되었으며, 그녀는 상냥한 대화 속에서 의사와의 협력을 통해서 배타적인 집단(쿤켈(Fritz Künkel)은 이것을 장난스럽게 악마의 집단이라고 불렀고, 프로이트는 마법의 동그라미라고 불렀다)으로부터 해방되었다. 그 사이에 그녀의 남편도 의사의 지시를 따르고 있었다. 그녀의 건망증도 사라졌다. 이유는 그것이 그 동기를 박탈당했기 때문이다.

이제 우리는 어떤 경험이 개인에게 일어나는 즉시 거부당하지 않는 이상, 모든 기억은 어떤 인상이 삶의 방식, 즉 자아에 의해 다듬어진 결과를 나타낸다는 사실을 이해할 준비를 갖추게 되었다. 이것은 확고하게 간직되고 있는 기억뿐만 아니라, 불완전하고 회상하기 어려운 기억과 심지어 말로 표현되지 않고 감정적인 분위기나 정신 상태로만 존재하는 기억에도 똑같이 적용된다. 그리하여 우리는 비교적 중요한 입장에 설 수 있게 되었다. 이것은 관찰자가 기억의 영역 안에서 지성이나 감정, 태도 때문에 일어나는 것들을 확실히 밝혀냄으로써, 어떤 완성의 목표를 향하고 있는 모든 형태의 정신적 움직임에 관한 지식을 확보해야 한다는 것을 암시한다.

이미 알고 있듯이, 자아는 말만 아니라 감정과 태도를 통해서도 모습을 드러내며, 자아의 통일성에 관한 과학은 '장기 언어'를 발견한 개인 심리학에 많은 빚을 지고 있다. 우리는 우리의 몸과 정신의 모든 조직을 통해서 외부 세계와의 접촉을 유지한다. 특정 환자에게서 우리가 관심을 두고 있는 것은 이 접촉이 이뤄지는 태도, 특히 불완전한 태도이다. 이 경로를 따르면서, 나는 개인의 삶의 방식의 의미 있는 한 부분으로서 그 사람의 기억들을 발견하고 이용하는 것이 매력적이고 소중한 과제라는 것을 발견했다.

나는 무엇보다 초기의 기억에 관심이 많다. 이유는 그 기억들이 실제로 일어났거나 상상했던, 그리고 정확히 보고되거나 변경되어 보고된, 어린 시절 초기에 삶의 방식을 독창적으로 구축하던 때와 보다 가까운 사건들 위로 불빛을 비춰주기 때문이다. 이 사건들은 또한 삶의 방식에 의해 다듬어진 내용까지 상당 부분 드러내 보여준다.

여기서 우리는 기억의 실제 내용에는 그다지 관심을 두지 않는다. 이유는 그것이 모든 사람들에게 두루 해당되는 내용으로 여겨지기 때문이다. 개인 심리학자는 그보다는 기억에 실린 감정적인 분위기를 평가해야 한다. 감정적인 분위기는 그 기억으로 야기된 정신적 틀을 갖고 있다. 또 개인 심리학자는 그런 정신적 틀에 쓰인 재료를 선택하고 다듬는 과정을 평가해야 한다. 이 정신적 틀이 중요한 이유는 그것이 개인의 주된 관심을 발견하는 데 도움을 주고 또 그 사람의 삶의 방식을 이루는 근본적인 요소이기 때문이다.

이 지점에서, 개인 심리학의 중요한 질문이 상당한 도움을 준다. 이 개인의 목표는 무엇인가? 그는 자기 자신과 삶을 어떤 식으로 보고 있는가? 우리는 완성의 목표와 열등감(프로이트가 인정하듯이, 열등감에 관한 정확한 이해는 아닐지라도 열등감에 관한 지식은 전 세계로 퍼져나갔다)에 관한 개인 심리학의 확고한 개념들의 안내를 틀림없이 받고 있다. 또 열등 콤플렉스와 우월 콤플렉스라는 개인 심리학의 원리로부터도 도움을 받고 있다. 그러나 촘촘하게 서로 연결된 이 모든 개념들은 우리가 치료하고 있는 환자의 특별한 행동 법칙을 발견할 수 있는 영역만 비춰줄 뿐이다.

이 과제를 해결하려고 시작할 때, 우리는 기억들에 관한 해석에서, 그리고 기억들과 삶의 방식의 연결에 관한 해석에서 쉽게 실수를 저지르게 되지 않을까 의심하게 만드는 문제 앞에 서게 된다. 개인의 표현 형식이 동시에 몇 가지 해석을 낳을 수 있으니 말이다. 분명히 말하지만, 개인 심리학을 적절히 실천하는 사람은 특별한 뉘앙스와 관련해서 절대로 실수를 저지르지 않는다. 그러나 그런 사람조차도 모든 종류의 오류를 제거하려고 노력해야 한다.

오류를 저지르지 않는 것은 꽤 가능하다. 개인 심리학자가 어느 개인의 회상에서 그 사람의 진정한 행동 법칙을 발견한다면, 그 심리학자는 그의 모든 표현 형식에서 똑같은 행동 법칙을 발견해야만 한다. 온갖 종류의 실패를 치료하는 경우라면, 개인 심리학자는 실패들을 확인하는 증거들을 아주 많이 찾아내야 하며, 따라서 환자는 그 증거의 무게 앞에서 확신을 품게 될 것이다. 의사 본인은 개인적 성향에 따라서 어떤 때는 보다 빨리, 어떤 때는 보다 늦게 확신을 품게 될 것이다. 그러나 어떤 사람의 실패나 증상들, 그릇된 삶의 방식을 평가하는 기준으로 충분한 크기의 사회적 감정 외에 다른 것은 절대로 없다.

필요한 경험을 갖춘 상태에서 그 경험을 최대한 주의 깊게 이용한다면, 지금 우리는 대부분 초기의 회상을 바탕으로 삶의 방식이 향하는 그릇된 방향과 사회적 감정의 결여 또는 존재를 발견할 수 있는 위치에 서 있다. 여기서 우리는 특별히 사회적 감정의 결여와 그런 결여의 원인과 결과에 대한 지식의 안내를 받고 있다.

어떤 상황에 관한 설명에 '우리'와 '나'라는 단어가 자주 등장할 때, 그 설명에서 아주 많은 정보가 나올 수 있다. 어머니가 묘사되는 방법으로부터도 많은 것을 알아낼 수 있다. 처벌과 꾸짖음뿐만 아니라 위험과 사건에 관한 회상도 삶에서 특히 적대적인 요소에 주의를 과도하게 집중하는 경향을 드러낸다. 남동생이나 여동생의 출생에 관한 기억은 권좌에서 밀려나는 상황을 드러낸다. 유치원이나 학교에 처음 나가던 때의 기억은 새로운 상황이 낳은 강력한 인상을 보여준다. 병이나 죽음에 관한 기억은 종종 그런 위험들에 대한 두려움과 연결되고 이따금 의사나 간호사가 되거나 다른 수단으로 그것들을 보다 잘 직면할 준비를 갖추려는 노력과 연결된다. 어머니나 아버지나 조부모 같은 사람들을 애정 어린 감정으로 묘사하는 것뿐만 아니라 어머니와 함께 시골을 방문했던 기억들은 그 아이를 애지중지 길렀던 사람들에 대한 선호를 보여줄 뿐만 아니라 다른 사람들의 배제를 보여준다. 비행(非行)이나 절도, 성적 비행에 관한 기억은 이제부터 그런 일을 경험에서 배제하기 위해 엄청난 노력이 벌어지고 있다는 것을 암시한다.

이따금 다른 경향들, 말하자면 시각적, 청각적, 운동 감각적 경향들이 발견된다. 이런 것들은 학교에서 실패를 발견하거나 직업에서 그릇된 선택을 발견하는 데 매우 큰 도움이 된다. 그런 경향들은 또 그 개인에게 보다 적절한 직업이 어떤 것인지를 발견할 기회도 제공할 것이다.

한두 가지 예가 어린 시절 초기의 회상과 삶의 영구한 패턴 사이의 연결을 보다 쉽게 보여줄 것이다.

서른두 살인 남자는 미망인의 장남으로 버릇없이 자랐으며, 어떤 직업에도 준비가 되어 있지 않은 것으로 확인되었다. 그가 일을 시작하기만 하면 심각한 불안 공격에 시달렸으니 말이다. 이 불안도 집에 돌아오기만 하면 즉각 나았다. 그는 온후한 사람이지만, 다른 사람들과 섞이는 것이 대단히 어렵다는 사실을 깨달았다. 학교에 다닐 때, 그는 시험을 앞둔 상황이면 언제나 크게 흥분했으며, 지치고 피곤하다는 이유로 종종 학교에 가지 않았다. 그럴 때면 그의 어머니가 그를 극진히 보살폈다.

그가 어머니의 이런 걱정에만 적절히 준비가 되어 있었기 때문에, 우월 목표를, 그러니까 삶의 온갖 문제를 최대한 피함으로써 모든 실수를 모면하려는 그의 노력을 짐작하는 것은 그리 어려운 일이 아니었다. 그가 어머니와 함께 있는 이상, 위험은 전혀 없었다. 신체적으로 그에게 유치하다고 볼 구석이 전혀 없었음에도 불구하고, 그가 어머니에게 집착하는 태도는 그에게 유치함을 증명하는 낙인을 찍었다.

이처럼 자기 어머니에게로 물러나는 방법은 그가 어렸을 때부터 검증을 거친 것이었다. 그가 처음으로 좋아하는 감정을 느낀 소녀가 그를 거부했을 때, 그 방법은 두드러진 지지를 발견했다. 그가 이 '외적' 사건의 결과 경험하게 된 충격이 뒤로 물러서고 싶어 하는 그를 뒷받침해 주었다. 그 결과, 그는 자기 어머니와 함께 있지 않으면 절대로 편안한 마음을 느끼지 못하게 되었다.

그가 어린 시절 기억에서 떠올린 최초의 회상은 이랬다. '네 살 때, 나는 창가에 앉아서 길 건너편에서 노동자 몇 사람이 집을 짓는 것을 보았다. 그때 어머니는 뜨개질하며 스타킹을 짜고 있었다.'

이런 회상은 무의미하다는 반론이 제기될 수 있다. 그러나 절대로 그렇지 않다. 그가 선택한 최초의 기억이 실제로 가장 이른 것인지 여부는 중요하지 않다. 어떤 관심이 그가 초기의 기억으로 그것을 선택하도록 했을 것임에 틀림없다. 그의 삶의 방식의 안내를 받고 있는, 그의 기억의 실제 작용은 그의 개인적 경향을 강하게 암시하는 어떤 사건을 선택한다.

그가 응석받이로 버릇없이 자란 아이라는 사실은 어린 시절의 기억이 자식을 걱정하는 어머니를 포함하는 어떤 상황을 떠올린다는 사실에 의해 드러난다. 그러나 그보다 훨씬 더 중요한 사실이 드러난다. 그가 다른 사람들이 일하는 모습을 구경하고 있다는 사실이다. 삶을 위한 그의 준비는 구경꾼의 준비이다. 그는 그것 외의 다른 존재는 좀처럼 아니다.

만약 그가 감히 그 단계를 넘어서려고 노력한다면, 그는 낭떠러지에 선 것 같은 느낌을 받고 그 충격의 결과 때문에, 말하자면 자신의 무가치함이 발각되지 않을까 하는 두려움 때문에 뒤로 물러설 것이다. 만약 그가 자기 어머니와 함께 집에 남는다면, 또 그가 다른 사람들이 일하는 동안에 구경만 하는 것이 허용된다면, 그때는 그에게 잘못된 구석이 있는 것처럼 보이지 않을 것이다. 그는 자신의 행동 노선에서 자기 어머니를 지배하는 것을 유일한 우월 목표로 잡고 있다.

불행하게도 삶을 단순히 방관자로 살 수 있는 가능성은 거의 없다. 그와 같은 환자가 치료를 끝내고 나면, 그 사람은 그래도 어느 정도 준비가 되어 있는, 눈으로 보고 관찰하는 능력을 발휘할 수 있는 일자리를 찾을 것이다.

개인 심리학자들은 환자의 상태를 환자 본인보다 더 잘 알고 있다. 따라서 우리는 적극적으로 개입하면서 환자에게 어떤 일자리에나 종사할 수 있겠지만 자신이 평소에 준비한 것을 최대한 활용하길 원한다면 관찰이 많이 필요한 직종에서 일자리를 찾아야 한다는 점을 이해시켜야 한다. 나의 환자는 골동품을 다루는 일을 성공적으로 맡았다.

왜곡된 용어를 이용하면서, 프로이트는 그 같은 사실을 깨닫지 못한 가운데 응석받이로 버릇없이 자란 아이들의 실패들에 대해서도 똑같이 설명한다. 버릇없이 자란 아이는 무엇이든 갖기를 원하고, 진화가 확립시킨 정상적인 기능을 수행하는 데도 언제나 어려움을 겪는다. 버릇없이 자란 아이는 '오이디푸스 콤플렉스'를 보이며 자기 어머니를 갈망한다. (이것은 그 조건을 묘사하는 과장된 한 방법이지만, 그럼에도 불구하고 버릇없이 자란 아이가 다른 사람들을 모두 거부하기 때문에 드물게 그런 조건이 확인되기도 한다.)

나이가 들면서, 아이는 온갖 어려움에 봉착한다. 이 어려움들은 오이디푸스 콤플렉스를 억압했기 때문이 아니라 아이가 다른 상황에 처할 때 받는 충격 때문이다. 그럴 때면 아이는 대단히 광적인 상태에 놓이게 되며, 따라서 아이는 심지어 자신의 소망에 반대하는 사람들을 죽일 계획까지 품기도 한다. 명확하게 보일 수 있듯이, 이때 만약에 응석받이로 키우는 양육의 결과를 제대로 인식하고 고려한다면, 버릇없이 키우는 불완전한 교육의 이런 인위적인 산물들은 그 아이의 정신생활에 관한 지식을 얻는 데 활용될 수 있다. 그러나 성생활은 두 사람을 위한 과제이며, 따라서 그 과제는 충분한 크기의 사회적 감정이 있어야만 제대로 성취될 수 있다. 그런데 버릇없이 자란 아이들의 경우에 이 사회적 감정이 부족하다. 두루뭉술하게 일반화하다 보니, 프로이트는 인위적으로 키워진 소망들과 공상들과 증상들뿐만 아니라, 그나마 남아 있는 사회적 감정이 그런 것들에 저항하는 현상까지도 타고난 가학적인 본능들의 탓으로 돌리지 않을 수 없다. 우리가 알다시피, 이 '가학적인 본능들'은 버릇없이 키운 양육의 결과이며 훗날에는 아이의 내면에서 인위적으로 길러진다.

따라서 새로 태어난 아이의 첫 번째 행위, 즉 어머니의 젖을 빠는 행위는 협력의 행위이며 아이뿐만 아니라 어머니에게도 즐거운 일이라는 것이 쉽게 이해된다. 프로이트가 미리 정한 이론을 뒷받침하며 상상하는 것과 달리, 그것은 카니발리즘도 아니고 타고난 가학적 본능들의 증거도 아니다. 인간 삶의 형태들에 나타나는 엄청난 변형들이 프로이트의 견해의 모호함 속으로 사라지고 있다.

또 다른 예는 어린 시절 초기의 회상에 관한 지식의 유용성을 보여줄 것이다. 18세 소녀는 언제나 부모와 언쟁을 벌이는 상태에서 살았다. 그녀의 부모는 학교에서 공부를 잘 하던 딸이 공부를 계속하길 원했다. 그러나 그녀는 부모의 권유를 받아들이지 않았다. 왜냐하면 나중에 드러났듯이 그녀가 학교 시험에서 일등이 아니었던 탓에 실패를 두려워했기 때문이다. 그녀가 떠올리는 어린 시절 초기의 기억은 이렇다.

네 살 때, 그녀는 아이들의 파티에 참석했다가 거기서 다른 소녀가 커다란 공을 갖고 노는 것을 보았다. 그녀가 대단히 버릇없이 자란 아이였기 때문에, 그것과 똑같은 공 외에는 어떤 것도 그녀를 만족시킬 수 없었다. 그녀의 아버지가 똑같은 공을 찾기 위해 도시 전체를 뒤졌지만 뜻을 이루지 못했다. 소녀에게 다른 소녀의 것보다 작은 공이 주어졌지만, 그녀는 비명을 지르고 눈물을 흘리며 그것을 거부했다.

그녀가 차분해지며 작은 공을 받아들이게 된 것은 그녀의 아버지가 공을 찾아 백방으로 돌아다녔으나 허사였다는 사실을 설명한 뒤였다. 이 회상을 바탕으로, 나는 이 소녀가 친절한 설명에 영향을 받을 수 있다고, 또 그녀가 추구하고 있는 야망이 이기적이라는 점을 설득시킬 수 있겠다고 결론 내릴 수 있었으며, 그 결론을 토대로 그녀를 치료하는 데 성공할 수 있었다.

다음의 예는 운명의 길들이 종종 아주 모호할 수 있다는 점을 보여준다. 45세인 남자는 자기보다 열 살 연상인 여자와 여러 해 동안 결혼생활을 한 뒤에 성교 불능이 되었다. 2년 동안 그는 아내나 두 아이들과 말을 거의 하지 않고 지냈다. 그 전에 몇 년 동안 그는 사업에 어느 정도 성공을 거두었다. 그 후로 그는 사업을 등한시하며 가족을 불만스런 상태에 빠뜨렸다.

그는 어머니가 아끼던 아들이었으며 심할 정도로 버릇없이 자랐다. 그가 세 살 때, 여동생이 태어났다. 여동생의 출생이 그가 기억하는 최초의 회상인데, 여동생이 태어난 직후에, 그는 침대에 오줌을 싸기 시작했다. 그리고 버릇없이 자란 아이들 중에서 종종 발견되듯이, 그는 어릴 적에 무서운 꿈을 꾸었다. 오줌 싸는 행위와 불안이 권좌의 상실을 원위치로 되돌려놓으려는 시도에서 나온 것이라는 점에 대해서는 말할 필요도 없다. 이 맥락에서, 우리는 밤에 오줌 싸는 것이 또한 어떤 비난의 표현, 아니 그 이상으로 자기 어머니에게 복수하는 행위에 해당할 수 있다는 사실을 무시해서는 안 된다. 학교에서 그는 더없이 착한 아이였다. 그는 자신이 싸움에 휘말렸던 사건을 딱 하나만 기억하고 있었다. 그를 모욕한 소년과 벌인 싸움이었다. 선생은 그렇게 착한 소년이 그렇게 흥분할 수 있다는 사실에 깜짝 놀랐다고 한다.

우리는 그가 독점적인 관심을 기대하도록 훈련되어 있었다는 것을, 그리고 그의 우월 목표가 자신이 다른 소년들보다 더 선호되는 데 있다는 것을 이해할 수 있다. 그런 일이 일어나지 않으면, 그는 부분적으로 비난하고 부분적으로 보복하는 조치들을 취했다. 그럼에도, 당시에 그의 행위의 동기를 그나 다른 사람이나 똑같이 모르고 있었다. 이기적인 성격이 강한 완성의 목표 중 상당 부분은 그가 나쁜 아이로 여겨지길 원하지 않는다는 사실에 있었다. 그가 자신에 대해 말하듯이, 그는 자기를 어머니처럼 다룬다는 이유로 자기

보다 나이가 많은 여자와 결혼했다. 그녀가 지금 50세를 넘어섰고 아이들을 돌보는 일에 그 전 어느 때보다 신경을 더 많이 쓰고 있기 때문에, 그는 겉보기에 비공격적인 방식으로 아내와 자식들과의 교류를 모두 끊었다. 그의 성교 불능은 '장기 언어'로서 그 같은 단절과 연결되어 있다. 어린 시절 초기에 여동생이 태어나면서 그를 버릇없이 키우던 관행이 막을 내렸을 때, 그가 덜 분명하면서도 효과적인 비난인 오줌 싸기를 계속했던 이유가 이제 쉽게 이해된다.

두 자식 중에서 맏이였던 서른 살 남자는 거듭된 절도 때문에 꽤 오랜 기간 동안 수감 생활을 해야 했다. 그의 초기 기억은 남동생이 태어나던 때인 세 살 때의 기억이었다. 그 기억은 다음과 같다.

'나의 어머니는 언제나 나보다 동생을 더 좋아했다. 나는 어릴 때부터 가출을 시도하곤 했다. 이따금 굶주림을 참지 못한 나머지 나는 집과 밖에서 사소한 물건들을 훔쳤다. 나의 어머니는 나를 가혹하게 처벌했다. 그러나 나는 언제나 다시 집을 나갔다. 열네 살 때까지 학교에 다녔지만, 나는 그저 평범한 학생에 지나지 않았다. 나는 배우기를 더 이상 원하지 않았으며, 거리를 혼자 어슬렁거리며 돌아다녔다.

나는 집안 분위기에 질린 상태였다. 나에겐 친구도 하나도 없었으며, 나는 언제나 소녀를 원했지만 나에게 관심을 두는 소녀를 한 번도 발견하지 못했다. 나는 무도장에 가서 거기서 사람들을 사귀고 싶었지만, 돈이 없었다. 그때 나는 오토바이를 훔쳐 아주 싼 값에 팔았다. 이 일이 있은 뒤로, 나는 절도의 규모를 키우기 시작했다. 그러다 마침내 교도소에 갇히게 되었다. 만약 내가 학대 외에 다른 것을 경험하지 못했던 나의 집을 혐오하는 그런 상태에 빠지지만 않았더라면, 아마 나는 다른 삶의 방식을 선택했을 것이다. 그러나 나의 절도는 장물을 받아주던 사람에 의해 더욱 고무되었다. 그 장물아비가 내가 물건을 훔치도록 부추겼으니까.'

나는 앞에서 이미 범법자들의 과반이 어린 시절에 버릇없이 자랐거나 그런 식으로 자라고 싶다는 욕망을 품은 사람이라는 사실이 확인된다는 점에 특별히 관심을 기울여 달라고 부탁했다. 그것 못지않게 중요한 것은 그들의 어린 시절에서 많은 활동이 확인되는데, 그것을 용기로 오해해서는 안 된다는 점이다.

그의 어머니는 아이를 버릇없이 길러 아이의 인생을 망쳐놓을 수 있는 사람이었다. 그것은 그녀가 둘째 아들을 다루는 방법에 의해서 확인되고 있다. 우리는 이 남자가 동생의 출생 이후에 적대적인 태도를 보였다는 사실을 근거로, 그도 마찬가지로 버릇없이 자랐다고 결론내릴 수 있다. 훗날 그가 살면서 겪은 부침의 기원은 그의 어머니에 대한 적대적인 불평에, 그리고 친구나 직업이나 사랑이 전혀 없다는 데서 알 수 있듯이 충분한 크기의 사회적 감정이 없는 상태에서 그가 범죄가 아닌 다른 곳에서 활동력을 배출할 출구를 전혀 발견하지 못했다는 사실에 있었다.

일부 정신과 의사들이 최근에 그랬듯이, 범죄가 교도소에 가고 싶은 소망과 결합된 자기 징벌이라는 이론을 갖고 대중 앞에 설 수 있다는 사실은 진정으로 지적 수치심의 결여를 드러내고 있다. 그 이론이 상식에 대한 공개적 경멸과, 또 근거가 충분한 우리의 경험들에 대한 모욕적 공격과 밀접한 관련이 있을 때, 그런 면이 특별히 더 강하게 드러나고 있다. 나는 그런 견해들이 버릇없이 자란 아이들의 정신에서 기원한 것은 아닌지, 또 그런 견해들이 대중 중에서 마찬가지로 버릇없이 자란 사람들의 정신에 받아들여지고 있는 것은 아닌지에 대한 판단을 독자의 몫으로 넘긴다.

13장

어린 시절에 사회적 발달을
막는 상황들과
그런 상황들을 제거하는 방법

아이가 그릇된 길을 걷도록 유혹하는 상황들을 찾는 길에, 우리는 나 자신이 이미 가장 중요하다고 묘사한 어려운 문제들을 거듭 만나게 된다. 그 문제들은 사회적 감정의 발달을 어렵게 만드는 경향이 있으며, 따라서 많은 환자들의 경우에 그 문제들이 사회적 감정의 발달에 장애가 되는 것으로 드러난다. 응석받이로 버릇없이 키우는 양육과 신체 기관의 선천적 열등, 방치가 그런 문제들이다.

이런 요인들의 영향은 그 범위와 강도에서도 다를 뿐만 아니라, 시작부터 종말까지의 시간적 길이에서도 다르며, 무엇보다 아이의 내면에 불러일으키는 측정 불가능한 불안과 책임감에서도 다르게 나타난다. 아이가 이런 요인들을 대하는 태도는 아이가 시행착오를 이용하는 것에 좌우될 뿐만 아니라, 입증되고 있듯이, 아이의 성장 에너지와 독창적인 능력에도 그보다 훨씬 더 많이 좌우된다. 이 독창적인 능력은 삶의 과정의 일부이며, 아이를 억압하는 한편으로 아이를 격려하는 우리 문명에서 그 능력은 거의 눈에 보이지 않는 요소이다. 그래서 이 요소의 힘은 오직 그 영향을 근거로 해서만 판단될 수 있다.

여기서 추측을 바탕으로 앞으로 더 나아가기를 원한다면, 우리는 엄청난 수의 사실들을 기억해야 한다. 그런 사실들을 꼽는다면, 가족의 특성, 빛, 공기, 계절, 소음, 다소 적절한 타인들과의 접촉, 기후, 환경의 본질, 영양소, 내분비 계통, 근육 상태, 신체 기관의 발달 속도, 태아의 상태, 아이를 보살핀 사람들의 도움과 양육 등이 있다. 이런 식으로 어수선하게 나열하다 보니, 이 요소들이 어떤 때는 유익하고 어떤 때는 해롭다는 식으로 단정 짓기 쉽다. 개인 심리학자들은 언제나 평균에서 벗어날 가능성을 부정하지 않는 가운데 환자마다 통계적 확률을 매우 조심스럽게 고려하는 것으로 만족할 것이다. 어떤 변형이든 일어날 수 있는 결과들을 관찰하는 방법을 택하면, 잘못될 확률이 크게 떨어진다. 그러면 아이의 독창력이 백일하에 드러날 것이고, 우리는 육체와 정신이 펼치는 다소 많거나 적은 활동에서 그 독창력을 평가할 기회를 아주 많이 누리게 된다.

그러나 아이의 협력하려는 성향이 세상에 태어난 바로 그날부터 도전에 직면한다는 사실이 간과되어서는 안 된다. 이런 측면에서, 어머니의 엄청난 중요성이 분명히 인식될 수 있다. 어머니는 사회적 감정의 발달의 문턱에 서 있다. 인간의 사회적 감정을 생물학적으로 물려주는 과제는 어머니에게 맡겨졌다. 어머니는 아이가 하는 사소한 것을 돕고, 아이를 목욕시키고, 무력한 아이가 필요로 하는 모든 것을 제공함으로써 접촉을 강화하거나 방해할 수 있다.

어머니와 아이의 관계와 어머니의 지식, 어머니의 적성은 결정적인 요소들이다. 이런 면에서, 우리는 최고의 성취에 이른 인간의 진화도 어떤 적응을 낳을 수 있다는 점을, 그리고 아이 자신이 울거나 고집을 부려 접촉을 강요하면서 거기 있을 수 있는 장애를 극복할 수 있다는 점을 잊어서는 안 된다. 어머니의 내면에서도 사회적 감정의 중요한 부분을 차지하는 모성애의 생물학적 유전적 성질이 살아서 작용하고 있기 때문이다.

모성애도 적대적인 조건이나 과도한 걱정, 실망, 질병, 고통, 사회적 감정의 두드러진 결여에 의해 방해 받을 수 있지만, 모성애의 진화론적인 유전적 성질이 동물과 인간에게 대체로 아주 강하기 때문에 모성애는 굶주림 본능과 섹스 본능을 쉽게 극복한다. 어머니와의 접촉감이 인간의 사회적 감정의 발달에 가장 중요하다는 것은 쉽게 받아들여질 수 있다. 만약 인간의 발달에 대단히 중요한 이 수단을 사용하길 거부한다면, 절대로 잃어버릴 수 없는 진화론적인 소유물로서 어머니와의 접촉감이 파괴당하는 데 대해 끊임없이 반대할 것이라는 사실 외에, 우리 인간은 모성애를 대체할 것을 찾느라 쩔쩔맬 것임에 틀림없다.

우리는 인간의 사회적 감정의 가장 큰 부분을, 그리고 그것과 함께 인간 문명의 기본적인 연속성을 어머니와의 접촉감에 빚지고 있다. 틀림없이 오늘날의 모성애는 종종 공동체의 요구에 불충분하다. 먼 미래에 이 소유물의 활용은 사회적 이상과 훨씬 더 조화를 이루게 될 것이다. 오늘날엔 어머니와 아이 사이의 유대가 지나치게 약한 경우가 자주 있고, 지나치게 강한 경우가 더 자주 있다. 전자의 경우에, 아이는 처음부터 삶이 적대적이라는 인상을 받을 수 있으며, 그와 비슷한 것을 경험한 결과, 아이가 그런 의미를 자신의 삶의 기준으로 삼을 위험이 있다.

나 자신이 충분히 자주 발견하고 있는 바와 같이, 이런 예들의 경우에 아버지와의 보다 훌륭한 접촉(조부모와의 접촉은 해당되지 않는다)도 그 결함을 충분히 보상할 수 있다. 일반적인 법칙으로서, 아이가 아버지와 보다 훌륭한 접촉을 누리고 있다는 사실은 어머니 쪽에서 실패가 일어나고 있다는 점을 보여주고 있으며, 그 같은 접촉은 거의 언제나 옳건 그르건 어머니에게 실망한 아이의 삶에서 두 번째 단계를 의미한다.

소녀들이 아버지와, 소년들이 어머니와 자주 갖는 밀접한 접촉을 성적 욕망으로 돌려서는 안 된다. 그 같은 사실은 방금 제시한 진술과 관련해서 검증되어야 한다. 여기서 두 가지 사항이 지적되어야 한다. 아버지들은 종종 자기 딸에게 보다 부드러운 감정을 보인다. 그것은 아버지들이 모든 소녀들과 여자들에게 그런 감정을 보이는 것과 다를 바가 없다. 그리고 소녀들과 소년들은 모든 놀이를 통해서 미래의 삶을 준비하듯이 이성 부모를 그런 식으로 재미있게 대하면서 마찬가지로 미래에 대비한다. 나도 버릇없이 자란 정도가 아주 심한 아이들, 그러니까 자신의 전체 발달을 가족 집단으로 국한시키길 원하거나 응석을 받아주는 어느 한 사람에게만 배타적으로 애착을 느끼는 아이들의 경우에 성적 충동이 개입하는 것을 가끔 확인했다. 그럼에도 그 충동은 프로이트가 묘사하는 식으로 그렇게 과장된 형태로 나타나지는 않는다.

역사의 발달과 사회의 관점에서 볼 때, 어머니의 의무는 아이를 최대한 빨리 한 사람의 파트너로, 다시 말해 다른 사람들에게 기꺼이 도움을 주고 자신이 힘겨운 과제에 직면할 때에는 기꺼이 도움을 받으려 하는 그런 동료 인간으로 성장시키는 것이다. 삶의 요구와 조화를 잘 이루고 있는 아이에 관해서도 몇 권의 책을 쓸 수 있다. 그러나 여기서 우리는 아이가 집에서 아버지와 형제자매들에 대한 관심을, 더 나아가서 타인들에 대한 관심을 점점 키워가면서 자신이 동등한 권리를 누리는 구성원이라고 느낄 수 있어야 한다는 사실을 강조하는 것으로 만족해야 한다. 그런 식으로 자라면, 아이는 일찍부터 주변에 짐이 되지 않고 한 사람의 파트너가 된다. 그런 아이는 곧 편안함을 느끼고 주변 환경과의 접촉에서 비롯되는 용기와 확신을 발달시킬 것이다. 그 아이가 의도했든 안 했든 기능적인 실수로 야기되는 문제들, 예를 들면 수면 중에 오줌을 싸는 행위나 대변 이상 정체, 그리고 병으로 인한 것이 아닌 음식 섭취 장애 등은 아이 본인뿐만 아니라 주변 사람들도 해결할 수 있는 문제가 될 것이다. 만약 주변 사람들과 협력하려는 경향이 아이에게 충분히 강하게 나타난다면, 그런 장애는 일어나지도 않을 것이다. 엄지손가락을 빨거나 손톱을 물어뜯거나 손가락으로 콧구멍을 후비거나 음식을 게걸스레 먹는 버릇에 대해서도 똑같이 말할 수 있다.

이 모든 특성들은 아이가 자신의 역할을 맡기를 거부하고 문화적인 훈련을 받아들이지 않을 때에만 나타난다. 그 특성들은 거의 언제나 버릇없이 자란 아이들에게만 나타나며, 그것들은 주변 사람들이 아이들을 위해서 더 적극적으로 나서고 더 많은 노력을 기울이도록 만들게 되어 있다. 그 특성들은 또한 반드시 공개적이거나 숨겨진 고집과 결합되어 있으며, 또한 불완전한 사회적 감정을 분명히 보여주는 신호이기도 하다. 나는 이미 오래 전에 이런 사실들에 주의를 기울일 것을 요구해 왔다.

만약 프로이트가 오늘날 보편적인 성욕이라는 자신의 근본적인 개념을 완화하려고 노력하고 있다면, 그 수정은 상당 부분 개인 심리학의 경험 덕분이다. '정상적인' 반항 단계와 관련해 보다 최근에 제시된 샬로트 뷜러의 견해는 확실히 우리의 경험과 일치하도록 다듬어져야 한다. 방금 묘사한 구조를 근거로, 어린 시절의 잘못들은 고집과 질투, 이기심, 사회적 감정의 결여, 이기적인 야망, 보복 욕구 같은 성격적 특성들과 연결되어 있고, 이 특성들은 어떤 때는 보다 분명하게 드러나고 또 어떤 때는 덜 분명하게 드러난다는 주장이 가능하다. 이것은 또한 성격을 우월 목표를 위한 안내자의 역할을 하는 것으로 보는 개인 심리학의 인식을 뒷받침하고 있다.

성격은 삶의 방식을 반영하고 있다. 말하자면, 성격은 타고나는 것이 아니라, 아이가 형성한 행동 법칙과 동시에 완성되는 어떤 사회적 태도를 보여준다. 소망이나 즐거움을 절대로 포기할 줄 모르는, 버릇없이 자란 아이들의 특징들은 아마 그들이 대변 이상 정체나 손가락 빨기, 성기를 갖고 노는 놀이 등 사소한 즐거움에 매달리는 태도에 나타난다. 그 즐거움은 아마 처음에 가끔 근질근질한 느낌을 제거할 목적으로 시작될 것이다.

아버지의 인격은 사회적 감정의 발달에 또 하나의 위험한 모퉁이가 된다. 어머니는 아버지로부터 아이와 최대한 영구한 관계를 맺을 기회를 빼앗지 말아야 한다. 아이가 응석받이로 버릇없이 키워지거나, 아버지를 좋아하지 않거나, 사회적 감정이 불완전하다면, 아버지는 아이와 영구한 관계를 형성하는 데 곧잘 실패한다. 아버지가 위협을 가하거나 처벌하는 사람으로 낙인찍히는 일이 벌어져서는 안 되며, 아버지는 아이가 뒷전으로 밀려나지 않고 있다는 확신을 품을 수 있도록 아이에게 시간과 애정을 충분히 쏟아야 한다.

나는 아버지가 취할 수 있는, 특별히 해로운 행동들을 제시하고 싶다. 아버지가 아이에게 과도한 애정을 쏟으면서 어머니를 대체하려 하거나, 버릇없이 키우는 어머니의 양육 방식을 바로잡기 위해 가혹한 방식을 채택함으로써 아이가 어머니에게 더욱 밀착하게 만들거나, 아이에게 권위와 원칙들을 강요하려고 드는 것이 그런 행동에 속한다. 특히 아이에게 권위를 행사하려는 태도를 보이는 경우에 아버지는 아이에게 복종을 강요할 수 있지만 아이의 협동심과 사회적 감정은 절대로 키우지 못한다.

모든 것이 급박하게 돌아가는 이 시대에, 식사 시간은 공동체적 생활 능력을 키울 수 있는 특별한 기회를 제공한다. 식탁에서는 유쾌한 분위기가 필수이다. 테이블 매너에 대한 강의는 최소한으로 줄여야 한다. 이 원칙이 지켜진다면, 더욱 훌륭한 결과가 나타날 것이다. 식탁에서 잘못을 찾거나 분노를 폭발시키거나 불평을 늘어놓는 일은 꼭 피해야 하며, 독서에 빠지거나 생각에 잠기는 일도 마찬가지로 없어야 한다. 그 시간은 또 아이들이 학교에서 실패한 부분이나 다른 비행에 대해 꾸짖는 시간이 되어서도 안 된다.

또 식사를 모두 함께 모여서 하려는 노력이 있어야 한다. 이것은 특히 아침에 적용되어야 할 것 같다. 아이들이 의사 표현을 자유롭게 하고 질문을 자유롭게 던질 수 있는 분위기를 가꾸는 것이 중요하다. 아이들을 비웃고 조롱하거나, 아이들에게 좋은 행동의 모델로 다른 아이들을 제시하는 행위는 접촉의 의미를 훼손시키고, 무관심이나 수치심이나 다른 예리한 열등감을 유발할 수 있다. 아이들에게 덩치가 작다는 사실을 상기시키거나 지식과 능력이 부족하다는 점을 떠올리게 해서는 안 된다. 아이들은 용기를 훈련할 명쾌한 경로를 가져야 한다. 아이들이 무엇에든 관심을 보이면 그 일을 최대한 폭넓게 경험하도록 하고, 아이들의 손에서 어떤 것이든 빼앗지 않도록 노력해야 한다.

아이들에게 어려운 것은 시작뿐이라는 점을 언제나 일러줘야 한다. 위험과 관련해서는 지나치게 불안해하는 모습을 보일 것이 아니라 적당히 조심하고 충분한 보호를 제공해야 한다. 부모의 신경과민, 부부 싸움, 교육을 둘러싼 의견 불일치는 아이의 사회적 감정의 발달을 쉽게 저해할 수 있다. 아이들을 성인들의 집단으로부터 지나치게 엄격히 떼어놓는 것도 가급적 피해야 한다. 아이를 훈련시키는 중에 성공이나 실패가 일어나는 경우에 그것에 대해 칭송하거나 비판해야 하지만, 그때도 아이의 인격을 들먹이는 일은 절대로 없어야 한다.

질병도 사회적 감정의 발달에 위험한 장애가 될 수 있다. 질병은 다른 어려움들과 마찬가지로 다섯 살 이전에 겪는 경우에 특별히 더 위험하다. 선천적으로 타고난 신체 기관의 열등의 중요성에 대해서는 이미 언급한 바 있으며, 통계적으로도 그런 열등이 아이를 그릇된 방향으로 이끌고 사회적 감정의 형성을 방해할 수 있다는 사실이 확인되었다. 이 말은 구루병처럼, 정신적 발달을 저지하지 않아도 육체적 발달을 저지하며 다소 심각한 기형을 야기할 수 있는 초기의 병들에도 그대로 적용된다.

어린 시절 초기에 앓는 병들 중에서, 주변 사람들의 불안과 극진한 보살핌 때문에 아이가 전혀 아무런 노력을 하지 않고도 자신이 매우 소중한 존재라는 느낌을 갖게 하는 병들도 아이의 사회적 감정의 형성에 아주 해롭다. 이 범주에 속하는 병은 백일해와 성홍열, 뇌염, 무도병 등이다. 이런 병들이 종종 심각한 피해를 입히지 않은 채 지나간 뒤에도, 아이는 여전히 '다루기 힘든' 아이로 남을 것이다. 왜냐하면 아이가 병에서 완전히 나은 뒤에도 응석받이 양육을 지속시키려고 노력할 것이기 때문이다.

육체적 장애가 남은 경우에도, 아이의 행실에 나타나는 악화를 병과 연결시키지 않는 것이 현명하다. 심장병과 신장병에 걸린 것으로 오진된 경우에, 심지어 진단이 틀렸다는 사실이 확인되고 건강이 회복된 뒤에도, 아이를 훈련시키는 데 따르는 어려움이 사라지지 않는 것이 관찰되었다. 다양한 특징을, 특히 사회적 관심의 결여를 드러내는 이기심이 여전히 계속되고 있었던 것이다.

불안과 걱정과 눈물은 아픈 아이에게 도움이 되지 않는다. 그런 것들이 아픈 아이가 자신의 병에서 이점을 발견하도록 유혹하기 때문이다. 아이에게 해로운 것들 중에서 바로잡을 것이 있으면 가능한 한 빨리 개선시키고 제자리로 돌려놓는 것이 중요하다는 점에 대해선 말할 필요조차 없다. 어떤 경우에도 아이가 스스로 잘못으로부터 '벗어날 것'이라고 단정해서는 안 된다. 또한 병을 예방할 길을 찾으면서, 우리는 가능한 한 아이를 소심하게 만들지 않고 또 아이가 다른 사람들과 접촉하는 것을 막지 않는 가운데 그렇게 하도록 노력해야 한다.

아이에게 지나치게 많은 육체적, 정신적 자원이 요구되는 일을 하도록 하는 경우에, 그것이 아이에게 고통이나 극도의 피로를 야기함에 따라, 아이가 삶과의 접촉에 맞서는 태도를 쉽게 취할 수 있다. 예술과 과학 쪽의 교육은 반드시 아이가 소화시킬 수 있는 능력과 조화를 이뤄야 한다. 같은 이유로, 성적 사실들에 관한 설명을 광적으로 강조하는 많은 교육자들의 주장도 중단되어야 한다. 아이가 이런 질문들에 대해 묻거나 묻는 것처럼 보일 때에는 아이에게 대답하는 것이 당연하지만, 그때도 아이에게 제시되는 정보는 아이가 확실히 소화시킬 수 있는 수준이어야 한다.

그러나 남자와 여자의 동등한 가치와 아이 자신의 성적 역할에 관해서는 일찍부터 가르쳐야 한다. 그렇게 하지 않으면, 프로이트도 인정하고 있듯이, 오늘날 아이는 퇴행적인 우리 문명의 결과로 여자들은 열등한 위치에 선다는 생각을 품을 수 있다. 그 같은 생각은 소년들의 경우에 반사회적인 성향이 뚜렷한, 거만한 태도를 취하도록 만들고, 소녀들의 경우에 1912년에 내가 묘사한 '남성성 추구'를 보이도록 만든다. 그렇게 되는 경우에 그 결과는 마찬가지로 나쁠 것이다. 이유는 적절한 성에 관한 의문이 실제 성적 역할의 불완전한 준비로 이어질 것이고, 이 불완전성이 온갖 종류의 재앙적 결과를 낳을 수 있기 때문이다.

어떤 어려움들은 아이가 가족 구성원들 사이에서 차지하는 위치 때문에 야기된다. 어린 시절 초기에 가족 중 어느 한 사람이 우선시되는 경우에 그 같은 사실은 강조되든 안 되든 상관없이 종종 다른 구성원둘 중 어느 한 사람에게 불리하게 작용하게 된다. 어느 한 아이의 성공 옆에서 다른 아이의 실패가 놀랄 정도로 자주 발견된다. 한 아이의 활동이 대단히 활발한 경우에 그 같은 사실이 다른 아이의 수동적인 태도를 낳을 수 있으며, 한 아이의 성공이 다른 아이의 실패를 야기할 수 있다. 초기의 실패들이 아이가 그 후에 영위하는 삶에 뚜렷이 흔적을 남긴다는 사실이 종종 확인되고 있다. 마찬가지로, 아이들 중 어느 한 아이를 선호하는 것은 피하기가 꽤 힘든 일인데, 그런 선호도 다른 아이에게 피해를 안길 수 있다. 이유는 그 선호가 다른 아이의 내면에 예리한 열등감을 불러일으키면서 열등 콤플렉스를 낳기 때문이다. 어느 한 아이의 큰 키나 훌륭한 용모나 힘은 다른 아이 위로 그림자를 드리울 수 있다. 그런 경우에 내가 가족 내 아이의 위치와 관련해 밝힌 사실들을 간과해서는 안 된다.

무엇보다, 우리는 가족 내의 상황이 모든 아이들에게 똑같다는 미신을 버려야 한다. 모든 가족이 똑같은 환경에 살고 똑같은 양육의 과정을 밟았더라도, 그 환경과 양육의 영향이 아이에 의해 아이의 독창력의 목적에 부합하는 방향으로 이용된다는 사실을 우리는 이미 알고 있다. 환경이 각 아이에게 미치는 영향이 얼마나 많이 다를 수 있는지를 곧 보게 될 것이다. 또 같은 가족의 아이들도 똑같은 유전자를 타고나지도 않으며 똑같은 표현형[9]의 변형을 보이지도 않는 것으로 입증되는 것 같다. 심지어 일란성 쌍둥이조차도 똑같은 육체적, 정신적 체질을 갖고 있지 않을 수 있다는 의심이 점점 더 커지고 있다.

오랫동안 개인 심리학은 선천적인 육체적 체질이라는 사실 위에 구축되었지만, 개인 심리학은 '정신적 체질'은 아이의 삶의 첫 3년에서 5년 사이에 모습을 드러낸다는 것을 입증했다. 아이는 정신적 원형을 형성함으로써 정신적 체질을 드러낸다. 이 정신적 원형은 이미 그 안에 개인의 영원한 행동 법칙을 포함하고 있으며, 삶의 패턴은 유전과 환경의 영향들을 재료로 이용하는, 아이의 독창적인 에너지에 좌우된다.

바로 이런 인식 덕분에, 나는 어느 가족의 구성원들 사이의 차이를 대략적으로 모든 가족의 전형으로 여길 수 있었다. 그럼에도 당연히 가족은 저마다 다 나름의 변형을 보이기 마련이다. 나는 모든 아이의 삶의 패턴에 가족 내의 위치에 따른 흔적이 나타난다는 점을 보여줌으로써 나의 문제를 해결한 것으로 여기고 있다. 이 같은 사실은 성격 발달의 문제를 생생하게 밝혀준다. 만약 어떤 성격적 특성들은 가족 안에서 아이가 차지하는 위치와 조화를 이룬다는 식으로 말하는 것이 옳다면, 성격의 유전적 본질을 옹호하거나 성격이 항문이나 다른 신체 부위에서 비롯된다는 주장이 설 자리가 없어질 것이다.

더욱이, 우리는 아이가 가족 내의 위치의 결과로 분명한 어떤 개

9   유전자와 환경과의 상호작용의 결과로 형성되는 관찰 가능한 특성을 말한다.

성을 얻게 되는 과정을 쉽게 이해할 수 있다. 외동의 어려움은 다소 알려져 있다. 대부분의 경우에 부모의 과도한 염려 속에 보살핌을 받으며 어른들 틈에서 자라면서, 외동아이는 자신을 중심적인 인물로 여기며 거기에 따라 행동하는 방법을 아주 빨리 배운다. 부모 중 어느 한 쪽이 아프거나 약한 경우에 외동아이의 상황은 더욱 힘들어진다.

부모의 결혼생활에 따른 문제와 이혼은 아이의 사회적 감정에 불행한 영향을 미칠 그런 분위기를 가정에 조성한다. 내가 지적한 바와 같이, 외동아이의 가정에는 어머니 쪽에서 아이를 추가로 더 갖는 문제에 대해 신경증적으로 항의하고 있는 것이 종종 발견된다. 이 항의는 대부분의 경우에 외동아이에 대한 과도한 보살핌과, 그런 보살핌의 결과로서 나타나는 아이의 완전한 예속과 연결되어 있다. 이런 아이들은 훗날 개인적 차이가 있긴 하지만 은밀한 항의 속의 종속과 독점적인 지배에 대한 과도한 갈망 사이의 어느 단계를 보이는 것이 확인된다. 이것들은 피를 흘리기 시작하는 약점들이며, 외적인 문제를 접한 뒤에 겉으로 분명히 드러나게 된다. 많은 예들에서, 가족 외의 사람들과의 접촉을 막는, 가족에 대한 강한 애착은 해로운 것으로 드러날 것이다.

아이가 둘 이상일 때, 첫 번째 아이는 다른 아이들이 절대로 경험하지 못하는 특별한 상황에 처하게 된다. 첫 번째 아이는 한동안 외동이며, 그 아이는 모든 인상들을 그런 존재로서 받아들인다. 그러다가 어느 시점에 이르러 아이는 '폐위'를 겪는다. 내가 선택한 이 사실적인 표현이 그 아이가 처한 상황에서 일어나는 변화를 너무나 정확하게 나타내고 있기 때문에, 그 후에 프로이트를 포함한 다른 저자들도 그런 예를 다룰 때 이 표현을 쓰지 않을 수 없었다.

출생과 '폐위' 사이의 기간은 폐위가 낳는 결과와 아이가 그 결과를 교묘하게 이용한다는 사실 때문에 다소 중요하다. 만약 3년 이상의 세월이 흐른다면, 폐위는 이미 확고히 다져진 삶의 방식에 나름의 자리를 차지하며 그에 상응하는 반응을 부른다. 이 변화를 버릇없이 자란 아이들은 대체로 젖을 뗄 때만큼이나 강하게 느낀다. 그러나 단 1년의 간격도 아이의 전체 삶에 폐위의 흔적을 뚜렷이 남기기에 충분하다는 점이 분명히 강조되어야 한다.

이 맥락에서, 우리는 첫째 아이가 삶에서 이미 획득한 행동의 폭과 둘째 아이의 등장으로 인해 그 행동의 폭에 가해진 제한도 반드시 고려해야 한다. 이 상황과 관련해 더욱 깊은 지식을 얻기를 원한다면, 많은 요인들을 고려해야 하는 것이 분명하다. 무엇보다, 터울이 그렇게 많이 지지 않을 때, 전체 과정이 '말이 없고' 개념으로 표현되지 않는 상태에서 수행된다는 점에 주목해야 한다. 따라서 그 과정은 훗날의 경험에 의해 바로잡아지지 않으며, 개인 심리학이 파악한 맥락에 관한 지식에 의해서만 바로잡아질 수 있다.

어린 시절 초기에 자주 일어나는 이런 무언의 인상들은 프로이트와 융(Carl Jung)에 의해서 다르게 해석되고 있다. 그들은 그 인상들을 경험으로 여기지 않고, 각자의 견해에 따라서 무의식적 본능이나 무의식의 사회적 유전으로 보고 있다. 그러나 우리가 이따금 발견하는 증오의 충동이나 죽음 소망은 사회적 감정을 그릇되게 훈련한 결과 생기게 된 인위적인 산물이다. 증오의 충동과 죽음 소망은 우리에게 잘 알려져 있지만, 우리는 그것들을 오직 버릇없이 자란 아이들에게서만 발견하며, 그런 아이들은 종종 동생을 싫어하는 모습을 보인다. 둘째나 셋째 이후로 태어난 아이들에게서, 특히 버릇없이 자란 아이들에게서도 그와 비슷한 성향과 고약한 성격이 발견된다. 그러나 첫째 아이는 버릇없이 커 온 경우에 예외적인 위치 때문에 다른 아이들보다 이점을 누리며, 대체로 그런 아이는 폐위를 더 예리하게 느낀다. 그러나 가족 서열에서 뒤로 밀리는 아이들의 예에서도 비슷한 현상들이 관찰될 수 있다. 그 현상들은 쉽게 어떤 열등 콤플렉스를 낳는다. 그것들은 평균보다 다소 심한 출생 외상이 첫째 아이의 실패를 야기한다는 견해는 꾸며낸 이야기의 영역으로 버려져야 한다는 점을 보여주는 충분한 증거이다. 그런 견해는 개인 심리학에 관한 지식이 전혀 없는 사람들만이 관심을 둘 수 있는 모호한 가정일 뿐이다.

폐위에 대한 첫째 아이의 항의가 어떤 권위라도 정당한 것으로 인정하면서 권위의 편에 서는 경향으로 나타나는 예가 아주 많다는 사실도 쉽게 이해된다. 이 같은 경향은 가끔 첫째 아이에게 '보수적인' 성격을 아주 강하게 부여한다. 정치적인 의미에서가 아니라, 일상의 삶의 사실들과 관련해서 보수적인 모습을 보이게 된다는 뜻이다. 나는 테오도어 폰타네(Theodor Fontane)[10]의 전기에서 놀라운 예를 발견했다. 로베스피에르(Maximilien Robespierre)가 프랑스 혁명에서 주도적인 역할을 맡았음에도 불구하고, 그의 인격에서 권위에 복종하는 특성을 발견할 때, 우리는 사소한 것을 가지고 시시콜

---

10 독일의 시인이자 소설가(1819~1898).

콜 따지고 든다는 비난을 들을 필요가 없다.

그러나 개인 심리학은 고정된 규칙에 반대한다. 그렇기 때문에, 결정적인 요인은 가족 서열 속의 위치가 아니라 거기서 비롯된 상황이라는 점을 명심해야 한다. 따라서 만약 후순위의 아이가 어떤 식으로든 자신을 따르는 다른 아이에게 관심을 많이 쏟고 후자가 그 상황에 반응한다면, 가족 승계에서 후순위인 아이에게서도 첫째 아이의 정신적 초상이 나올 수 있다. 둘째 아이가 간혹 첫째 아이의 역할을 맡을 수 있다는 사실도 간과되어서는 안 된다. 첫째 아이가 정신적으로 허약해서 정상적인 상황의 일부로 고려되지 않는 경우가 그런 예이다. 이것을 보여주는 좋은 예가 파울 하이제(Paul Heyse)[11]의 성격에서 발견된다. 하이제는 자기 형에게 거의 아버지 같은 태도를 취했으며 학교에서는 선생의 지지자 역할을 톡톡히 했다. 그러나 모든 예에서, 첫째 아이의 삶의 패턴을 주의 깊게 조사하고 둘째 아이가 그의 뒤를 바짝 뒤쫓고 있다는 사실을 망각하지 않는다면, 우리가 이용할 수 있는 조사 방법은 언제든 발견된다. 첫째 아이가 둘째를 가끔 아버지나 어머니의 입장에서 다룸으로써 이 상황을 피할 수 있다는 사실은 단지 우위를 노리는 그의 분투의 한 변형일 뿐이다.

터울이 많이 지지 않는 여동생을 둔 첫째 아이들의 경우에 특별한 문제가 자주 나타난다. 그런 아이들의 사회적 감정이 종종 심각하게 훼손되는 것이다. 이유는 무엇보다도 소녀들이 열일곱 살까지 육체와 정신 양쪽에서 소년들보다 더 빨리 성장함에 따라 앞서 달

11   독일의 소설가이자 극작가(1830-1914).

리는 오빠의 뒤를 더욱 바짝 쫓게 되기 때문이다. 또 다른 이유는 첫째 아들이 타고난 순위를 바탕으로 자신을 내세우려고 노력할 뿐만 아니라 남자의 역할을 그릇된 방향으로 이용하려고 드는 반면에, 소녀는 현재 문화적 억압의 영향 아래에서 뚜렷한 어떤 열등감을 발달시키면서 강하게 밀고 나가기 때문이다. 따라서 소녀는 종종 자신에게 뚜렷한 활력의 특성을 안겨주는 보다 철저한 훈련을 드러낸다.

이것은 다른 소녀들의 예에서와 마찬가지로 '남성성 추구'의 서막이다. 소녀들의 발달에서, 이것은 좋기도 하고 나쁘기도 한 결과들을 낳을 수 있으며, 그 결과들은 온갖 종류의 인간적인 탁월과 단점을 포함하며, 사랑에 대한 부정과 동성애도 배제하지 않는다.

프로이트도 개인 심리학의 이 발견을 이용하면서 그것을 '거세 콤플렉스'라는 이름으로 자신의 성적 체계 속으로 쑤셔 넣었다. 그러면서 프로이트는 개인 심리학에 의해 그 구조가 발견된 열등감을 형성하는 것은 단순히 남성 성기의 결여라는 입장을 보였다. 그러나 최근에 그는 그 문제의 사회적인 측면에 어느 정도 관심을 두고 있다는 점을 살짝 암시했다. 첫째 아이는 거의 언제나 가족과 그 가족의 보수적인 전통의 대표로 여겨졌다는 사실은 직관적인 능력도 경험에 근거한다는 점을 한 번 더 증명하고 있다.

둘째 아이가 자신의 행동 법칙을 대략적으로 그리는 시기에 받는 인상들에 대해 말하자면, 그 인상들은 주로 아이가 자기보다 발달에서 앞설 뿐만 아니라 그 아이가 대등하다고 주장하는 경우에 대부분 우월성을 보임으로써 그 주장을 반박할 다른 아이를 앞에 둔 상황에서 발견될 것이다. 둘 사이의 나이 차이가 많으면, 이런 인상들이 없으며, 터울이 짧을수록 그 인상들은 더욱 강해진다. 둘째 아이가 첫째 아이를 꺾을 수 없다고 느낄 때, 인상들은 매우 불쾌할 수 있다. 둘째 아이가 시작부터 승리를 거둘 때에는 그 승리가 형의 열등 때문이든 아니면 형의 인기가 덜해서든, 그 인상들은 거의 사라진다. 그러나 거의 모든 예들을 보면 둘째 아이에게서 위를 향하려는 분투가 보다 활발하게 전개되고 있는 것이 관찰되며, 이 분투는 그 아이의 보다 왕성한 활동이나 보다 성급한 기질에서 모습을 드러낸다. 그것은 사회적 감정의 촉진에 이용되거나 실패로 끝날 수 있다. 우리는 아이가 주로 형이 이따금 참가하는 경주를 벌이고 있다는 인상을 받는지, 아니면 아이가 언제나 전속력으로 달리고 있다고 느끼지 않는지를 파악해야 한다.

성(性)이 다를 때, 경쟁은 더 심해질 수 있으며, 일부 예에서는 사회적 감정을 전혀 훼손하지 않는 상태에서 경쟁이 벌어진다. 아이들 중 한 아이의 훌륭한 용모도 고려되어야 한다. 마찬가지로 두 아이들 중 한 아이를 응석받이로 키우는 것도 다른 아이에게 심각하게 받아들여질 수 있다. 부모가 쏟는 관심의 차이가 방관자에게는 뚜렷이 보이지 않을 수 있지만, 아이들은 약간의 차이에도 민감하다. 만약 그들 중 하나가 분명한 실패라면, 종종 다른 아이가 성공을 약속하는 것처럼 보일 수 있다. 그럼에도 학교생활이 시작되거나 사춘기가 시작될 때가 되면 성공할 것처럼 보였던 아이도 그렇지 않은 것으로 드러나기도 한다. 만약 두 아이 중 하나가 두드러진 평가를 받는다면, 다른 아이는 쉽게 실패자가 될 수 있다.

동성의 쌍둥이들은 선한 일이든 나쁜 일이든 언제나 똑같은 것을 하기 때문에 자주 비슷한 성향을 가진 것으로 여겨지지만, 그런 경우에 그들 중 하나가 다른 하나에 끌려가고 있다는 사실이 간과되어서는 안 된다. 둘째 아이에게서 이해력을 능가하는 직관적 능력이 확인되면서 사람들을 놀라게 만드는데, 이 직관적 능력은 분명히 진화의 산물이다. 성경에서 하늘까지 찌르려 드는 둘째 아들의 모습이 야곱과 에서의 이야기에 놀라울 정도로 선명하게 그려지고 있다. 그 당시에 그런 사실에 대한 지식이 있었다고 단정하지는 못할지라도 말이다. 야곱이 상속권에 대해 품는 갈망과 천사와 벌이는 싸움('당신이 나에게 축복을 내리지 않으면 가게 하지 아니하겠나이다'), 천국까지 닿는 사다리에 관한 꿈 등은 둘째 아들의 경쟁심을 분명히 보여준다. 나의 견해에 동의하지 않는 경향을 보이는 사람들도 야곱이 평생 동안 첫째를 경멸하는 것을 보여주는 증거를 거듭 발견하면서 강한 인상을 받지 않을 수 없다. 그가 라반의 둘째 딸에게 끈질기게 구애하는 행위와 자신의 첫째 아들에게 희망을 별로 걸지 않고 요셉의 둘째 아들에게 더 큰 축복을 주는 태도에서도 똑같은 것이 확인되고 있다.

　　어느 가족의 두 딸 중 첫딸이 세 살 때 동생이 태어난 뒤로 매우 반항적인 아이로 변했다. 이에 둘째 딸은 유순한 아이가 되는 것이 자신에게 유리하겠다고 '짐작'했으며, 그런 식으로 그녀는 자신을 매우 인기 있는 존재로 만들었다. 둘째 딸의 인기가 많아질수록, 첫째 딸의 성격은 더욱 과격해졌다. 첫째 딸은 나이가 꽤 많이 들 때까지 격하게 항의하는 태도를 버리지 않았다. 둘째 딸은 모든 면에서 우월한 것에 익숙했던 터라 학교에서 남보다 뒤처질 때 충격을 받았다. 학교에서의 경험과 몇 년 뒤 삶의 3가지 문제들과의 만남이 그녀가 위험한 지점에서 뒤로 물러서도록 강요했다. 그와 동시에, 그녀가 지속적으로 패배를 두려워한 결과, 그녀는 '망설이는 행동'의 형태로 열등 콤플렉스를 키우지 않을 수 없었다. 그리하여 그녀는 틀림없이 모든 패배로부터 보호를 받을 수 있었을 것이다.

역에 늦게 도착하는 꿈이 반복되는 것도 그녀의 삶의 방식의 힘을 보여주었다. 삶의 방식이 그녀가 꿈에서까지도 기회를 무시하도록 훈련을 시키고 있었으니 말이다. 그러나 어떤 인간도 열등감을 느끼는 상황에서는 편안한 상태를 발견하지 못한다. 진화가 모든 살아 있는 존재에게 명령한 완성의 목표를 이루는 데 필요한 분투는 쉼 없이 계속되며, 그 분투는 사회적 감정의 방향으로나 사회적 감정에 반하는 수많은 변형 쪽으로 나아갈 길을 발견한다.

지금 논하고 있는 둘째 딸에게 강요되어 몇 차례 잠정적 시도가 있은 뒤에 그 유효성이 확인된 변형은 강박적인 씻기 신경증의 형태를 취했다. 특히 다른 사람들이 그녀에게 가까이 다가올 때, 그녀의 몸과 옷, 도구를 씻으려는 충동이 그녀가 과제를 성취할 길을 막았다. 그 충동은 또 주체하지 못하게 된 시간을 죽이는 데도 딱 좋았다. 시간이 신경증 환자의 최대의 적이니까. 이런 식으로, 그녀는 제대로 이해하지 못하는 가운데 예전에 자신을 인기 있는 존재로 만들었던 문화적 기능을 과도하게 실천함으로써 자신이 다른 모든 사람들을 능가하고 있다고 짐작했다. 그녀만 깨끗했고, 다른 사람들과 사물들은 모두 불결했다. 그녀의 사회적 감정의 결여에 대해서는 굳이 말할 필요가 없을 것이다. 지나치게 응석받이로 키우고 있는 어머니의 귀여운 아이에게서 자주 사회적 감정의 결여가 확인된다. 또 그녀의 치료는 사회적 감정을 강화하는 방법을 통해서만 이뤄질 수 있다는 점에 대해서도 새삼 강조할 필요가 없을 것이다.

가족의 막내에 대해 많은 이야기를 할 수 있다. 막내도 다른 구성원들과 비교해 자신이 근본적으로 다른 상황에 처해 있다는 사실을 발견한다. 첫째는 한동안 외동의 상황을 경험하지만, 막내는 절대로 그런 상황을 경험하지 못한다. 막내는 다른 구성원들과 달리 자신의 뒤에 아무도 두고 있지 않다. 막내는 둘째처럼 선임자를 하나만 두는 것이 아니라 종종 여럿을 둘 수 있다. 막내는 대부분 나이가 많은 부모의 손에 버릇없이 자란다. 막내는 자신이 가장 작고 가장 약한 존재로 여겨지며 대체로 진지하게 받아들여지지 않는 그런 당혹스런 상황에 처해 있다는 사실을 깨닫는다.

전반적으로 막내의 운명은 불행하지 않다. 그리고 막내는 자기 앞에 있는 구성원들을 상대로 우월을 노려 분투하도록 일상적으로 자극을 받는다. 많은 측면에서, 막내의 위치는 가족의 둘째 아이의 위치와 비슷하다. 막내의 위치는 그와 비슷한 경쟁 관계가 형성되는 경우에 가족 서열에서 다른 위치에 있는 아이들도 처할 수 있는 상황이다. 막내의 힘은 종종 다양한 크기의 사회적 감정을 보이고 있는 나머지 형제자매들을 능가하려는 시도에서 나타난다. 막내의 약함은 종종 우월을 위한 직접적인 분투를 피하는 것으로, 그리고 다른 차원이나 다른 삶의 패턴, 다른 직업에서 자신의 목표를 이루려는 노력으로 나타난다.

우월을 직접적으로 추구하지 않으려는 태도는 지나치게 버릇없이 자란 아이의 경우에 원칙처럼 나타난다. 경험 풍부한 개인 심리학자의 눈으로 정신생활의 작동을 들여다보면, 막내의 운명이 이런 식으로 돌아가는 예가 너무나 많다는 사실에 놀라지 않을 수 없다. 만약 가족이 사업하는 사람들로 구성되어 있다면, 막내는 시인이나 뮤지션이 된다. 가족의 다른 구성원들이 지적이라면, 막내는 산업이나 상업 쪽의 직업을 택한다. 이런 맥락에서, 매우 불완전한 우리 문명에서 소녀들에게 제한적인 기회들이 주어지고 있는 사실이 고려되어야 한다.

막내아들의 특징에 대해 논하면서 내가 성경의 요셉을 언급한 것이 많은 관심을 끌었다. 나도 베냐민이 야곱의 막내라는 것을 누구 못지않게 잘 알고 있다. 그러나 베냐민은 요셉보다 17년이나 뒤에 태어났으며 대부분 요셉이 모르는 상태로 남았다. 베냐민은 요셉의 발달에 전혀 아무런 영향을 미치지 못했다. 모든 사실들, 그러니까 요셉이 부지런히 일하는 형제들 속에서 미래의 위대함을 꿈꾸면서 어떤 식으로 행동했는지, 그리고 형제들과 세상을 향해 세도를 부리고 신 같은 존재가 되는 그의 꿈에 대해 형제들이 얼마나 심하게 분노했는지 잘 알려져 있다. 이 외에, 아버지도 요셉을 선호한 것이 틀림없다. 그러나 요셉은 자기 가족과 부족의 버팀목이 되었으며, 더 나아가 문명의 구원자 중 한 사람이 되었다. 그의 모든 행동과 일에서 우리는 사회적 감정의 위대함을 본다.

민간전승의 직관이 이와 비슷한 예를 많이 제공했다. 성경에서도 다른 예들이 많이 발견된다. 예를 들면, 사울과 다윗이 있다. 또 모든 시대와 민족의 동화에서도 그런 예들이 발견된다. 동화 속에 막내가 등장할 때, 그는 틀림없이 승자가 된다. 게다가, 대단히 위대한 인간들 중에서 막내의 비중이 어느 정도인지를 알기를 원한다면, 현 시대의 사회를 둘러보기만 하면 된다. 막내는 두드러진 실패자들 사이에서도 마찬가지로 확인된다. 이 같은 사실은 막내가 자신을 버릇없이 키우거나 방치한 사람에게 의존했다는 점에 의해 거듭 설명된다. 그런 상황에서 막내는 그릇되게 사회적 열등을 키운다.

아이가 가족의 서열에서 차지하는 위치에 관한 연구는 아직 완전하지 못하다. 이 분야의 연구는 아이가 자신의 상황과 그 상황에서 비롯된 인상들을 삶의 방식을 독창적으로 구축하는 재료로 어떤 식으로 활용하는지를 명쾌하게 보여준다. 아울러 아이의 성격적 특성들이 어떤 식으로 형성되는지도 쉽게 보여준다. 이로써 성격의 특성들은 유전이라는 주장은 설 자리를 거의 잃게 되었다.

가족 내의 다른 위치와 관련해서 나에겐 할 말이 별로 많지 않다. 런던의 크라이튼 밀러(Chrichton-Miller)는 자신이 딸 둘에 이어 태어난 셋째 딸이 꽤 강력한 남성성 추구를 보인다는 점을 발견했다는 사실에 주목해줄 것을 나에게 부탁했다. 나는 많은 예에서 그의 발견이 정확하다는 사실을 확인할 수 있었다. 나는 그 원인을, 그런 위치에 있는 소녀가 자기 부모가 딸이 하나 더 태어났다는 사실에 실망했을 것이라고 짐작하거나, 심지어 그런 실망을 직접적으로 경험하거나, 여자의 역할에 대한 불만을 이런저런 식으로 표현한다는 사실에서 찾는다. 그런 소녀에게서 꽤 강하게 반항하는 태도를 발견하는 것은 그리 놀라운 일이 아닐 것이다. 이것은 샬로트 뷔러가 발견했다는 '자연스런 반항의 단계'가 어떤 것인지를 보여주고 있다. 그러나 개인 심리학의 설명에 따라, 그것은 실제로 있었거나 추정된 경시에 대한 영원한 항의보다는 인위적인 산물로 더 쉽게 이해된다.

아들들 사이의 외동딸과 딸들 사이의 외동아들의 발달에 관한 나의 연구는 아직 마무리되지 않았다. 지금까지 확인한 바에 따르면, 그런 외동딸과 외동아들은 남성적이거나 여성적인 방향으로 극단적인 경향을 보이는 것으로 최종적으로 확인될 것 같다. 여성적인 방향으로 극단적인 모습을 보이는 외동딸이나 외동아들은 어린 시절에 그쪽 방향이 더 성공적이라고 느낀 경우이고, 남성적인 방향으로 극단적인 모습을 보이는 외동딸이나 외동아들은 그런 역할이 성취할 만한 가치가 더 크다고 느낀 경우이다. 전자에 해당하는 아이라면 온갖 버릇없는 모습과 함께 연약함과 부양의 필요성을 과도하게 보일 것이고, 후자에 속하는 아이라면 지배와 완고함에 대한 갈망을 숨기고 있지만 이따금 용기와 높이 평가할 만한 분투를 보여줄 것이다.

14장

몽상과 꿈

이 주제를 다루면서 이제 우리는 공상의 영역으로 들어가고 있다. 이 기능도 진화 과정의 창조물이며, 이 기능을 정신생활의 통일성으로부터, 그리고 정신생활을 하나의 전체로서 외적 세계와 연결시키는 것으로부터 분리시키는 것은 큰 실수가 될 것이다. 또 이 기능을 그 통일성, 즉 자아와 반대되는 것으로 보려고 노력하는 것은 그보다 더 큰 실수가 될 것이다.

반대로 공상은 개인의 삶의 방식에 그 성격을 부여하면서 그 개인의 삶의 방식의 일부를 이루고 있다. 정신적 행동으로 여겨지는 공상은 정신적 존재의 다른 모든 부분들에 스스로를 각인시킨다. 공상이 그 개인의 행동 법칙을 표현하고 있으니 말이다.

공상에게 주어진 임무는 어떤 상황들에서 스스로를 정신적 이미지들로 표현하는 것인 한편, 다른 때에 공상은 감정과 정서의 영역에 숨어 있거나 삶을 대하는 개인의 태도에 파묻혀 있다. 다른 모든 정신적 행동과 마찬가지로, 공상은 미래를 향하고 있다. 이유는 그것이 완성의 목표 쪽으로 향하는 흐름과 함께 움직이기 때문이다.

이런 관점에서 본다면, 공상이나 공상의 파생물들, 즉 낮과 밤의 꿈들에서 소망 성취를 보는 것은 너무나 무의미한 것으로 여겨진다. 또 그런 식의 해석을 통해서 공상의 메커니즘을 이해하는 데 큰 기여를 했다고 상상하는 것은 더욱더 헛되다는 사실이 드러난다. 모든 정신적 표현 형식은 아래에서 위로, 마이너스 상황에서 플러스 상황으로 움직이고 있기 때문에, 의미심장한 정신적 행동은 모두 소원 성취로 설명될 수 있다.

공상 또는 상상은 상식 못지않게 추측 능력을 이용한다. 물론, 그 추측이 '정확하다'는 뜻은 절대로 아니다. 공상의 메커니즘은 상식, 즉 인간의 공동체적 삶의 논리를, 그리고 현재 존재하고 있는 사회적 감정을 공동체의 이익을 위하는 쪽으로 활용하지 않고 일시적으로 중단시키는 것에 있다. 이 중단이 영원히 이어지는 것이 바로 신경증이다. 만약에 기존의 사회적 감정이 특별히 강하지 않다면, 이 중단이 더 쉽게 이뤄진다. 그러나 사회적 감정이 충분히 강하다면, 그 감정은 공상의 걸음이 공동체를 질적으로 향상시키는 목표 쪽으로 향하도록 만들 것이다.

그러나 정신적 행동의 저절로 일어나는 과정은 반드시 생각과 감정과, 삶을 대하는 어떤 태도를 위한 준비 상태를 낳는다. 태도들은 더욱 주목할 만한 성취들의 경우와 마찬가지로 인류에 이바지할 수 있을 때에만 '옳고' '정상적이고' '가치 있는' 것으로 인식된다. 보편적으로 훌륭한 것에 관한 우리의 지식이 한층 더 높은 수준에 이를 때까지, 이 판단들에 관한 다른 해석은 논리적으로 배제된다.

개인이 직면하고 있는 문제를 풀려는 모든 시도는 공상을 작동시키기 마련이다. 이유는 그 사람이 해결책을 찾으면서 미지의 미래를 다뤄야 하기 때문이다. 우리가 어린 시절에 삶의 방식의 형성에 큰 역할을 한다고 주장하는 그 독창력이 여전히 작동하고 있다. 삶의 방식을 엮어내는, 수천 가지에 달하는 조건 반사들도 공상의 건설에 재료로 쓰일 수 있다.

조건 반사들은 완전히 새로운 무엇인가의 창조에 언제나 이용되고 있다. 조건 반사들은 자동적으로 작동하지 않는다. 그러나 창조력은 그 사람 본인이 형성한 삶의 방식에 의해 정해진 노선을 따라 발휘되고 있다. 따라서 공상의 길은 삶의 방식에 좌우된다. 개인이 그 연결에 대해 알고 있는지 여부와 관계없이, 공상의 활동은 그 사람의 삶의 방식을 표현하고 있다. 따라서 공상의 활동은 우리가 정신의 작업장 속을 들여다볼 수 있는 문으로 이용될 수 있다. 그러나 제대로 된 방법을 동원한다면, 우리가 언제나 자아를, 그러니까 전체적인 어떤 인격을 만나게 되는 반면에, 엉터리 개념으로 시작하면 의식과 무의식의 대립 같은, 대립처럼 보이는 것을 발견할 것이다. 이 잘못된 관점의 대표자인 프로이트는 오늘날 하고 있는 바와 같이 자아 속의 무의식에 대해 논할 때, 어쩔 수 없이 떼밀리고 있는 형국이긴 하지만 어쨌든 그 문제를 더 잘 이해할 수 있는 방향으로 나아가고 있다. 물론, 이 같은 접근은 자아에게 꽤 다른 얼굴을, 개인 심리학이 가장 먼저 파악한 그런 얼굴을 부여하게 된다.

모든 위대한 사상과 모든 위대한 예술 작품은 언제나 새롭게 창조하고 있는 인간 정신의 끊임없는 작용에 그 기원을 두고 있다. 아마 대부분의 사람들은 이 새로운 창조들에 작은 몫을 기여할 것이다. 적어도 그들은 창조물을 받아들이고 간직하고 이용할 수 있다. '조건 반사들'이 역할을 하게 되는 것이 바로 이 대목이다. 창조적인 예술가에게, 조건 반사들은 단지 그의 상상력이 앞서 간 것을 능가하기 위해 사용하는 건축 재료일 뿐이다. 예술가들과 천재들은 틀림없이 인류의 지도자이며, 그들은 어린 시절에 불을 붙인 자신의 불꽃 속에서 타면서 자신들의 대담성에 대한 대가를 치른다. '나는 고통을 당했기에 시인이 되었노라.'

우리의 향상된 시력, 그리고 색깔과 형태와 선에 대한 보다 훌륭한 지각은 화가들의 덕분이다. 우리의 청각이 더욱 정확해지고 그에 따라 발성 기관이 미세하게 조정된 것은 음악가의 덕분이다. 시인들은 우리에게 말하고, 느끼고, 생각하는 것을 가르쳤다. 예술가들은 대부분 어린 시절 초기부터 가난과 비정상적인 시력이나 청력 같은 온갖 종류의 장애로 인한 고통에 강하게 자극을 받았으며, 대체로 특별한 방식으로 버릇없이 성장한다. 그런 예술가는 아주 어릴 때부터 열등감으로부터 자유로워지려고 노력한다. 대단히 열정적인 예술가는 자신과 타인들을 위해 지나치게 제한적인 현실을 확장하기 위해서 그런 현실과 투쟁을 벌인다. 예술가는 어떤 진화, 그러니까 어려움들을 극복할 것을 요구하고 자질을 갖춘 아이를 평균 이상으로 끌어올리는 그런 진화의 주창자이다. 그런 아이는 보통 고귀한 어떤 목표를 성취하는 데 적절한 길로 고통을 겪는다.

오래 전에 지저했듯이, 가혹하지만 축복이 되는 이런 고통의 변형은 육체가 충격을 잘 받고 외부 사건의 영향에 대단히 민감하기 때문에 나타난다. 이런 변형들은 종종 그 사람 본인의 감각 기관의 열등인 것으로 드러난다. 자주 병으로 이어지는 그런 신체적 열등의 흔적이 확실히 발견되는 곳이 바로 그 영역이다. 그것들은 인간의 진보를 이끄는 힘으로 작용한 마이너스 변형들이다.

아이의 창조적인 정신은 아이가 홀로 노는 놀이들과 아이가 어떤 놀이에서든 보이는 개인적 태도에 나타난다. 모든 게임은 우월을 노려 분투할 여지를 준다. 여럿이 함께 노는 놀이는 사회적 감정을 발휘하려는 충동에 적절하다. 공동으로 하는 놀이와 별도로, 아이에게나 어른에게나 똑같이 해당하는 말인데, 혼자서 하는 일이나 놀이를 하지 않도록 말려서는 안 된다. 정말이지, 혼자 하는 일이나 놀이가 미래의 사회를 강화하는 경향이 있으면 오히려 권장할 만하다. 어떤 활동은 그 성격 때문에 다른 사람들과 멀찍이 떨어진 상태에서 수행될 수밖에 없지만, 그 같은 사실이 그 활동이 공동체적 성격을 멀리하고 있다는 것을 의미하는 것은 결코 아니다. 여기서 다시 상상력이 작동하고 있으며, 상상력은 순수 예술에 의해 적잖이 배양된다.

소화할 수 없는 정신적 양식은 아이가 어느 정도 성숙을 이룰 때까지 제시하지 않도록 조심해야 한다. 부적절한 문학은 잘못 이해되거나, 성장하고 있는 사회적 감정을 질식시킬 수 있다. 특히 공포감을 불러일으키는 잔인한 스토리가 이 범주에 속한다. 잔인한 이야기는 비뇨기계통과 생식계통이 공포에 자극을 쉽게 받는 아이들에게 강력한 영향력을 행사한다. 또 다시, 이 범주에서 발견되는 아이들은 버릇없이 큰 아이들이다. 그런 아이들은 '쾌락 원리'의 유혹을 견뎌내지 못하며, 그들은 공상 속에서, 나중에는 실제 생활 속에서 성적 흥분을 유도할 목적으로 두려움을 일으키는 상황을 창조한다. 성적 사디스트와 마조히스트들을 조사하는 과정에, 나는 그런 상황들이 불행하게도 서로 연결되어 있다는 사실을, 그리고 거기에 언제나 사회적 감정의 결여가 결합되어 있다는 사실을 확인할 수 있었다.

어린이들과 성인들의 꿈과 몽상의 대부분은 우월 목표가 제시하는 방향을 향하고 있으며, 그 꿈과 공상은 어느 선까지 상식의 속박으로부터 자유롭다. 마치 정신적 균형을 유지하려는 듯이, 상상이 보상을 위해서 알려진 어떤 약점을 정복하는 구체적인 방향을 취한다는 것은 쉽게 이해가 된다. 그 경로로는 절대로 정복에 이르지 못하는데도 말이다.

그 과정은 어떤 의미에서 보면 아이가 삶의 방식을 창조할 때 동원하는 과정과 비슷하다. 공상은 아이가 어려움을 느끼는 시점에 아이에게 개인적 가치가 높아지는 착각을 안겨줌과 동시에 아이를 어느 정도 자극한다. 틀림없이, 이런 자극이 결여된, 말하자면 공상이 전적으로 보상의 문제인 예가 많다. 이런 상황은 거기에 어떤 활동도 일어나지 않고 외부 세계에 대한 침범도 없지만 반사회적인 것으로 여겨져야 하는 것이 분명하다.

또 그 사람의 삶의 방식과 언제나 일치하는 공상이 사회적 감정과 반대 방향으로 움직일 때, 그 공상은 사회적 감정이 삶의 방식에서 배제되었다는 점을 보여주는 신호로 해석될 수 있으며, 그것은 조사자에게 가이드 역할을 할 것이다. 이것은 그 사람 자신의 고통에 관한 공상과 가끔 번갈아가며 나타나는 많은 잔인한 몽상에도 똑같이 적용된다. 영웅적인 행동이나 계급이 높은 인물을 구출하는 것과 같은 전쟁 공상들은 일반적으로 실제의 허약한 감정을 암시하며, 그것들은 현실 속에서 소심과 수줍음으로 대체된다.

여기서 이와 비슷하게 겉보기에 대조적인 것 같은 표현 형식에서 모순과 의식의 분열, 이중적인 삶을 보는 사람들은 인격의 통일성을 모르고 있다. 모순처럼 보이는 것은 단순히 마이너스 상황과 플러스 상황의 비교와 그 상황들 사이의 연결이라는 그릇된 생각에 근거한 분석에서 추론한 것일 뿐이다. 끊임없이 전진하는 정신생활의 흐름에 관한 지식을 확보한 사람들은 어떤 정신 과정을 하나의 단어나 개념으로 정확히 규정하려는 시도는 어떤 것이든 언어의 빈곤 때문에 반드시 실패하게 되어 있다는 사실을 이해할 것이다. 이유는 항상 유동적인 상태에 있는 것을 정적인 형태로 묘사하는 것이 불가능하기 때문이다.

아이가 다른 부모의 아이가 되는 공상에 빠지는 예가 종종 있다. 이런 공상은 거의 틀림없이 아이가 자기 부모에게 불만을 품고 있다는 뜻이다. 정신병을 앓고 있는 사람인 경우에 이 공상은 영원히 불만을 품기 위해 현실을 이용하는 한 예이다. 자신의 야망이 현실을 견뎌낼 수 없다는 사실을 확인할 때마다, 사람은 언제나 공상의 마법에 기댄다. 그러나 상상력이 사회적 감정과 제대로 결합할 때, 진정으로 위대한 성취를 기대할 수 있다는 사실을 망각해서는 안 된다. 이유는 상상력이 기대하고 있는 감정과 정서를 불러일으킴으로써 자동차의 스로틀[12]을 여는 것과 같은 효과를 낳기 때문이다. 바꿔 말하면, 활동이 증대된다는 뜻이다.

상상 활동의 가치는 무엇보다 상상 전반에 베어든 사회적 감정의 크기에 좌우된다. 이것은 집단뿐만 아니라 개인에게도 똑같이 적용된다. 만약에 명백한 실패자를 다뤄야 한다면, 그때 우리는 잘못 이해되고 있는 어떤 공상을 예상할 수 있다. 거짓말쟁이와 사기꾼, 허풍선이들이 좋은 예들이다. 바보는 또 다른 예이다.

공상은 멈추는 일이 절대로 없다. 앞을 내다보려는 모든 소망과 마찬가지로, 공상도 우월 목표를 추구함으로써 미래를 탐험한다. 상상은 실제 생활 속에 나타나든 백일몽이나 밤의 꿈에 나타나든 아니면 예술 작품을 창조하든, 삶의 방식을 추구하는 쪽으로 일어나는 훈련이라는 것을 잊어서는 안 된다. 상상은 그 사람 자신의 개성의 고양으로 이어지며, 상상은 이 경로를 따르면서 상식의 영향을 어떤 때는 덜 받고 어떤 때는 많이 받는다. 꿈을 꾸는 사람조차도 종종 자신이 꿈을 꾸고 있다는 사실을 안다. 그리고 잠든 사람은 현실로부터 그리 멀리 벗어나 있지 않기 때문에 좀처럼 침대에서 떨어지지 않는다.

12 연료의 흐름을 압축이나 차단을 통해 통제하는 장치를 말한다.

꿈에는 틀림없이 공상이 동원하는 모든 것이 있다. 부(富)와 힘, 영웅적인 행위, 위대한 성취, 불멸 등이 있고, 과장과 비유, 직유, 상징이 있는 것이다. 비유의 자극적인 힘을 간과하지 말아야 한다. 나의 반대자들 중 많은 사람들이 이해력의 결여를 드러내고 있음에도 불구하고, 비유는 단순히 상상력으로 현실을 위장하는 것일 뿐이며 현실과 절대로 동일하지 않다. 만약에 비유들이 우리의 삶에 추가적인 에너지를 준다면, 비유들의 가치를 부정할 수 없지만, 비유들이 우리의 감정을 자극함으로써 반사회적인 정신을 강화한다면 우리는 그것들을 해로운 것으로 여겨야 한다. 그러나 모든 예에서, 비유는 당시에 삶의 방식과 맞서고 있는 문제가 필요로 하는 감정적 상태를 불러일으키고 강화한다. 상식이 그 사건에 부적절한 것으로 드러나거나 상식이 삶의 방식이 요구하는 해결책에 반대하고 있을 때, 비유들이 그런 일을 한다. 이 같은 사실은 꿈을 이해하는 데 큰 도움을 준다.

꿈을 이해하기 위해서, 먼저 수면부터 고려해야 한다. 수면은 꿈이 가능해지는 어떤 정신 상태를 나타낸다. 틀림없이 수면은 진화의 창조물이다. 수면은 신체적 조건에 나타난 변화들과 자연스럽게 결합되는 하나의 독립적인 적응이고 또 그런 변화들에 의해 생겨난다. 오늘날 현대인이 이런 변화들에 대해 막연한 생각만 품고 있을지라도(아마 뇌하수체에 관한 존데크의 연구가 이 주제에 대해 어느 정도 설명했을 것이다), 우리는 그 변화들이 잠을 자려는 충동과 맞물려 돌아갈 것이라고 짐작한다.

수면은 분명히 휴식과 회복을 안겨준다. 따라서 수면은 모든 육체적, 정신적 활동을 정지 상태로 이끈다. 개인의 삶의 패턴은 깨어 있는 상태와 수면을 통해서 낮과 밤의 교대와 더욱 조화를 이루게 된다. 잠을 자고 있는 사람과 깨어 있는 사람 사이의 뚜렷한 차이는 잠을 자고 있는 사람이 낮의 문제들로부터 실질적으로 거리를 두고 있다는 점이다.

그러나 수면은 절대로 죽음의 형제가 아니다. 잠을 자는 동안에도 삶의 패턴과 행동 법칙은 방해 받지 않고 지속된다. 잠을 자고 있는 사람은 침대 위에서 몸을 뒤척이며 불편한 자세를 피한다. 그는 빛이나 소음에 의해 깨어날 수 있다. 그는 옆에서 자고 있는 아이에게 신경을 쓴다. 그는 낮의 기쁨과 슬픔을 그대로 간직하고 있다. 수면 중에도 사람은 모든 문제에 대해 신경을 쓰고 있으며, 이 문제들에 대한 해결은 수면의 방해를 받지 않는다. 유아의 끊임없는 움직임은 어머니를 깨울 것이며, 우리는 원하기만 하면 아침에 필요한 시간에 거의 일정하게 일어날 수 있다.

내가 이미 보여준 바와 같이, 수면 중 신체의 자세는 종종 정신적 성향에 관한 멋진 그림을 제시한다. 그 사람이 깨어 있을 때의 자세가 그런 것과 똑같다. 정신생활의 통일성은 잠을 자는 동안에도 지속된다. 따라서 우리는 몽유병이나 가끔 일어나는 수면 중 자살, 이를 가는 행위, 잠꼬대, 근육 뭉침 같은 현상들을 전체의 한 부분으로 고려해야 한다. 우리는 이런 현상들로부터 추론을 끌어낼 수 있다. 당연히, 그 추론은 다른 표현 형식을 통해서 추가적으로 확증을 받을 수 있어야 한다. 감정과 기분은 수면 중에 경계 상태에 놓이며, 이때 꿈이 수반되지 않는 경우도 가끔 있다.

우리가 눈에 보이는 것들에 부여하는 압도적인 무게의 확실성이 꿈이 언제나 시각적인 현상으로 나타나는 이유를 설명해준다. 나는 제자들에게 언제나 이런 말을 한다. "여러분이 환자를 조사하는 과정에 조금이라도 의문스런 점이 있다면, 그때는 귀를 닫고 환자의 움직임을 보라." 아마 그 확실성에 대해 많은 말로 표현하지 않아도 누구나 그 점을 인정할 것이다. 그렇다면 꿈이 추구하는 것이 보다 큰 확실성일까? 꿈은 깨어 있는 삶보다 일상의 과제로부터 더 멀리 배제된다. 꿈은 꿈 자체에만 의존한다. 꿈은 삶의 방식의 안내를 받는 창의적인 힘을 보다 완전하게 간직하고 있다. 이유는 꿈이 입법자나 다름없는 현실이 강요하는 제한으로부터 더 자유롭기 때문이다. 그래서 꿈은 삶의 방식을 더 생생하게 표현하는가? 꿈은 삶의 방식과 연결되어 있는 상상력의 결정에 맡겨져 있는가? 다른 때, 말하자면 그 사람이 직면하고 있는 문제가 그의 능력 밖이거나, 그 사람이 상식, 즉 사회적 감정이 충분히 크지 않아서 문제에 개입하지 못할 때에도, 우리는 상상력이 삶의 방식을 위해 분투하는 것을 발견한다. 그렇다면 꿈도 그와 똑같은 분투에 가담하는가?

우리는 개인 심리학을 무시하거나 개인 심리학에 은근히 반대함으로써 개인 심리학의 기를 죽이길 원하는 사람들의 예를 추적할 생각이 없다. 따라서 이 지점에서 우리는 꿈에 관한 과학적 이론을 처음 세우려 시도했던 프로이트를 기억할 것이다. 그것은 누구도 깎아내릴 수 없는 그의 영원한 업적이다. 어느 누구도 그가 직접 찾아내 '무의식'에 속하는 것으로 설명한 일부 관찰들을 폄하하지 못한다. 프로이트는 자신이 이해할 수 있는 것보다 훨씬 더 많은 것을 알았던 것 같다. 그러나 그가 모든 정신적 현상을 자신이 인정하는 단 하나의 지배적인 원리인 성적 리비도를 바탕으로 해석했기 때문에, 그의 해석이 잘못되는 것은 피할 수 없는 일이었다. 게다가, 그가 오직 유해한 본능들에만 관심을 고정시킴에 따라, 잘못이 더욱 깊어지고 있다.

내가 보여준 바와 같이, 이런 유해한 본능들은 버릇없이 자란 아이들의 열등 콤플렉스로부터 생겨난다. 그런 본능들은 그릇된 양육과 아이 자신이 스스로를 잘못 창조한 데 따른 인위적인 산물이며, 그것들은 진화론적인 형성을 진정으로 추구하고 있는 정신적 구조에 대한 정확한 이해를 낳지 못한다. '만약에 어떤 사람이 자신의 모든 꿈을 조금의 왜곡이나 편향 없이 솔직하고 상세하게 기록하고 거기다가 자신의 삶과 독서의 기억에서 끌어낼 수 있는 모든 것을 꿈들을 해석하는 데 필요한 주석으로 덧붙이기로 작정한다면, 그 사람은 인류에게 놀랄 만한 선물을 남기게 될 것이다. 그러나 오늘날 인류가 보여주고 있듯이, 어느 누구도 그런 식으로 하지 않는다. 그것이 사적이고 개인적인 격려라는 측면에서도 어느 정도 가치를 지니는데도 말이다.' 프로이트가 한 말일까? 그렇지 않다. 헤벨(Hebel)이 회고록에 남긴 말이다. 요컨대 이것이 꿈의 개념이라면, 나는 무엇보다도 채택된 방법이 과학적인 비판을 견뎌낼 수 있는지 여부에 달려 있다는 말을 덧붙여야 한다. 정신분석적인 방법에 과학적 비판에 약한 측면이 어느 정도 있다. 그래서 프로이트는 꿈의 해석에 많은 변화를 가한 뒤인 지금 모든 꿈이 성적 내용을 담고 있다는 식으로 단언한 적이 절대로 없다고 설명하고 있다. 그럼에도,

그 같은 주장은 옳은 방향으로 추가로 내딛는 한 걸음이다.

그러나 프로이트가 '검열관'이라고 부르는 것은 수면 상태의 특징인, 현실로부터 보다 멀리 떨어져 있는 그 거리에 지나지 않는다. 프로이트의 검열관은 사회적 감정을 고의적으로 회피하는 것이며, 이때 사회적 감정은 그 불완전성 때문에 그 사람이 정상적인 길로 문제를 해결하는 것을 방해하고 있으며, 그래서 그 사람은 패배의 위협 앞에서 충격에 빠질 때처럼 보다 쉬운 다른 해결책을 찾아 나선다. 여기서 공상이 삶의 방식이라는 마법의 영향을 받는 상태에서 상식과 별도로 그 사람을 도와야 한다. 만약 이 대목에서 누군가가 소망 성취나 죽음 소망을 적극적으로 발견하려 든다면, 그는 꿈들의 구조에 대해서는 아무런 말을 들려주지 않는 어떤 진부한 이야기를 만날 것이다. 이유는 삶의 전체 과정이 어떤 측면에서 보든 소망 성취를 추구하는 것으로 묘사될 수 있기 때문이다.

꿈에 관한 연구에서, 나는 두 가지 중요한 도움을 받았다. 첫 번째 도움을 준 인물은 바로 내가 받아들일 수 없는 관점을 가졌던 프로이트였다. 말하자면, 그의 실수들로부터 도움을 받았다고 할 수 있다. 나 자신이 정신분석을 받은 적은 한 번도 없었으며, 그런 제안이 있었다면 나는 즉시 거부했을 것이다. 왜냐하면 프로이트의 견해를 철저히 받아들이는 경우에 그렇지 않아도 별로 강하지 않은 과학적 객관성이 거의 완전히 파괴되어 버리기 때문이다.

그럼에도 나는 그의 실수들을 알 수 있을 뿐만 아니라, 버릇없이 자란 아이의 이미지를 통해서 그의 다음 걸음까지 예측할 수 있을 만큼 그의 이론을 충분히 잘 알고 있다. 그래서 나는 언제나 제자들에게 프로이트의 이론을 철저히 알 것을 권해 왔다. 프로이트와 그의 추종자들은 내가 어느 심리학 집단에서 그와 논쟁을 많이 벌였다는 이유로 나를 프로이트의 제자로 묘사하기를 특별히 좋아한다. 그러나 나는 프로이트의 강연을 들은 적이 한 번도 없으며, 그 집단이 프로이트의 견해에 대한 지지를 맹세해야 하는 상황이 벌어졌을 때 그곳을 가장 먼저 떠난 것도 나였다.

내가 프로이트 이상으로 개인 심리학과 정신분석을 뚜렷이 구분했다는 점은 누구도 부정하지 못한다. 그리고 나 자신이 예전에 그와 토론을 벌였다는 사실에 대해 절대로 자랑스러워하지 않았다는 점에 대해서도 누구도 부정하지 못한다. 개인 심리학의 발흥과 개인 심리학이 정신분석의 변화에 미친 영향이 정신분석 집단 안에서 매우 예리하게 느껴지고 있다는 사실에 대해 미안한 생각이 든다. 그러나 나는 버릇없이 자란 아이들이 우주에 대해 품고 있는 인식을 충족시키는 것이 얼마나 어려운 일인지를 잘 알고 있다.

정신분석이 근본적인 원칙을 포기하지 않은 채 개인 심리학 쪽으로 꾸준히 접근한 뒤인지라, 둘 사이에 비슷한 점이 일부 사람들에게 뚜렷이 보인다 해도 그리 놀라운 일이 아니다. 그것은 파괴 불가능한 상식의 명백한 효과였다. 따라서 많은 사람들에게 지난 25년 동안 마치 내가 정신분석의 발달을 부당하게 예측한 것처럼 보일 것이다. 나는 자신을 감금하고 있는 간수를 절대로 자유롭게 놓아주지 않는 죄수와 비슷한 처지에 놓여 있다.

내가 꿈을 이해하며 받은 두 번째 도움은 과학적으로 확증되고 많은 면에서 확인된 어떤 명확한 사실에서 나왔다. 바로 인격의 통일성이었다. 이 통일성에 속한다는 똑같은 특성이 꿈에도 적용되어야 한다. 꿈들은 깨어 있을 때보다 현실의 영향으로부터 훨씬 더 멀리 떨어져 있다. 이 거리는 우리의 삶의 방식이 요구하는 것이고, 그것은 우리가 깨어 있는 시간에 떠올리는 공상의 특징이기도 하다. 그러나 이와 별도로, 꿈 속의 어떤 정신적 형식도 그 형식과 깨어 있을 때 존재하는 형식이 동일하지 않다는 이론을 뒷받침하는 것으로 여겨져서는 안 된다.

수면과 꿈 생활은 깨어 있는 삶의 변형들이고, 깨어 있는 삶은 수면과 꿈 생활의 변형이라는 결론이 가능하다. 두 가지 삶의 형태, 즉 수면과 깨어 있는 삶의 최고 목표는 바로 자아의 가치감을 떨어뜨리지 않는 것이다. 혹은 개인 심리학의 용어를 채택하면, 종국적인 목표에 따라 벌이는, 우월을 위한 분투가 그 개인을 열등감의 압박으로부터 해방시켜 준다. 우리는 그 경로가 취하는 방향을 알고 있다. 그 경로는 사회적 감정으로부터 다소 벗어난다. 바꿔 말하면, 그 길은 반사회적이고 상식에 반한다. 자아는 코앞에 닥친 문제를 해결하기 위해 꿈과 공상으로부터 힘을 끌어낸다. 이유는 자아가 그 문제가 요구하는 사회적 감정을 결여하고 있기 때문이다. 눈앞의 문제가 그 사람에게 개인적으로 안기는 어려움이 사회적 감정을 테스트하는 역할을 맡는다는 데 대해선 말할 필요가 없으며, 그 어려움이 너무나 가혹하기 때문에 대단히 훌륭한 사람들조차도 꿈을 꾸기 시작한다.

그러므로 우리는 가장 먼저 모든 꿈 상태가 외적 요인을 갖는다는 점을 분명히 인식해야 한다. 물론, 외적 요인은 프로이트가 말하는 '낮의 찌꺼기' 그 이상의 무엇이며, 그것과 다른 그 무엇이다. 그 외적 요인의 중요성은 그것이 하나의 테스트이자 해결책을 찾으려는 노력이라는 점에 있다. 그것은 '목표를 향한 전진'을 포함하며, 프로이트의 퇴행과 유아적 소원 성취와 반대인 개인 심리학의 '목적지'를 포함한다. (전자는 버릇없이 자란 아이들의 비현실적인 세계의 또 다른 예에 지나지 않으며, 그런 아이들은 모든 것을 갖기를 원하며 소망 중 일부가 성취되지 않은 상태로 남을 수밖에 없는 이유를 이해하지 못한다.) 외적 요인은 앞으로 나아가고 있는 진화의 물결을 가리키고 있으며, 그것은 또 개인들 각자가 스스로 택한 길이 어떤 것인지를 보여준다. 그것은 또한 개인이 자신의 본성과 삶의 본질과 의미에 대해 어떤 식으로 생각하는지를 보여준다.

꿈 상태에 쏟은 관심을 잠시 거둬들이도록 하자. 어떤 문제 앞에서 자신이 사회적 감정이 부족한 탓에 아직 그 문제를 해결할 수 있을 만큼 성숙하지 않았다고 느끼는 사람이 있다고 가정하자. 그는 상상 속으로 도피한다. 무엇이 이 도피를 꾀하고 있는가? 당연히, 그의 삶의 방식을 따르고 있는 자아이다. 목적은 삶의 방식에 적절한 어떤 해결책을 발견하는 것이다. 그러나 그것은 사회적 가치를 지니는 그런 소수의 꿈들을 제외하고는, 상식과 조화를 이루지 않는 어떤 해결책을 의미한다. 그 해결책은 사회적 감정과 반대이지만, 절망과 회의에 빠진 개인을 구해준다. 아니, 그 이상이다. 그 해결책은 그의 삶의 방식을 강화하고 그가 자아에 부여하는 가치를 강화한다. 수면과 제대로 행해진 최면, 성공적인 자기 암시는 단순히 이 목적을 보다 쉽게 이루는 방법이다. 이것으로부터 우리가 끌어내야 하는 결론은 삶의 방식이 의도를 갖고 창조하는 것으로서, 꿈은 사회적 감정과 일정한 거리를 지키려 노력하며, 그 거리를 표현하고 있다는 것이다. 그럼에도, 상당한 크기의 사회적 감정이 있고 상황이 보다 위협적일 때, 사람은 이따금 이와 정반대의 것을 발견한다. 사회적 감정이 사회적 감정으로부터 벗어나려는 시도들을 정복해 버리는 것이다. 이것은 다시 정신생활은 규칙과 공식으로 환원될 수 없다는 개인 심리학의 단언을 정당화한다. 그러나 그것은 꿈은 사회적 감정으로부터의 일탈을 보여준다는 중요한 가설을 훼손시키지 않는다.

여기서 오랫동안 나를 괴롭힌 어떤 반대에 봉착하지만, 나는 이 반대 덕분에 오히려 꿈의 문제를 더욱 깊이 파고들 수 있었다. 그 반대는 바로 이것이다. 방금 제시한 사실들의 묘사가 옳다면, 자신의 꿈을 이해하거나 자신의 꿈에 관심을 주는 사람이 별로 없고 대부분의 꿈들이 망각되는 현상을 어떤 식으로 설명할 것인가? 자신의 꿈에 대해 무엇인가를 이해하는 소수의 사람들을 제외한다면, 정신 활동 그 어디서도 발견되지 않는 에너지의 낭비가 꿈에서 일어나는 것 같다. 그러나 여기서 개인 심리학의 경험이 우리를 돕고 나선다.

사람은 자신이 이해하는 것보다 훨씬 더 많은 것을 알고 있다. 사람의 이해력이 잠들 때, 그 사람의 인식력이 꿈속에서 경계 상태에 돌입하는 것일까? 만약 그렇다면, 우리는 또한 사람이 깨어 있는 동안에도 이와 비슷한 증거를 찾아내야 한다. 사실 사람은 자신의 목표에 대해 아무것도 이해하지 못하면서도 그 목표를 추구하고 있다. 사람은 자신의 삶의 방식에 대해 아무것도 이해하지 못하면서도 삶의 방식에 끊임없이 묶여 있다.

그리고 만약에 그 사람이 어떤 문제에 봉착해 있을 때 그의 삶의 방식이 음주 파티에 참석하거나 성공을 약속하는 무엇인가를 떠맡는 것과 비슷한 어떤 경로를 가리킨다면, 그 경로가 그에게 매력적으로 보이도록 만들기 위해 생각들과 이미지들이 언제나 현장에 나타난다. 그 생각들과 이미지들을 나는 '보증'이라고 부른다. 물론 그것들이 그의 목표와 반드시 연결되어 있는 것은 아니다.

어느 남편이 자기 아내에게 불만을 느낄 때, 그에게 종종 다른 여자가 더욱 매력적으로 보일 수 있다. 이때 남자는 자기 아내와 다른 여자 사이의 연결을 의식조차 하지 않을 수 있다. 그러니 그가 은연중 품고 있는 비난과 복수심을 이해하는 문제에 대해서는 말할 필요조차 없다. 가장 가까운 것들에 관한 그의 지식은 그가 그것들을 자신의 삶의 방식과 코앞의 문제와의 연결 속에서 보게 될 때까지 이해력이 되지 못한다. 그리고 공상도 꿈처럼 자체로부터 상당량의 상식을 제거해야 한다는 점을 나는 이미 강조했다. 따라서 많은 저자들이 꿈은 터무니없는 것이라는 결론을 내리기 위해 그랬지만, 꿈의 상식에 대해 논하는 것은 불합리한 짓이다. 꿈은 드물게만 상식에 가까이 접근할 것이다. 꿈은 상식과 절대로 일치하지 않는다. 그러나 그것으로부터 꿈의 가장 중요한 기능, 즉 꿈을 꾸는 사람이 상식에서 벗어나도록 이끄는 역할이 나오며, 우리가 보여준 바와 같이, 이것은 상상에도 똑같이 적용된다. 따라서 꿈을 꾸는 사람은 꿈속에서 자기기만을 저지른다. 개인 심리학의 근본 원리에 따라서, 우리는 그 사람이 사회적 감정이 부족한 탓에 해결하지 못하는 문제 앞에서 자신의 삶의 방식에 맞춰 풀 수 있도록 하기 위해 그에게 삶의 방식을 상기시키는 그런 자기기만을 보탤 수 있다. 그때 그 사람이 사회적 관심을 요구하는 현실로부터 스스로 놓여나기 때문에, 그에게 삶의 방식을 상기시키는 이미지들이 봇물 터지듯 흘러나온다.

그렇다면 꿈이 끝날 때, 그 꿈 중에서 아무것도 남지 않는가? 나는 나 자신이 이 중요한 질문에 대한 대답을 알고 있다고 생각한다. 사람이 공상에 빠졌다가 거기서 빠져나올 때 남는 것과 똑같은 것이 남는다. 감정과 정서와 정신의 틀이 남는 것이다. 인격의 통일성이라는 개인 심리학의 근본 원리로부터, 이 모든 것들이 개인의 삶의 방식에 맞게 작동한다는 결론이 가능하다.

1918년에 있었던, 프로이트의 꿈 이론에 관한 나의 첫 번째 공격에서, 나는 경험을 토대로 꿈은 전향적인 어떤 목표를 갖고 있다고, 또 꿈은 꿈을 꾸는 사람이 그만의 특별한 방식으로 어떤 문제를 해결하도록 그 사람을 자극한다고 단정했다. 그 후에 나는 꿈이 상식, 즉 사회적 감정을 토대로 그렇게 하는 것이 아니라, 시인이 감정과 정서를 불러일으키길 원할 때 하는 방식과 다소 비슷하게 '우화적으로', 또 비유적으로, 비교될 만한 그림들을 바탕으로 그렇게 한다는 사실을 확립함으로써 이 견해를 완성시킬 수 있었다. 그러나 이것은 다시 우리를 깨어 있는 상태로 데리고 가며, 우리는 시적 능력을 결여한 사람들이 인상을 남기길 원할 때 '바보'나 '수다쟁이 노파' 같은 비속어를 이용할 수 있다는 사실을 더

할 수 있다.

비유적인 표현을 사용하면 두 가지 일이 일어난다. 감정을 불러일으키는 데는 그런 표현이 사실적인 표현보다 틀림없이 더 적절하다. 시나 열광적인 연설에서 비유적인 표현을 이용하는 것은 솔직히 그런 표현의 승리를 축하하는 것이나 다름없다. 그러나 예술의 영역을 떠나기만 하면, 비유적인 표현의 사용에 숨어 있는 위험이 보인다. 평범한 사람들은 솔직히 '비유적인 표현이 대단히 싫다'고 말한다. 그런 말을 통해 보통 사람들은 그런 표현의 활용에 기만의 위험이 있다는 뜻을 전하고 있다. 그러므로 여기서 꿈에서 비교될 만한 그림들이 이용되고 있다는 점을 떠올린다면, 우리는 앞의 예와 똑같은 결론에 이르고 있다.

비교될 만한 그림들은 꿈을 꾸는 사람을 속이고 그의 감정을 일깨운다. 또 그 그림들은 그 사람의 삶의 방식에 맞춰 어떤 정신의 틀을 창조한다. 꿈에 앞서, 언제나 면밀한 조사를 요구하는 문제 때문에 의심과 비슷한 정신 상태가 조성될 것이다. 그러나 그런 경우에 꿈은 가능한 수많은 이미지들 중에서 오직 그 목표에 이바지하고 삶의 방식을 위해서 실제적인 이성의 제거를 부를 이미지들만을 선택한다.

그리하여 우리는 꿈을 꾸는 사람의 공상이 다른 형성들에서와 마찬가지로 꿈에서도 삶의 방식이 탁월과 전진을 암시한다는 점을 보여주었다. 심지어 그 공상이 우리의 모든 사고와 감정과 행동처럼 기억 이미지들을 필요로 할 때에도 그렇긴 마찬가지이다. 비록 버릇없이 자란 아이의 삶에서 이 기억 이미지들이 그런 식의 양육 때문에 일어난 오류들에 기원을 두고 있을지라도, 그리고 그 이미지들이 동시에 미래에 대한 예상을 표현하고 있을 때조차도, 유아적인 소망이 그런 수단을 통해서 성취를 이룬다거나, 어린 시절의 단계로 퇴행하는 것을 암시한다는 식의 엉터리 결론을 내려서는 안 된다.

더욱이, 삶의 방식이 자체의 목적을 위해서 이미지들을 선택한다는 사실을 우리는 잊지 말아야 한다. 그렇기 때문에 삶의 방식을 그것이 선택한 것들을 바탕으로 이해하는 것이 가능하다. 꿈 이미지를 외부 요인과 연결시킬 경우에, 우리는 꿈을 꾼 사람이 자신의 행동 법칙을 제대로 표현하기 위해서, 그의 삶의 방식이 문제가 요구하는 해결책에 반응한 결과 따르고 있는 행동 노선을 발견할 수 있는 위치에 설 수 있다. 꿈을 꾸는 사람의 입장이 약하다는 점은 그가 그릇된 방식으로 감정과 정서를 불러일으키는 비유와 직유에 도움을 청하고 있다는 사실에, 그러니까 진정한 의미와 가치를 검증하는 것이 불가능한 그런 비유와 직유에 도움을 기대하고 있다는 사실에서 확인된다. 이때 일어난 감정과 정서는 삶의 방식이 주도하는 행동을 강화하고 촉진시킨다. 달리고 있는 자동차에 휘발유를 추가로 더 붓는 상황과 다소 비슷하다.

따라서 꿈의 불명확성은 우연의 문제가 아니라 필연이다. 이와 똑같은 불명확성은 어떤 사람이 억지 주장을 펴면서 자신의 실수를 방어하고자 할 때처럼, 깨어 있는 삶에도 자주 나타날 수 있다.

깨어 있는 삶에서와 똑같이, 꿈을 꾸는 사람은 실용적인 이성을 배제할 또 다른 수단에 의존한다. 그가 눈앞의 문제에 부수적으로 일어나는 것만을 다루거나, 그 문제의 중요한 사항들을 배제하는 것이다. 폭넓게 이용되는 이 과정은 내가 1932년에 '개인 심리학 저 널'(Zeitschrift für Individualpsychologie) 마지막 권에서 부분적이고 부적절한 문제 해결과 열등 콤플렉스의 징후로 묘사했던 그 과정과 밀접한 관련이 있는 것 같다.

또 다시 나는 꿈의 해석을 위한 원칙들을 제시하길 거부한다. 이 유는 꿈의 해석이 원칙을 과도하게 강조하는 교육 체계가 필요로 하는 것보다 훨씬 더 많은 영감을 필요로 하기 때문이다. 꿈은 다른 표현 형식들로부터 추론할 수 있는 그 이상의 이야기를 전혀 들려 주지 못한다. 꿈은 단순히 관찰자가 낡은 삶의 방식이 얼마나 효과 적으로 지속되고 있는지를 확인하도록 할 뿐이다. 그 결과, 관찰자 는 환자가 그 같은 사실에 관심을 기울이도록 안내할 것이고, 따라 서 틀림없이 환자를 설득시킬 수 있게 될 것이다.

어떤 꿈을 해석할 때, 개인 심리학자는 환자에게 페넬로페[13]처럼 낮에 짠 것을 밤에 풀고 있다는 것을 이해시킬 수 있어야 한다. 당연 히 삶의 방식도 잊어서는 안 된다. 삶의 방식이, 최면에 걸린 사람의 태도와 다소 비슷하게, 공상 자체가 지나치게 순종적인 상태에서 의사 앞에서 삶의 방식에서 비롯된 태도를 취하지 않고 온순한 어 떤 경로를 밟도록 강요하고 있으니 말이다. 이것도 어린 시절에 이 미 은밀히 행해졌던 고집의 한 형태일 것이다.

---

13 그리스 신화에 나오는 오디세우스의 아내이다. 남편이 없는 사이에 구혼자들의 요구에서 벗어나기 위해 오디세우스의 아버지인 라이르테스의 수의를 다 짤 때까지만 기다려 달라고 해놓고는, 낮에 짰던 천을 밤에 다시 풀면서 세월이 흐르기를 기다렸다 는 이야기가 전해온다.

거듭 나타나는 꿈들은 성격이 비슷한 문제들을 직면하고 있을 때 삶의 방식이 지시하는 행동 법칙을 표현하고 있다. 짤막한 꿈들은 어떤 문제에 대한 대답이 간략하게 또 신속히 결정되었다는 것을 보여준다. 망각된 꿈들은 꿈의 감정적 톤이 실질적인 이성만큼 강했다는 것을 의미한다. 실질적인 이성을 우회할 보다 나은 방법을 발견하기 위해서, 감정과 태도만 남기고 지적인 자료는 모두 사라져야 한다.

불안 꿈들이 어떤 패배 앞에서 고조된 불안을 반영하고, 유쾌한 꿈들이 보다 강력한 '인가'(認可)를 나타내거나, 대단히 강한 혐오감을 불러일으키게 되어 있는 기존 상황과의 어떤 대조를 나타낸다는 사실이 자주 확인되고 있다. 죽은 사람들에 관한 꿈들은 꿈을 꾼 사람이 죽은 사람을 최종적으로 묻지 않아서 아직도 그 사람의 영향을 받고 있다는 것을 암시한다. 그러나 이런 해석은 당연히 다른 표현 형식들에 의해서도 뒷받침되어야 한다.

가장 흔한 꿈에 속하는 추락하는 꿈들은 꿈을 꾼 사람이 자신의 가치를 상실할까 봐 두려워하고 있다는 점을 암시하지만, 그런 꿈들은 동시에 공간적인 표현을 통해서 꿈을 꾼 사람이 '위'에 있다는 망상에 빠져 있다는 것을 보여준다. 날아다니는 꿈은 야심적인 사람이 우월을 위한 분투, 즉 다른 사람들보다 위에 서게 될 무엇인가를 수행하려는 노력에 돌입한다는 것을 암시한다. 이 꿈은 지나치게 야심찬 분투의 위험을 경고하는 것으로서 추락하는 꿈을 자주 동반한다. 추락하다가 땅에 무사히 성공적으로 내리는 꿈은 종종 생각보다 감정으로 표현되는데, 그런 꿈은 대부분 자신에게는 운명적으로 어떤 해악도 닥치지 않게 되어 있다는 편안한 감정이나 안전감을 암시한다.

기차나 기회를 놓치는 것은 대부분의 경우에 확고한 어떤 성격적 특성을, 말하자면 너무 늦게 도착하거나 어떤 기회를 흘려보냄으로써 끔찍한 패배를 피하려 하는 태도를 보여준다. 옷을 부적절하게 차려 입었다가 그 일로 깜짝 놀라는 내용의 꿈들은 어떤 불완전함이 발각되는 것에 대한 두려움으로 거슬러 올라갈 수 있다. 운동 감각적, 시각적, 청각적 경향들이 자주 꿈에 표현된다. 그럼에도 그런 경향들은 언제나 당장의 문제를 대하는 명확한 어떤 태도와 연결되어 있다. 개별적인 예들이 보여주듯이, 문제 해결이 드물게 그런 꿈들의 도움을 받을 수 있다. 꿈을 꾼 사람이 방관자의 역할을 할 때, 그 사람은 거의 틀림없이 깨어 있는 삶 속에서 구경꾼의 역할에 기꺼이 만족할 것이다.

성적인 꿈들은 다양한 방향을 가리킨다. 그런 꿈들은 가끔 성교를 위한 다소 부적절한 훈련을 보여주고, 또 어떤 때는 파트너로부터 뒤로 물러나며 자기 자신에게로 철수한다는 것을 암시한다. 동성애 꿈에 대해 말하자면, 나는 이성을 멀리하는 훈련이라는 점을 충분히 강조했다. 여기에 타고난 성향의 성격을 지닌 것은 전혀 없다.

개인이 능동적인 역할을 하는 잔혹한 꿈들은 화와 복수에 대한 열망을 나타낸다. 더럽히는 것에 관한 꿈에 대해서도 똑같이 말할 수 있다. 잠을 자다가 오줌을 싸는 아이들은 종종 자신이 적절한 장소에 오줌을 누는 꿈을 꾼다. 그런 아이들은 다소 소심하게 그런 방식으로 불만을 표시하고, 자신이 무시당하고 있다는 감정에 대해 복수를 하는 것이 쉽다는 사실을 발견한다. 나의 책들과 글에 꿈을 해석한 대목이 아주 많다. 그래서 나는 여기서 명확한 예들을 제시하는 것을 자제하려 한다. 다음 꿈은 삶의 방식과의 연결을 아주 쉽게 보여주는 예이다.

두 아이의 아버지인 어느 남편은 아내와 많이 다투었다. 이 갈등의 상태는 두 사람 모두에 의해 더욱 가열되었다. 남편은 자기 아내가 사랑으로 결혼한 것이 아니라는 것을 알았다. 어릴 때 그는 버릇없이 자라다가 훗날 다른 아이에 의해 폐위되었다. 그러나 그는 엄격한 학교에서 화의 폭발을 통제하는 방법을 배웠다. 그는 심지어 힘든 상황에서도 자신의 반대자들과 화해를 모색하려는 시도를 지나치게 오랫동안 미루는 경향을 보였다. 쉽게 짐작할 수 있듯이, 그런 시도가 성공을 거두는 예가 드물지만 말이다.

아내와의 관계에서, 그의 태도는 상반된 것들이 혼합되는 모습을 보였다. 가끔 그는 애정과 신뢰의 분위기를 창조하려고 노력하면서 인내심 있게 기다리곤 했다. 그러다가도 그는 열등감에 빠지거나 어찌할 바를 모르는 상태에 처할 때면 갑자기 분노를 터뜨리곤 했다. 그의 아내는 이 상황을 완전히 오해했다. 남편은 두 아들에게 맹목적으로 애착을 쏟았으며, 아들도 아버지에게 반응을 보였다. 어머니는 겉으로 냉정한 척 꾸미고 있었던 터라 아이들에게 애정을 쏟는 면에서 남편과 경쟁할 수 없었으며, 따라서 그녀는 아이들과의 접촉을 점점 잃어가고만 있었다. 이것이 남자에게는 어머니가 아이들을 방치하는 것으로 보였으며, 그는 그것을 이유로 종종 아내를 나무랐다.

그들의 결혼 생활은 어려움 속에서도 계속되었지만, 그들은 둘 다 똑같이 더 이상 아이를 갖지 않기로 작정했다. 한동안 두 파트너 사이의 상황은 그랬다. 강렬한 감정 상태에서만 사랑을 확인할 수 있었던 남편은 자신이 부부 성교권을 빼앗겼다고 느꼈던 반면에, 아내는 자신의 삶의 방식 때문에 불감증을 겪고 남편이나 아이들에게 쏟을 따스한 감정을 결여한 가운데서도 결혼 생활을 계속 이어가려고 헛되이 노력하고 있었다.

어느 날 밤에 남편이 이리저리 무섭게 내던져지고 있던, 피 흘리는 여자들의 육체들에 관한 꿈을 꾸었다. 나와의 대화가 그로 하여금 의사 친구를 따라 갔던 어느 해부실 장면을 떠올리게 만들었다. 그러나 그가 두 번 목격한 출산 행위가 그에게 깊은 인상을 남겼다는 사실을 확인하는 것은 쉬운 일이었다. 그 같은 사실은 그 사람 본인에 의해서도 확인되었다. 그 꿈에 대한 해석은 이랬다. '아내의 출산을 한 차례 더 견뎌낼 뜻이 나에겐 없다.'

또 다른 꿈은 이런 내용이었다. '내가 잃어버렸거나 납치당한 세 번째 아이를 찾고 있는 것 같았다. 나는 정말 불안했다. 그러나 나의 모든 노력이 허사였다.' 그 남자가 셋째 아이를 두지 않았기 때문에, 그가 셋째 아이를 낳을 경우에 아이들을 제대로 보살피지 못하는 아내 때문에 아이가 심각한 위험에 처할 수 있다고 지속적으로 걱정하고 있는 것이 분명했다. 그 꿈은 린드버그(Charles Lindbergh)[14]

---

14 1927년 5월 20일과 21일에 걸쳐 뉴욕에서 파리까지 최초로 논스톱 비행을 한 것으로 유명한 미국 비행사(1902-1974)이다. 20개월이던 그의 아들 찰스 린드버그 주니어가 1932년 3월에 뉴저지의 시골집에서 유괴되었다가 살해되어 전 세계를 충격에 빠뜨렸다.

의 아기가 납치당한 직후에 꾼 것이었으며, 그것은 환자의 삶의 방식과 그가 의미하는 바, 즉 따뜻한 감정이라고는 조금도 없는 사람과의 관계 단절과 그런 의도의 일부로서 더 이상 아이를 갖지 않겠다는 결심과 부합하는 외적 충격을 보여주었다. 이 꿈에는 자기 아내가 아이들을 방치하는 것에 대한 과장이 보이지만, 이 꿈도 첫 번째 꿈과 같은 방향을, 말하자면 아이를 낳는 행위에 대한 과장된 두려움을 가리키고 있다.

환자는 발기 부전을 치료하러 왔다. 추가적인 추적은 그의 어린 시절까지 거슬러 올라갔다. 당시에 그는 무정한 사람으로 여겨지던 사람에게 무시당하는 경우에 자신을 탓하지 않는 요령을 꽤 오랫동안 힘들여 노력한 끝에 터득했으며, 동시에 그는 자기 어머니가 아이를 더 낳아야 한다는 것이 참을 수 없을 만큼 힘든 일이라는 것을 발견했다. 여기서 우리는 이 남자의 성격적 특성들을 상호관계 속에서 보지 않을 수 없다. 그가 택한 삶의 방식의 중요한 특징과 그가 선택한 특정한 이미지들, 그의 자기기만, 실질적인 이성과 너무나 동떨어진 직유들을 즐기는 성향, 어떤 충격의 영향 때문에 삶의 문제들을 회피하는 태도, 자신의 약함 때문에 문제를 반쯤 불완전하게 해결하고 있는 현상 등이 보인다.

프로이트가 말하는 꿈의 상징적 표현으로 여겨질 수 있는 것에 대해 몇 마디 덧붙인다면, 나는 어쨌든 나의 경험을 근거로 이렇게 말할 수 있다. 아득한 옛날부터 인간이 성적인 것 외에도 다른 활동이나 대상들과 일상의 사실들을 서로 재미있게 비교하는 경향을 보였던 것이 사실이다. 그런 비교는 언제나 여인숙 테이블 주위에서 음란한 농담과 함께 행해졌다. 이런 익살스런 비교의 매력은 틀림없이 심각한 일들을 가볍게 보려는 욕망이나 농담과 허풍에 대한 열정뿐만 아니라 상징에 함축된 감정적 강조를 익살스럽게 표현하려는 소망에도 있다. 민간전승과 거리의 음악에서 발견되는 이런 일상의 상징들을 이해하는 데는 그리 많은 지성이 필요하지 않다. 그것들이 틀림없이 어떤 명확한 목적을 위해 꿈에 나타난다는 것을 이해하는 것이 더 중요하다. 무엇보다 먼저, 이 목적이 발견되어야 한다.

꿈의 목적에 관심을 갖게 만든 것은 분명 프로이트의 업적이다. 그러나 이해되지 않는 모든 것을 성적 상징으로 설명하고, 이어서 모든 것이 성적 리비도에서 비롯된다는 것을 발견하는 것은 지적 비판을 버텨내지 못할 것이다. 최면에 걸린 사람들의 소위 '확증적 경험'(corroborative experience)은 매우 약한 증거를 제공할 뿐이다. 무엇보다 먼저, 최면에 걸린 사람들에게 그들이 성적 장면을 꿈으로 꿔야 '한다'는 암시가 주어졌으며, 그 뒤에 소통을 통해서 그들이 프로이트의 상징들로 꿈을 꾸었다는 것이 발견되었다. 노골적인 성적 표현 대신에 이처럼 익숙한 상징들을 선택했다는 것은 기껏 타고난 겸손 감각을 보여줄 뿐이다.

더욱이, 오늘날엔 프로이트의 추종자가 프로이트의 이론을 모르는 사람을 그런 최면 실험에 응하도록 하기가 쉽지 않다. 이것은 '프로이트의 상징체계'가 대중적인 어휘를 꽤 풍성하게 늘리면서 그렇지 않았다면 매우 무해했을 이 주제들을 논하는 데 있어서 솔직성을 상당히 파괴했다는 사실과는 꽤 별도이다. 정신분석 치료를 받은 환자들의 경우에 프로이트의 상징체계를 광범위하게 이용하고 있는 것이 종종 관찰되고 있다.

15장

삶의 의미

삶의 목적에 관한 질문은 오직 인간과 우주가 서로 연결되는 체계를 염두에 두고 있는 경우에만 가치와 의미를 지닌다. 인간과 우주가 동일한 체계를 이루고 있다고 생각할 때, 이 관계 속에서 우주가 형성의 능력을 소유하고 있다는 사실을 이해하는 것이 쉬워진다. 말하자면, 우주는 살아 있는 모든 것의 아버지이며, 모든 생명은 우주의 요구를 충족시키려고 끊임없이 분투하고 있다.

그렇다고 살아 있는 모든 것이 훗날 저절로 완성을 이루게 하는 어떤 충동이 우주 안에 있다는 뜻은 아니다. 그보다는 생명 자체의 본질적인 부분인 고유한 그 무엇, 그러니까 생명이 잉태되려면 반드시 필요한 분투나 열망, 자기 개발 같은 것이 있다는 뜻이다.

산다는 것은 곧 자기 자신을 발달시킨다는 것을 의미한다. 우리 인간의 정신은 오늘날 유동적인 모든 것을 하나의 형태로 환원시키는 데에, 그리고 모든 것을 운동이 아니라 얼어붙은 운동으로, 말하자면 형태로 굳어버린 운동으로 고려하는 데에 지나치게 익숙하다. 개인 심리학자들은 한동안 우리가 형태로 인식하고 있는 것을 운동으로 바꾸려고 노력해 왔다.

완성된 개인이 단 하나의 세포에서 비롯된다는 것을 모두가 알고 있지만, 그 세포 안에 개인의 발달에 필요한 요소들이 다 들어 있다는 것도 분명히 이해되어야 한다. 생명이 이 지구에 어떻게 생겨나게 되었는가 하는 물음은 의문스런 질문이며, 아마 우리 인간은 그 질문에 대한 최종적인 대답을 절대로 발견하지 못할 것이다.

살아 있는 것들이 살아 있는 지극히 작은 하나의 단일체로부터 발달하는 것은 오직 우주적인 영향의 허가를 받아야만 일어날 수 있었을 것이다. 이와 관련해서 우리 개인 심리학자들은 얀 크리스천 스머츠(Jan Christian Smuts)가 독창적인 저서 『전체론과 진화』(Holism and Evolution)에서 생각한 바와 똑같이 생각할 것이다. 우리는 생명이 무생물의 물질 안에도 마찬가지로 존재한다고 단정할 것이다. 이것은 현대 물리학이 전자들이 어떤 식으로 양성자 주변을 도는지를 밝히면서 우리에게 암시한 아이디어이다. 이 견해가 최종적으로 옳은 것으로 드러날 것인지 우리는 모른다. 그래도 우리의 생명 개념이 더 이상 의문의 대상이 될 수 없는 것은 확실하다. 또 생명 안에 자기 보존과 번식, 외부 세계와의 접촉을 추구하려는 어떤 움직임이 들어 있는 것이 분명하다. 생명이 죽지 않으려면 외부 세계와의 접촉이 성공적으로 이뤄져야 한다.

다윈이 비추는 불빛 속에서, 우리는 외부 세계의 요구를 유리하게 이용할 수 있는 종들이 선택되는 것을 이해할 수 있다. 개인 심리학의 견해와 조금 더 비슷한 라마르크의 견해는 모든 형태의 생명에 고유한 창조적인 에너지의 증거들을 제공하고 있다. 살아 있는 모든 것들이 창조적으로 진화한다는 보편적인 사실은 모든 종이 발달해가는 노선에 어떤 목표가 정해진다는 것을 우리에게 가르치고 있다. 그 목표는 완성의 목표이고 우주의 요구에 능동적으로 적응하는 것이다.

만약 생명이 어떤 방향으로 나아가고 움직이는지를 이해하길 원한다면, 우리는 이 발달의 경로에서, 그러니까 외부 세계의 요구에 지속적으로 또 적극적으로 적응해가는 경로에서 출발해야 한다. 여기서 우리는 원초적인 무엇인가를, 원시적인 생명에 달라붙은 무엇인가를 다루고 있다는 사실을 깨달아야 한다. 그것은 언제나 극복의 문제이고, 개인과 인간 종의 안정의 문제이다. 또 그것은 언제나 개인과 외부 세계 사이에 호의적인 관계를 증진시키는 문제이다. 적응을 보다 훌륭하게 성취하고 싶어 하는 이 충동은 절대로 끝이 있을 수 없다. 나는 이 사상을 일찍이 1902년에 발달시켰으며, 나는 이 '진리'가 이 능동적인 적응에 일어나는 실패에 지속적인 위협이 된다는 사실에, 또 민족과 가족, 개인, 동물, 식물의 멸종이 이와 똑같은 실패 때문에 일어난다는 사실에 주목할 것을 요구했다.

능동적인 적응에 대해 이야기할 때, 나는 이 적응을 현재의 상황과 연결시키거나 살아 있는 모든 것의 죽음과 연결시키는 비현실적인 생각을 배제한다. 그것은 '영원의 관점'에서 보는 적응의 문제이다. 이유는 맨 마지막의 미래에 옳은 것으로 여겨질 수 있는 육체적,

정신적 발달만이 '옳기' 때문이다. 게다가, 능동적인 적응이라는 사상은 조직화된 생명의 전체뿐만 아니라 육체와 정신도 종국적인 적응, 말하자면 우주가 정해 놓은 모든 강점과 약점의 통달을 이루기 위해 노력해야 한다는 것을 의미한다. 제한적인 시기에만 지속되는 명백한 타협들은 조만간 진리의 무게에 굴복하기 마련이다.

우리는 진화의 흐름 속에 있지만, 지구가 자전하는 것을 느끼지 못하는 것과 똑같이 그 같은 사실을 거의 알아차리지 못한다. 개인의 삶이 그 일부를 이루고 있는 이런 우주적 연결 속의 조건들 중 하나가 바로 외부 세상과 성공적으로 동화하려는 분투이다. 삶의 초기에도 이런 분투가 존재하는지에 대해 의문이 제기될지라도, 지금까지 흘러간 수십 억 년의 세월은 완성을 위한 분투가 모든 사람의 안에 존재하고 있는 타고난 현상이라는 것을 분명히 보여주고 있다. 그리고 이 같은 고려는 마찬가지로 다른 무엇인가를 보여줄 수 있다. 우리 중에서 아무도 어느 길이 유일하게 따를 옳은 경로인지를 모른다.

인류는 인간 진화의 이 최종적 목표를 상상하려는 시도를 자주 했다. 우주가 생명의 보전에 관심을 가져야 한다는 믿음은 경건한 희망에 불과하다. 그러나 그런 것으로서 그 믿음은 종교와 도덕과 윤리에서 인간의 행복을 증진시키는 막강한 원동력으로 이용될 수 있고, 또 이용되어 왔다. 선사시대의 부족이 맹목적으로 도마뱀이나 남근을 물신으로 숭배하는 것은 과학적으로 정당화될 수 없는 것처럼 보인다. 그럼에도 우리는 이 원시적인 우주 개념이 인류의 공동체 생활과 사회적 감정을 강화했다는 사실을 간과해서는 안 된다. 동일한 종교적 열정에 휩싸였던 모든 사람이 형제로, 또 터부로 여겨지며 우두머리 부족의 보호를 받았으니 말이다.

인류의 향상을 위해 지금까지 확보한 최선의 개념은 신이다. 신이라는 개념이 하나의 목표로서 완전을 향한 움직임을 진정으로 포함하고 있다는 점에는 의문이 있을 수 없다. 그리고 신의 개념이 하나의 구체적인 목표로서 완성을 이루고자 하는 인간의 모호한 갈망과 가장 잘 부합한다는 데에도 의문이 전혀 없다. 내가 볼 때, 틀림없이 모든 사람이 신을 서로 다르게 인식하고 있는 것 같다. 분명히 처음부터 완성의 원리와 거리가 먼 신의 개념들이 있지만, 우리는 가장 순수한 형태의 신에 대해 말할 수 있다. 여기서 완성의 목표가 성공적으로 제시되고 있다.

규제적인 종교적 목표들을 확립하는 데 매우 효과적인 제1의 에너지는 바로 사회적 감정이라는 에너지였다. 사회적 감정은 인간들을 더욱 밀접히 연결시키게 되어 있었다. 사회적 감정은 진화의 유산으로, 말하자면 진화하려는 충동 속에서 위로 향하려는 분투의 결과로 여겨져야 했다. 이 완성의 목표를 나타내려는 시도가 매우 자주 있었다. 개인 심리학자들, 특히 내과 의사인 까닭에 실패자들과 신경증이나 정신병을 앓는 사람들, 범죄자들, 알코올 중독자들을 다뤄야 하는 사람들은 그들의 내면에서도 우월 목표를 보지만, 그 목표는 이성과 정반대 방향으로 이끌기 때문에 우리는 그 안에서 적절한 완성의 목표를 발견하지 못한다.

예를 들어, 어떤 사람이 다른 사람들을 지배함으로써 자신의 목표를 구체화하려고 노력할 때, 이 완성의 목표는 우리의 눈에 개인이나 인간들의 집단을 이끌기에 부적절해 보인다. 왜냐하면 그것이 모든 사람들의 과제가 될 수 없기 때문이다. 그 개인은 진화의 충동에 맞서고, 현실을 모독하고, 두려움에 떨면서 자신을 진리와 진리를 따르는 사람들로부터 보호하지 않을 수 없게 될 것이다.

　다른 사람들에게 의존하는 것이 많은 사람들에게 완성 목표로 받아들여지고 있다. 이것 역시 우리의 눈에는 이성에 반하는 것으로 보인다. 일부 사람들은 삶의 문제를 풀려고 할 경우에 불가피하게 겪게 될 패배를 피하기 위해 그런 문제들을 풀지 않은 채로 뒤에 남겨두는 데서 자신의 목표를 발견한다. 이런 목표도 많은 사람들에게 받아들여질 수 있는 것으로 비칠지 몰라도 우리의 눈에는 마찬가지로 전적으로 부적절해 보인다.

　시야를 크게 넓히면서, 그릇된 완성 목표를 선택한 탓에 적극적인 적응에 실패하고 보편적인 진보의 길을 놓쳐버린 생명의 형태들에게 무슨 일이 닥쳤는지 물을 때, 그에 대한 대답은 뒤에 아무런 흔적을 남기지 않은 종들이나 민족들, 부족들, 가족들, 수많은 개인들의 소멸에서 발견된다. 흔적도 없이 사라져 버린 존재들은 모든 사람이 꽤 옳은 목표를 발견하는 것이 절실히 필요하다는 사실을 가르치고 있다.

　우리 시대에도 마찬가지로 완성 목표가 개인의 전체 인격이 발달할 방향을, 말하자면 그 사람의 모든 표현 형식들과 관점, 사고, 감정, 우주관 등이 발달할 방향을 제시한다는 점에 대해서는 말할 필요도 없다. 그리고 그 진리로부터 벗어나는 모든 노선은 그 사람을 뒤엎어 버리지는 않아도 그 사람에게 해를 입히게 된다는 것은 모든 개인 심리학자들에게 아주 분명하게 이해된다. 어쨌든 우리가 진화의 흐름 속에 잠겨서 그 경로를 따라야 하기 때문에, 만약 우리가 자신이 택해야 하는 방향에 대해 더 많은 것을 알고 있다면, 그것은 정말로 큰 행운일 것이다. 여기서도 개인 심리학은 완성을 위한 보편적인 분투를 증명했을 때와 마찬가지로 엄청나게 많은 성취를 이뤘다. 개인 심리학은 다양한 경험을 거친 결과 이상적인 완성이 발견될 수 있는 방향을 어느 정도 이해할 수 있는 위치에 설 수 있게 되었다. 정말로, 개인 심리학은 사회적 감정이라는 규범을 제시함으로써 이 방향을 보여주었다.

사회적 감정은 무엇보다 영원히 적절한 것으로 여겨져야 하는, 예를 들면, 인류가 완성의 목표를 이뤘을 때 생각할 수 있는 어떤 공동체의 형태를 위한 분투를 의미한다. 그것은 현재의 공동체나 사회의 문제도 아니고 정치적 또는 종교적인 형식의 문제도 아니다. 반대로, 완성에 가장 적합한 목표는 인류 모두를 위한 어떤 이상적인 사회를 상징하거나 진화의 최종적 성취를 상징하는 목표가 되어야 한다.

당연히 이런 질문이 던져질 것이다. 나는 그것을 어떻게 아는가? 분명히 지금 당장의 나의 경험으로는 알 수 없으며, 나는 개인 심리학에서 형이상학적인 요소를 발견하는 사람들이 꽤 옳다는 점을 인정해야 한다. 이것은 어떤 사람들에게는 칭송할 일이 되고, 또 어떤 사람들에게는 비난할 일이 된다.

불행하게도, 형이상학을 잘못 이해하고 있는 사람들이 많다. 그런 사람들은 자신이 직접 파악하지 못하는 것들을 인간의 삶에서 모두 배제하고자 한다. 그렇게 함으로써 그들은 모든 새로운 사상의 잠재적 발달을 제한할 것이다. 즉각적인 경험들은 새로운 것을 절대로 낳지 못한다. 새로운 것은 이 사실들을 서로 연결시키는 포괄적인 사상과 함께 주어질 뿐이다. 이 새로운 사상이 이론적이거나 초월적이라고 불릴 수 있지만, 형이상학으로 끝나지 않는 과학은 절대로 없다.

나는 형이상학을 두려워해야 할 이유를 전혀 알지 못한다. 형이상학은 인간의 삶과 발달에 엄청난 영향력을 행사했다. 우리는 절대적 진리를 갖는 축복을 누리지 못했다. 그렇기 때문에 우리는 우리의 미래나 우리의 행위의 결과에 관한 이론을 스스로 만들어내지 않으면 안 된다. 인류의 최종적 형태로서의 사회적 감정은 삶의 모든 문제들이 풀리고 외부 세계와의 모든 관계가 옳게 조정되는 상상의 상태인데, 사회적 감정이라는 우리의 사상은 하나의 규제적인 이상이고 우리에게 방향을 제시하는 목표이다. 이 완성의 목표는 어떤 이상적인 공동체의 목표를 포함해야 한다. 왜냐하면 우리가 삶에서 소중하게 여기는 모든 것들, 오래 지속되는 모든 것들은 영원히 이 사회적 감정의 산물이기 때문이다.

앞의 여러 장들에서, 나는 개인과 집단이 보이고 있는 현재의 사회적 감정의 사실들과 결과들과 단점들을 묘사했다. 또 나는 인류의 지식과 성격의 과학을 위해서 나의 경험을 설명하고 개인과 집단의 실수뿐만 아니라 그들의 행동 법칙을 찾아내는 것이 어떤 식으로 가능한지를 보여주기 위해 최선의 노력을 기울였다. 개인 심리학에서, 반박 불가능한 경험의 모든 사실들은 바로 그런 관점에서 보고 이해되고 있으며, 개인 심리학의 과학적 체계는 이런 경험적인 사실들을 토대로 발달해 왔다. 성취한 결과들은 서로 모순을 일으키지 않으며, 상식에 의해 뒷받침되고 있다.

개인 심리학은 엄격한 과학적 원칙이 요구하는 것들을 충족시키는 데 필요한 모든 조치를 취했다. 개인 심리학은 대단히 많은 경험을 제시하고 그 경험들을 합리적인 체계로 정리했으며, 이 체계는 경험과 부합하며 모순을 일으키지 않는다. 개인 심리학은 또한 상식에 맞춰 추측하는 능력을 제시했다. 바로 경험들을 그 체계와의 연결 속에서 보는 능력이다. 이 능력이 절실히 필요하다. 이유는 환자가 저마다 다 다른 특성을 보이며 언제나 정교하게 짐작하는 노력이 요구되는 문제를 제기하기 때문이다.

만약에 지금 내가 삶의 의미를 설명할 목적으로 개인 심리학을 이용하고 있다는 것을 이유로 감히 개인 심리학이 하나의 우주관으로 받아들여질 권리를 갖는다고 주장한다면, 나는 미덕과 악덕을 판단하는 모든 도덕적, 종교적 개념들을 배제해야 한다. 정치적 운동뿐만 아니라 윤리와 종교도 똑같이 삶의 의미를 제대로 평가하는 것을 목적으로 삼았다는 것을, 그리고 그것들이 하나의 절대적 진리인 사회적 감정의 압박 아래에서 발달해 왔다는 것을 오랫동안 확신해 왔음에도 불구하고, 나는 그것들을 배제한다. 개인 심리학이 그런 것들과 관련해서 취하는 입장은 개인 심리학의 과학적 지식에 의해 결정되고, 또한 지식으로서 사회적 감정을 보다 효과적으로 발달시키려는, 개인 심리학의 직접적인 노력에 의해서도 결정된다. 이런 입장에 따르면, 보편적 행복이라는 목표의 안내를 받고 있는 모든 경향은 정당한 것으로 평가되어야 한다. 이 같은 관점에 반대하거나, "내가 동생의 보호자입니까?"[15]라는 카인의 반문 같은 것에 의해 훼손될 수 있는 견해들은 그릇된 것으로 여겨져야 한다.

이미 확립된 사실들의 뒷받침을 받는 가운데, 나는 우리가 삶 속으로 들어가면서 우리의 조상들이 진화에 기여함으로써 완성시킨 것들만을, 그러니까 모든 인류의 보다 높은 발달만을 본다는 사실을 간략하지만 분명하게 보여줄 것이다. 이 한 가지 사실만으로도 우리에게 생명이 어떻게 앞으로 나아가는지를, 또 우리가 보다 큰 기여와 보다 큰 협동이 가능한 그런 상태에, 그 전 어느 때보다 더 큰 수단을 갖춘 개인이 모두 전체의 한 부분을 대표하는 그런 상태에 어떻게 더 가까워지고 있는지를 보여줄 수 있어야 한다. 이 상태를 위해서, 모든 형태의 사회 운동은 잠정적이고 하나의 준비에 해당할 뿐이며, 이상적인 사회를 향해 나아가는 운동들만 지속될 것이다. 이 과제가 인간의 다양한 능력을 엄청나게 많이 끌어내긴 했지만, 그래도 그 과제는 많은 측면에서 성취되지 않은 상태로 남거나 가끔은 그릇 수행된 것으로 입증되었다.

그러나 그것은 단지 인간이 진화의 경로를 따라 위로 향하는 도중에 '절대적 진리'가 언제나 인간의 이해를 벗어난 지점에 서 있다는 사실을 발견한다는 점을 보여주는 하나의 신호일 뿐이다. 그럼에도 불구하고, 인간은 그 진리를 향해 언제나 조금씩 가까이 다가설 수 있다. 그것은 또한 일정 기간만, 그리고 어떤 상황이 벌어지는

---

15 질투심에서 동생을 죽인 카인에게 "너의 동생 아벨은 어디 있느냐?"라는 주님의 물음에 카인이 한 대답이다.

동안에만 지속되고 시간이 어느 정도 흐르고 나면 해로운 것으로 입증되는 사회적 성취가 엄청나게 많다는 사실을 보여준다. 우리가 해로운 어떤 허구 위에서 십자가형에 처해지거나 해로운 허구에 근거를 둔 삶의 도식에 매달리는 일이 없도록 구해줄 수 있는 유일한 길잡이별은 보편적 행복이다. 이 길잡이별의 주도 아래에서 우리는 퇴보를 겪지 않고 진화의 경로를 더 잘 발견할 수 있을 것이다.

인간의 보편적인 행복과 보다 높은 발달은 절대로 사라질 수 없는 우리 선조들의 기여에 바탕을 두고 있다. 선조들의 정신은 영원히 살아 있다. 선조들의 정신은 불멸이다. 인간 종의 지속성은 그 두 가지 요소에 의존하고 있다. 인류가 그 같은 사실을 알고 있는지 여부는 중요하지 않다. 중요한 것은 사실들이다.

비록 우리가 종종 어둠 속에서 길을 더듬고 있을지라도, 올바른 경로에 관한 질문에 대한 대답은 나의 관점에서 볼 때 가능한 것 같다. 우리는 어떤 최종적인 결정을 내릴 욕망을 전혀 품고 있지 않지만, 이것 한 가지만은 분명히 말할 수 있다. 개인이나 집단의 움직임은 오직 영원을, 그리고 전체 인류의 보다 높은 발달을 위한 가치들을 창조할 때에만 우리로부터 가치 있는 것으로 평가받을 수 있다는 점이다. 이 같은 주장을 반박하는 근거로 자기 자신의 어리석음이나 타인의 어리석음을 제시해서는 안 된다. 우리는 진리의 소유가 아니라 진리를 추구하려는 분투를 더 중요하게 여긴다.

이런 질문을 던진다면, 그 같은 사실이 더욱 인상적으로 다가올 것이다. 공공복지에 아무것도 기여하지 않은 사람들에게 무슨 일이 일어났는가? 이에 대한 대답은 그들은 완전히 사라졌다는 것이다.

그들에 관한 것은 아무것도 남지 않았다. 그들은 꺼져버린 육체이고 영혼이기 때문이다. 흙이 그들을 완전히 삼켜버렸다. 우주적인 사실들과 조화를 이루지 못해 멸종한 동물 종에게 일어난 것과 똑같은 일이 그들에게 벌어졌다. 틀림없이, 은밀한 포고령 같은 것이 있다. 마치 심문하는 우주가 이런 명령을 내린 것 같다. '넌 꺼져! 넌 삶의 의미를 파악하지 못했어. 너에겐 미래로 넘어갈 능력이 없어!'

이것은 틀림없이 잔인한 법칙이다. 그것은 고대인들의 끔찍한 신들과 공동체에 맞서는 사람들을 모두 파괴해 버리겠다고 위협했던 터부 사상과 비교할 수 있을 뿐이다. 따라서 영원에, 말하자면 공동선을 위해 무엇인가를 성취한 인간들의 기여가 영원히 존속한다는 사실에 방점이 찍히고 있다. 우리는 우리 자신이 이것을 위해 '열려라 참깨'라는 주문을 소유하고 있어서 환자에게 영원히 가치 있고 영원히 가치 없는 것이 무엇인지를 말해 줄 수 있다고 단정하지 않을 만큼 사려 깊다. 우리는 우리도 실수를 저지를 수 있다는 것을, 어떤 이슈에서든 매우 세심하고 객관적인 조사만이 결론을 내릴 수 있다는 것을, 또 종종 어떤 결정은 사건들의 흐름에 맡겨야 한다는 것을 믿어 의심치 않는다. 우리는 아마 공동체에 기여하지 못하는 것을 피하는 일에서 큰 전진을 이루었을 것이다.

오늘날 우리의 사회적 감정은 그 전 어느 때보다 폭이 넓다. 우리는 자신이 하고 있는 것을 제대로 이해하지 못한 가운데 다양하고 종종 그릇된 방법을 통해서 교육에서, 개인이나 집단의 행동에서, 종교와 과학과 정치에서 인류의 행복과 조화를 이루려고 노력하고 있다. 당연히, 가장 많은 사회적 감정을 소유한 사람이 이 미래의 조화를 가장 잘 이해하고 있다. 그리고 대체로 이 기본적인 사회적 원리는 곤경에 처해 비틀거리는 사람들을 의기소침하게 만들지 않고 그들을 도울 길을 활짝 열어 준다.

만약에 오늘날의 문명화된 삶을 지켜보면서 아이가 이미 평생 동안 이용한 사회적 감정의 범위를 확고히 정했다는 사실을 명심한다면, 그리고 만약에 아이의 사회적 감정을 향상시킬 추가적인 간섭이 전혀 없었다면, 우리의 관심은 아이의 사회적 감정의 발달에 해악을 끼칠 수 있는 일반적인 조건들 쪽으로 끌린다. 그런 조건의 한 예를 든다면, 전쟁과 학교의 가르침에서 전쟁을 미화하는 것이 있다. 그런 상황에서 사회적 감정이 미숙하고 약한 아이는 본의 아니게 인간들이 기계 장치들과 독가스에 맞서 싸우도록 강제할 수 있는 그런 세계에 자신을 적응시키게 된다. 그러면 아이는 동료 인간들을 최대한 많이 죽이는 것을 명예로운 일로 느끼게 된다. 그 아이가 죽이게 될 인간들도 틀림없이 인류의 미래에 아주 소중한 존재인데도 말이다.

정도만 다를 뿐, 사형에서도 똑같은 효과가 나온다. 사형이 아이의 정신에 미치는 효과는 그것이 동료 인간들의 문제라기보다는 동료 인간들을 해치려 했던 어떤 사람의 문제라는 생각에 의해서도 그다지 누그러지지 않는다. 협동의 경향을 약간 가진 어린이들은 돌연 죽음의 문제를 경험하게 되는 경우에 재빨리 사회적 감정을 닫아 버릴 수 있다. 마찬가지로, 주위 사람들이 생각 없이 행동하면서 소녀들이 사랑과 생식과 출산의 문제를 무서워하도록 만들 때, 소녀들이 위험에 빠지게 된다. 해결되지 않은 경제적 문제도 사회적 감정을 발달시키는 데 엄청난 부담이 되는 것으로 드러난다.

자살이나 범죄, 늙은이나 장애인이나 걸인을 부당하게 다루는 태도, 직원이나 소수 민족이나 종교 공동체를 부당하게 다루거나 그들에게 편견을 보이는 태도, 약자와 아이들을 학대하는 행위, 부부 싸움이나 여자들에게 열등한 지위를 주려는 온갖 종류의 시도 등등. 이 모든 것은 아이들을 버릇없이 키우거나 방치하는 양육과 함께 아이가 동료 인간으로 발달하는 과정에 일치감치 종지부를 찍게 만든다. 우리 시대에, 아이가 협동 속에 자신의 자리로 돌아가도록 만드는 것 외에, 아이가 그런 위험에 맞서도록 돕는 유일한 방법은 지금까지 인간이 비교적 낮은 수준의 사회적 감정에 도달했다는 사실을, 또 진정한 동료 인간은 공동체를 위해서 이런 나쁜 상태를 크게 향상시키는 것을 자신의 임무로 삼아야 한다는 것을 적절한 시기에 설명해 주는 것이다. 그것만으로 안 된다. 아이가 그런 향상을 신비한 어떤 경향이나 다른 사람들의 노력을 통해 이뤄지는 것으로 기대해서는 안 된다는 사실에 대해서도 설명해 줄 필요가 있다.

전쟁이나 사형, 인종적 및 종교적 증오를 통해서 이 악들 중 어느 하나를 강화함으로써 보다 높은 발달을 성취하려는 시도들은 최고의 선의에 의해 이뤄질지라도 반드시 다음 세대에 사회적 감정의 저하를, 그와 더불어 다른 악들의 심화를 낳게 되어 있다. 그런 증오와 박해는 거의 언제나 삶과 동료 관계와 사랑의 관계의 통속화를 야기한다는 점에 주목해야 한다. 이 통속화라는 사실에서 사람들은 사회적 감정의 가치 저하를 분명히 확인하게 된다.

앞의 여러 장들을 통해서, 나는 나 자신이 개인의 적절한 발달은 그 사람이 전체의 일부로서 살며 노력할 때에만 가능해진다는 사실을 강조할 때, 독자가 여기서 과학 논문을 읽고 있다는 사실을 이해할 수 있을 만큼 충분히 많은 자료를 제시했다. 개인주의 체계들의 피상적인 반대는 이 관점에 반대하는 것으로서는 전혀 아무런 의미를 지니지 않는다. 나는 우리의 모든 기능들이 인간과 인간의 동료의식을 파괴하도록 만들어진 것이 아니라 개인을 공동체와 연결시키도록 만들어졌다는 점을 보여줄 자료를 추가로 제시할 수 있다.

보는 행위는 망막에 떨어지는 모든 것을 받아들여 유익하게 이용한다는 것을 의미한다. 그것은 단순히 생리적인 과정만은 아니다. 그것은 인간은 주고받는 어떤 전체의 일부라는 점을 보여주고 있다. 보고 듣고 말하면서, 우리는 자신들을 서로 연결시킨다. 사람은 외부 세계에 대한 관심에 의해 타인들과 연결될 때에만 제대로 보고, 제대로 듣고, 제대로 말할 수 있게 된다. 그의 이성, 그의 상식은 절대적 진리인 협동을 통제하는 토대를 이루고 있으며 영원한 옳음을 목표로 잡고 있다.

우리의 미학적 감각과 견해들은 오직 진화의 물결이 흐르는 방향으로 인류의 행복에 기여할 때에만 영원한 가치를 지닌다. 아마도 미학적 감각과 견해가 위대한 성취를 이루도록 밀어붙이는 최고의 힘일 것이다. 우리의 육체적, 정신적 기능들은 모두 충분한 사회적 감정을 갖춘 상태에서 협동에 가장 적합할 때에만 옳게, 정상적으로, 그리고 건강하게 발달할 수 있다.

우리가 미덕에 대해 말할 때, 그것은 어떤 사람이 자신의 역할을 하고 있다는 뜻이다. 우리가 악덕에 대해 말할 때, 그것은 협동을 방해하고 있다는 뜻이다. 게다가, 나는 실패에 해당하는 모든 것은 당사자가 어린이든 신경증 환자든 범죄자든 아니면 자살자든 그것이 사회적 감정을 가로막고 있기 때문에 실패라는 점을 강조할 수 있다. 모든 환자에게서 기여가 부족한 것이 확인된다.

인류의 전체 역사에서 고립된 사람은 절대로 발견되지 않는다. 인류의 발달이 가능했던 것은 오직 인간이 하나의 공동체였기 때문이며, 인류는 완성을 추구하면서 어떤 이상적인 공동체를 추구해 왔다. 이 같은 사실은 어떤 사람의 모든 행동과 기능에서 드러난다. 그 사람이 사회적 이상이 두드러진 특징인 진화의 흐름 속에서 올바른 방향을 발견했는지 여부와는 아무런 관계가 없다. 이유는 인간이 반드시 그 사회적 이상의 안내를 받고, 저지를 받고, 처벌을 받고, 칭찬을 듣고, 앞으로 나아가고 있으며, 따라서 각 개인은 사회적 이상으로부터의 모든 일탈에 대해 책임을 져야 할 뿐만 아니라 그런 일탈에 대해 보상까지 해야 하기 때문이다.

이것은 거칠고 잔인하기까지 한 법칙이다. 이미 강력한 사회적 감정을 발달시킨 사람들은 그릇된 방향으로 나아간 사람들을 위해서 이 법칙의 엄격성을 경감시키려 끊임없이 노력하고 있다. 그들은 마치 그릇된 방향으로 나아간 사람이 개인 심리학이 가장 먼저 제시한 이유들로 인해 길을 놓치게 된 인간이라는 사실을 알고 있는 것 같다. 만약에 그 사람이 자신이 진화의 요구들을 피하다가 길을 잃게 되었다는 사실을 이해하게 된다면, 그는 현재의 경로를 포기하고 인류의 일반적인 집단에 합류할 것이다.

내가 말한 바와 같이, 인간 삶의 모든 문제들은 협동 능력과 그것을 위한 준비를 요구한다. 이 협동이 바로 사회적 감정이 눈에 보이게 드러난 것이다. 이 성향 안에 용기와 행복이 포함되며, 용기와 행복은 그 외의 다른 곳에서는 발견되지 않는다.

모든 성격적 특성들은 사회적 감정의 크기를 드러낸다. 이유는 그 특성들이 개인의 의미 안에서 우월 목표로 이어지는 어떤 경로를 따르고 있기 때문이다. 그 특성들은 삶의 방식을 섞어서 짠 안내 노선들이며, 이 삶의 방식은 성격적 특성들을 형성했을 뿐만 아니라 그 특성들을 거듭 겉으로 드러내고 있다.

우리의 언어가 너무나 부적절하기 때문에 정신생활의 창조물들을 단 하나의 단어로 표현하지 못한다. 그래서 '성격적 특성들'이라는 표현을 쓸 때, 우리는 그 표현에 의해 감춰지는 다양성을 간과하게 된다. 따라서 단어들에 의존하는 사람들의 입장에서 보면 그 특성들 사이에 모순들이 너무나 많이 드러나기 때문에 정신생활의 통일성이 절대로 명쾌하게 나타나지 않는다.

많은 사람들에게 대단히 강한 확신을 안겨줄 것은 아마 우리가 실수라고 부르는 모든 것이 사회적 감정의 결여를 보여주고 있다는 단순한 사실일 것이다. 어린 시절과 성인의 삶에 나타나는 모든 오류들, 가족과 학교, 삶, 타인들과의 관계, 직장, 사랑에서 나타나는 모든 그릇된 성격적 특성들은 사회적 감정의 결여에서 비롯된다. 그런 그릇된 특성들은 일시적이거나 영원할 수 있으며, 그 특성들은 수많은 길로 서로 다르다.

과거와 현재의 개인적 및 집단적 존재를 면밀히 고려한다면, 보다 강력한 사회적 감정을 추구하려는 인류의 분투가 드러난다. 인류가 이 문제를 알고 있고 또 이 문제에 강한 인상을 받고 있다는 사실을 보지 않기가 불가능하다. 현재 우리가 안고 있는 짐들은 철저한 사회적 교육의 결여에 따른 결과이다. 우리가 보다 높은 단계에 닿을 것을 촉구하고, 또 우리 자신으로부터 우리의 공공 생활과 우리 자신의 인격에 두드러진 오류들을 제거할 것을 촉구하고 있는 것은 바로 우리 안에 갇혀 있는 사회적 감정이다.

이 사회적 감정은 우리의 안에 존재하면서 그 목적을 실행하려고 노력하고 있다. 그런데 그 감정이 반대하는 모든 힘들 앞에서 스스로를 꿋꿋이 지킬 만큼 충분히 강하지 못한 것 같다. 만약 인류에게 충분한 시간이 주어진다면, 아주 먼 미래의 어느 시대에, 사회적 감정의 힘이 그것에 반대하는 모든 힘들을 상대로 승리를 거둘 것이라는 합당한 기대가 고수되고 있다. 그날이 오면, 사회적 감정은 인간에게 숨쉬기만큼이나 자연스러운 일이 될 것이다. 지금으로서 유일한 대안은 그런 일이 반드시 일어날 것이라는 점을 이해하고 가르치는 것뿐이다.

상담사와 환자

개인 심리학의 근본 원리인 삶의 방식의 통일성은 어린 시절 초기에 확립된다. 나는 이 연구를 처음 시작할 때 삶의 방식의 통일성에 대해 충분히 이해하지 못하고 있었지만 그것에 대해 알고는 있었다. 그래서 나는 조언을 구하러 오는 사람이 처음 내 앞에 나타나는 순간에 인격을 드러내게 된다고 단정할 수 있었다.

환자에게 상담은 하나의 사회적인 문제이다. 사람과 사람이 만나는 것은 언제나 사회적인 문제이다. 그런 자리에서 사람은 누구나 자신의 행동 법칙에 따라 자신을 소개하기 마련이다.

전문가는 환자를 처음 한 번 슬쩍 보면서 그의 사회적 감정을 어느 정도 파악할 수 있다. 경험 풍부한 개인 심리학자 앞에서 위선은 거의 통하지 않는다. 환자는 상담사에게 엄청난 사회적 감정을 기대한다. 그러나 개인 심리학자는 환자에게 사회적 감정을 많이 기대하지 않는다. 경험에 비춰볼 때 환자에게 깊은 사회적 관심을 기대하기가 어렵기 때문이다.

이 맥락에서 큰 도움을 줄 고려사항이 두 가지 있다. 하나는 사회적 감정의 수준이 전반적으로 높지 않다는 점이고, 다른 하나는 상담사들이 다루는 사람들이 대개 어린 시절에 애지중지 버릇없이 자랐고 그 후에도 비현실적인 세계에서 벗어나지 못하고 있는 사람들이라는 점이다. 나의 독자들 중 많은 사람들이 "내가 왜 이웃을 사랑해야 하는가?"라고 묻는 사람이 많다는 사실을 별 충격 없이 받아들인다고 해도 크게 놀랄 일은 아니다. 어쨌든 카인도 그와 비슷한 질문을 던졌지 않았는가.

환자가 상담사에게 다가오면서 주는 눈길과 걸음걸이, 강하거나 약한 모습은 많은 것을 드러낼 수 있다. 따라서 환자가 앉을 자리나 상담사를 찾을 시간을 미리 정하는 것을 원칙으로 삼는 경우에 많은 정보를 놓칠 수 있다.

첫 번째 면담은 하나의 테스트가 되어야 한다. 그러기 위해선 면담에 어떤 제약도 따르지 않아야 한다. 악수를 하는 방식까지도 분명한 어떤 문제를 암시할 수 있다. 금이야 옥이야 버릇없이 자란 사람들은 무엇인가에 기대려는 경향을 보이고, 그런 식으로 자라고 있는 아이는 종종 어머니에게 매달리는 모습을 보인다.

그러나 상담사의 추측 능력에 문제를 제기하는 모든 것에서와 마찬가지로, 이런 환자들의 경우에도 상담사는 엄격한 규칙을 피하고 면밀히 조사해야 한다. 이때 상담사가 품게 된 의견은 상담사만 알고 있는 것이 바람직하다. 그러면 환자에 대한 이해가 끝난 뒤에, 그

의견들은 언제나 나타나기 마련인 환자의 신경과민을 건드리지 않는 가운데 적절히 이용될 것이다.

간혹 환자에게 앉을 자리를 구체적으로 정해 주지 않고 아무 의자에나 앉으라는 식으로 말해야 한다. 그때 환자가 의사 또는 상담사와의 사이에 두려고 하는 거리는 환자의 본성에 대해 많은 이야기를 들려준다.

또 치료 초기에 환자나 환자의 친척들의 질문에 전문적인 용어로 대답하는 것을 엄격히 피해야 한다. 상담사는 환자의 부모와 친척들에게 회의적인 태도를 보여서는 안 된다. 상담사는 환자의 상태에 대해 충분히 고려할 가치가 있는 것으로 설명해야 한다. 절망적이라는 식으로 설명하면 절대로 안 된다. 상담사 자신이 그 환자를 직접 맡을 뜻이 없을 때에도 그런 식으로 대처해야 한다. 완전히 절망적인 상태에서 몇 가지 중요한 이유로 진실을 밝힐 것을 요구하지 않는 이상, 그렇게 해야 한다.

나는 환자의 행동을 간섭하지 않는 데서 많은 이점을 누리고 있다. 환자가 편한 시간에 언제든 자리에서 일어나서 돌아다닐 수 있도록 하고, 원한다면 담배도 피우도록 내버려 두라. 나는 심지어 환자들에게 내 앞에서 잠을 잘 기회까지 준다. 환자가 잠을 자고 싶다는 식으로 나오는 것은 나의 과제를 더 어렵게 만들겠다는 것을 암시한다.

환자의 그런 태도는 나에게 중요한 의미를 지니는 언어이다. 그것은 환자들이 반대의 뜻을 말로 표현하는 것이나 다름없다. 환자의 곁눈질은 환자가 자신과 의사를 연결시키는 공동의 과제에 참여할 생각이 별로 없다는 뜻을 암시한다. 협동을 싫어하는 이 같은 태도는 다른 길로도 나타날 수 있다. 환자가 말을 거의 하지 않거나 전혀 하지 않을 때나 말을 빙빙 돌려서 할 때, 또 말을 끊임없이 쏟아놓음으로써 의사가 말을 하지 못하게 막을 때가 그런 예이다.

개인 심리학자는 다른 심리치료사들과 달리 졸거나, 잠을 자거나, 하품을 하거나, 환자에게 관심을 보이지 않거나, 거친 단어를 사용하거나, 설익은 조언을 제시하거나, 환자가 상담사를 의지하도록 만들거나, 시간을 지키지 않거나, 언쟁을 벌이거나, 치료 가능성이 전혀 없다는 식으로 선언하는 일을 엄격히 피해야 한다. 치료 가능성이 보이지 않는 경우에 그 어려움이 지나치게 크다면, 개인 심리학자가 취할 수 있는 바람직한 조치는 자신은 치료하지 못한다는 사실을 밝히고 환자를 다른 유능한 전문가에게 소개하는 것이다.

권위적인 태도를 취하려는 시도는 어떤 것이든 실패의 길을 준비하게 되고, 모든 종류의 허풍은 치료에 장애가 된다. 치료를 시작하는 단계에서부터, 상담사는 환자에게 치료의 책임은 전적으로 환자 본인에게 달려 있다는 인상을 줘야 한다. 영국 속담이 아주 적절하게 표현하고 있듯이, '말을 물가로 데려갈 수는 있어도 물을 마시게 하지는 못한다.'

치료의 성공을 상담사의 공으로 보지 않고 환자의 노력 덕분으로 돌리는 것을 엄격한 원칙으로 받아들여야 한다. 상담사는 단지 실수들을 지적할 수 있을 뿐이며, 진리를 현실로 구현하는 주체는 당연히 환자이다.

앞에서 본 바와 같이, 모든 실패의 예가 협동의 부족으로 생기기 때문에, 처음부터 환자와 상담사의 협동을 증대시킬 방법을 두루 이용할 수 있어야 한다. 이것은 틀림없이 환자가 상담사를 신뢰할 수 있어야만 가능한 일이다. 따라서 이 공동 작업은 사회적 감정을 보다 높은 수준으로 끌어올리기 위해서 과학적인 정신에서 처음으로 진지하게 시도하는 노력으로서 아주 중요하다.

특히 상담사는 프로이트가 긍정 전이(positive transference)[16]라고 부른 그런 정신적 흐름이 생기지 않도록 각별히 신경을 써야 한다. 정신분석 치료에는 감정 전이가 노골적으로 요구되고 있으며, 환자가 열등감을 갖고 있거나 상담사를 거의 신뢰하지 않는 경우에는 다른 상담사들도 감정 전이를 이용하지만, 감정 전이는 치료에 어려움을 새롭게 더할 뿐이다.

인위적으로 창조된 이런 조건은 사라져야 한다. 만약 거의 언제나 응석받이 아이이거나 응석을 부리길 원하는 성인이기 마련인 환자가 자신의 행동에 대해 전적으로 책임을 지는 방법을 배웠다면, 상담사는 환자가 성취하지 못한 욕망을 즉시적으로 쉽게 충족시킬 것 같은 함정으로 이끄는 일을 쉽게 피할 것이다.

성취되지 않은 모든 소망은 응석받이로 자란 사람들에게 대체로 억압처럼 보이기 때문에, 나는 여기서 개인 심리학은 정당하거나 정당하지 않은 소망의 억압을 요구하지 않는다는 점을 한 번 더 강조하고 싶다. 그러나 개인 심리학은 정당하지 않은 소망을 사회적 감정에 반하는 것으로 인식해야 한다고 가르친다. 또 정당하지 않

---

16 환자가 과거에 중요한 인물에게 쏟았던 감정이나 욕구 등을 무의식 중에 다른 사람에게 쏟는 것을 전이라고 하는데, 신뢰나 애정 등 긍정적인 감정을 쏟는 것을 긍정 전이라고 부른다.

은 소망을 억압이 아니라 사회적 관심의 증대를 통해 사라지게 할 수 있다고 가르친다.

언젠가 나는 정신분열증을 앓던 허약한 남자로부터 실제로 협박을 받은 적이 있다. 그는 내가 치료를 시작하기 3년 전에 다른 상담사로부터 치료가 불가능하다는 진단을 받았으나, 나의 치료를 통해 완전히 나을 수 있었다. 이 사람을 치료하기 시작할 당시에 이미 나는 그가 나로부터도 포기한다는 소리를 들으며 거부당할 것이라고 예상하고 있다는 사실을 잘 알고 있었다. 그런 것이 어린 시절 이후로 그의 앞을 맴돌던 운명이었다.

치료를 시작하고 첫 3개월 동안에, 그는 침묵을 지켰다. 나는 그의 침묵을 그의 삶의 사실들에 대해 내가 아는 범위 안에서 조심스럽게 설명하는 기회로 삼았다. 나는 그의 침묵과 다양한 행동에서 나를 방해하려는 의도를 읽을 수 있었으며, 그가 나를 치려고 손을 들어 올렸을 때, 나는 나를 대하는 그의 태도가 정점에 이르고 있다는 것을 확인할 수 있었다. 그 순간에 나는 나 자신을 방어하지 않기로 결심했다. 이어 추가 공격이 일어났으며, 그 과정에 유리창이 깨어졌다. 그래도 나는 피가 약간 나고 있던 환자의 손을 다정하게 붕대로 감아주었다.

이 남자를 치료하는 데 성공했다는 확신이 섰을 때, 나는 그에게 이렇게 물었다. "당신이 치료에 성공할 수 있었던 비결은 무엇이라고 생각합니까? 우리 두 사람이 어떻게 했기에 성공할 수 있었을까요?" 그의 대답은 정신의 병을 치료하는 사람에게 매우 강렬한 인상을 남길 수 있어야 한다. 그의 대답은 나에게 심리치료사로서 준비가 덜 된 상태에서 지속적으로 나의 뒷다리를 잡으려 들던 많은 사람들에게 그냥 미소를 지어 보이라고 가르쳤다. 그의 대답은 이랬다. "아주 간단합니다. 나는 살아갈 용기를 완전히 잃은 상태였지요. 그런 상황에서 나는 우리의 상담을 통해 용기를 다시 발견할 수 있었습니다." 개인 심리학이 가르치는 간단한 진리를, 즉 용기는 사회적 감정의 한 측면이라는 진리를 제대로 인식하는 사람은 누구나 이 남자의 변화를 이해할 수 있다.

환자는 어떤 경우든 치료와 관련해서 전적으로 자유를 누린다는 확신을 가질 수 있어야 한다. 환자는 자신이 원하는 것이면 무엇이든 할 수도 있고 하지 않을 수도 있다. 환자에게 치료를 시작하는 단계에서 증상들이 사라지기 시작할 것이라는 인상을 주지 않도록 조심해야 한다.

어느 간질 환자의 친척들은 다른 상담사로부터 첫 번째 상담 시간에 환자를 혼자 두면 발작을 더 이상 일으키지 않을 것이라는 조언을 들었다. 그 결과는 간질 환자가 혼자 다니게 된 첫날 거리에서 발작을 일으켜 턱뼈가 부러지는 불행으로 나타났다. 또 다른 예는 이보다 덜 비극적이다. 어느 젊은이는 병적 도벽을 치료하기 위해 심리치료사를 찾았다가 첫 상담을 받은 뒤에 의사의 우산을 들고 가버렸다.

여기서 나는 권고사항을 하나 더 제시하고 싶다. 의사는 환자와 대화하는 동안에 환자 외에 다른 사람과는 절대로 말을 해서는 안 되며 약속은 반드시 지켜야 한다는 점이다. 한편, 환자에게는 환자 본인이 적절하다고 판단하는 것이면 무엇이든 말할 자유를 줘야 한다. 환자에게서 가족에 대한 불만이 나올 수 있다. 그런 불만도 당연히 예상해야 한다. 그러면 환자에게 가족들이 그를 나무라는 것은 환자가 행동을 통해 가족을 힘들게 만들기 때문이며, 환자의 상태가 나아지면 가족들도 나무랄 데 없는 사람으로 돌아갈 것이라는 점을 환자에게 미리 전할 수 있을 것이다. 더 나아가, 환자에게 가족들로부터는 환자가 알고 있는 지식 그 이상을 절대로 기대할 수 없다는 점을, 또 환자가 자신의 책임 하에 삶의 방식을 구축하는 재료로 환경의 영향들을 이용했다는 점을 강조해야 한다. 또 환자에게 그의 부모도 자신들이 잘못되는 경우에 그들의 부모의 실수들을 들먹일 수 있기 때문에, 환자가 말하는 그런 의미에서의 탓은 있을 수 없다는 사실을 상기시키는 것도 마찬가지로 유익하다.

환자가 개인 심리학자의 활동이 개인 심리학자 본인의 이익과 영광을 더한다는 인상을 받지 않도록 하는 것이 중요하다. 환자들을 확보하려는 노력은 피해만 부를 수 있다. 동료 상담사들을 경시하려 들거나 그들에 관한 악의적인 험담도 마찬가지이다.

이 같은 사실을 보여주는 예는 한 가지만으로도 충분할 것이다. 어떤 남자가 신경쇠약을 치료하기 위해 나를 찾았다. 그의 신경쇠약은 패배에 대한 두려움의 결과인 것으로 확인되었다. 그는 다른 정신과 의사의 상담을 받아보라는 권유를 받은 적이 있다면서 그 의사를 방문하길 원했다. 그래서 나는 그에게 주소를 주었다.

이튿날 그는 나를 찾아와 그 방문에 대한 이야기를 들려주었다. 그 정신과 의사는 그에게 냉수 치료법을 택하라고 조언했다. 그래서 환자는 이미 그 방법을 다섯 차례나 시도했지만 별다른 성공을 거두지 못했다고 대답했다. 그러자 의사는 자신이 특별히 추천하는 훌륭한 시설에서 여섯 번째 치료를 시도해 보라고 권했다. 이에 환자는 이미 그곳도 두 번이나 찾아가서 물로 하는 치료를 받았으나 효과가 없었다고 대답했다. 그러면서 환자는 치료를 위해 나를 찾고 싶다는 뜻을 밝혔다. 그러자 정신과 의사는 환자의 뜻에 반대하면서 아들러 박사는 단지 암시만 할 뿐이라고 말했다. 이에 환자는 "그렇다면 아들러 박사께서 나를 치료할 방법을 암시하겠군요."라고 대답하며 그곳을 떠났다.

만약 이 정신과 의사가 개인 심리학을 인정하지 않으려는 욕망에 그처럼 강하게 집착하지 않았다면, 그는 이 환자가 나를 찾지 않도록 막지 못할 것이라는 사실을 잘 알았을 것이고, 또 환자가 한 말의 적절성을 더 잘 이해할 수 있었을 것이다. 정신의 병을 치료하는 친구들에게 나는 환자 앞에서는 아무리 정당한 말일지라도 깎아내리는 발언을 삼가라고 권하고 싶다. 활짝 열려 있는 과학의 무대는 틀림없이 그릇된 의견들이 바로잡아지고 옳은 견해로 교체되는 곳이며, 이 수정과 교체 작업 또한 과학적인 방법으로 이뤄져야 한다.

만일 환자가 최초의 면담에서 치료를 받을 것인가 하는 문제를 놓고 망설인다면, 그 결정을 며칠 뒤로 미루도록 하라. 치료 기간에 대한 질문이 틀림없이 제기되지만, 대답은 쉽지 않다. 나는 환자가 이런 질문을 하는 것이 꽤 합당하다고 생각한다. 왜냐하면 나를 방문하는 사람들 중 많은 수가 8년이나 이어졌는데도 성공하지 못한 그런 치료에 관한 이야기를 들은 바가 있기 때문이다.

개인 심리학에 의한 치료는 제대로 실행되기만 하면 3개월 안에,

대부분의 경우에 그보다 더 짧은 시간 안에 적어도 부분적인 성공을 거둘 수 있어야 한다. 그러나 성공이 환자의 협동에 크게 좌우되기 때문에, 올바른 절차는 처음부터 협동의 지속이 순전히 환자에게 달렸다는 사실을 강조하는 것이다. 이때 의사가 개인 심리학을 잘 알고 있는 경우에 환자를 만나고 30분 정도 지나면 환자의 태도를 파악할 수 있지만, 환자가 자신의 삶의 방식과 거기에 따른 잘못들을 인식할 수 있을 때까지 인내심 있게 기다려야 한다. 그렇게 함으로써 의사는 환자의 사회적 감정이 커질 수 있는 문을 항상 열어놓게 된다. 그러면서 이런 식으로 덧붙일 수 있다. "1, 2주 지난 뒤에도 우리가 올바른 치료의 길로 들어섰다는 믿음이 들지 않으면, 나는 이 치료를 중단해야 합니다."

상담료에 관한 물음도 피할 수 없으며 문제를 야기할 수 있다. 나를 찾는 환자들을 보면 이미 치료에 상당한 돈을 쓴 사람들이 종종 있다. 상담사는 자신이 활동하는 지역에서 다른 상담사들이 받는 액수에서 벗어나지 않으려고 노력해야 한다. 환자마다 요구하는 시간과 추가적인 수고 같은 것을 감안해야 한다. 그러나 비정상적일 만큼 많은 상담료를 요구하지 않도록 조심해야 한다. 상담료가 환자에게 지나치게 부담이 되는 경우에 특히 더 조심해야 한다.

무상 치료인 경우에 상담사가 가난한 환자에게는 관심을 보이지 않는다는 인상을 주지 않도록 특별히 조심해야 한다. 환자들은 상담사의 그런 태도를 정확히 간파한다. 일시불이나 치료에 성공한 뒤에 지급하겠다는 약속은 거절해야 한다. 성공적인 치료가 불투명해서가 아니라, 그것이 의사와 환자의 관계에 인위적으로 새로운 요소를 끌어들임으로써 성공적인 치료를 더 어렵게 만들 수 있기 때문이다.

상담료 지급은 주 단위나 월 단위로 이뤄져야 하며, 지급일은 언제나 주나 달의 맨 마지막 날이 되어야 한다. 종류를 불문하고 요구나 기대는 늘 치료에 부정적으로 작용한다. 심지어 환자가 종종 제공하려 하는 사소한 서비스까지도 거부해야 한다. 선물도 부드럽게 거절해야 하며 혹시 받는다 하더라도 치료가 끝날 때까지 미뤄야 한다. 치료를 하는 동안에 서로를 초대하거나 함께 어디를 방문하는 일도 없어야 한다.

상담사가 아는 사람이나 친척들을 치료하는 일은 훨씬 더 복잡한 상황이다. 왜냐하면 열등감이란 것이 본래 아는 사람 앞에서 더 심해지기 때문이다. 그런 환자를 다뤄야 하는 사람은 또 환자의 열등감의 원인을 추적하기를 싫어하며, 그는 환자가 편안함을 느낄 수 있도록 최대한의 노력을 기울여야 한다. 개인 심리학에서처럼, 치료에서 언제나 실수들에만 관심을 기울이고 선천적 결함 따위에는 신경을 쓰지 않을 수 있을 때, 또 치료의 가능성이 있다는 점을 늘 보여주고 또 환자가 자신도 다른 사람들만큼 중요한 존재라는 것을 느끼게 하면서 사회적 감정이 전반적으로 낮다는 점을 지적할 수 있을 때, 환자의 긴장이 크게 누그러질 것이다.

이것은 개인 심리학이 다른 심리학 학파들이 발견하는 '저항'의 흔적을 전혀 보지 않는 이유에 대한 설명이 될 것이다. 개인 심리학의 치료는 절대로 위기를 맞지 않는다는 것이 쉽게 확인된다. 쿤켈(Fritz Künkel)처럼, 기본 바탕이 탄탄하지 않은 개인 심리학자가 위기, 다시 말해 환자 쪽의 충격이나 깊은 후회가 필요하다고 생각한다면, 그 이유는 단지 심리학자가 애초부터 인위적으로, 피상적으로 위기를 유발했기 때문이다.

나는 환자를 치료하는 동안에 긴장의 수준을 가능한 한 최저로 유지하는 것이 언제나 상당히 이롭다는 사실을 확인했다. 솔직히, 나는 거의 모든 환자에게 구조적인 면에서 그의 특별한 신경증과 아주 흡사한 재미있는 상황들이 있으며, 따라서 자신의 문제를 조금 더 가볍게 봐도 별 문제가 되지 않는다고 말하는 방법까지 개발했다. 다소 우둔한 비판자들에 대해 말하자면, 나는 장황하게 들어야 하는 위험을 무릅쓰며 그들이 하는 말을 다 들은 다음에 그 같은 익살스런 암시들은 절대로 열등감(현재 프로이트는 열등감이 특별히 많은 것을 밝혀준다는 사실을 깨닫고 있다)의 부활을 낳지 않는다는 점을 덧붙여야 한다. 동화나 역사적 인물에 대한 언급과 시인과 철학자가 남긴 말에서 끌어낸 인용은 개인 심리학과 개인 심리학의 개념들에 대한 신뢰를 더욱 강화한다.

면담할 때마다, 환자가 협동의 길을 계속 걷고 있는지 여부에 주목해야 한다. 환자의 모든 몸짓과 모든 표현, 환자가 제시하거나 제시하지 않는 자료가 그 증거가 되어줄 것이다. 꿈을 완벽하게 이해하는 것도 성공 또는 실패를 판단하고 협동의 크기를 판단할 기회를 준다.

그러나 환자를 부추겨서 구체적인 행동 노선을 취하도록 할 때에는 특별한 주의가 필요하다. 만일 이 문제에 대한 논의가 필요한 상황이라면, 의사는 행동 노선에 대해 찬성이나 반대의 뜻을 밝히지 않도록 조심해야 한다. 그러나 의사는 일반적으로 위험한 것으로 여겨지는 일들을 모두 배제하면서 환자가 치료에 성공할 것이라는 확신을 품고 있지만 환자 본인이 치료를 받을 준비가 진정으로 되어 있는지에 대해 자기로서는 정확히 판단하지 못하겠다는 점을 말해야 한다. 환자가 사회적 감정을 더욱 키우기 전에 하는 격려는 대체로 증상의 강화나 재발이라는 불행한 결과를 낳을 수 있다.

직업의 문제라면 보다 강력한 조치가 취해질 수 있다. 그렇다고 환자에게 어떤 직업을 가지라는 식으로 명령해야 한다는 뜻은 아니다. 상담사가 환자에게 가장 잘 어울리는 직업을 제시하고, 환자가 그 일을 추구할 경우에 성공 확률이 높아질 것이라는 점을 분명히 전달할 수 있어야 한다는 뜻이다. 치료의 각 단계에서 늘 그래야 하듯이, 여기서도 개인 심리학자들은 환자에게 용기를 불어넣는 방법을 엄격히 고수해야 한다. 상담사는 개인 심리학의 확신, 즉 '누구나 무엇이든 할 수 있다'는 믿음을 바탕으로 활동해야 한다.

상담사를 처음 찾은 아이를 조사할 때 이용하는 설문지에 대해 말하자면, 나는 나 자신과 나의 동료들이 만든 설문지를 지금까지 나온 것들 중에서 가장 우수하다고 생각하고 있다. 틀림없이, 경험을 적절히 쌓고 개인 심리학의 관점에 대한 지식을 정확히 갖추는 한편으로 추측 기술에서 경험을 충분히 쌓은 사람만이 그것을 제대로 활용할 수 있다.

이 설문지를 사용하면서, 상담사들은 어떤 사람의 특징을 이해하는 기술은 전적으로 그 사람의 어린 시절에 형성된 삶의 방식을 이해하는 것에, 또 그 사람이 삶의 방식을 형성할 때 그에게 작용했던 영향들을 파악하는 것에, 그리고 이 삶의 방식이 사회적인 문제들 앞에서 어떤 식으로 펼쳐지는지를 살피는 것에 달려 있다는 사실을 다시 확인하게 될 것이다.

몇 년 전에 만든 이 설문지를 참고하는 외에, 아이의 공격성이 어느 정도인지를 파악해야 한다는 점을 덧붙여야 한다. 또한 어린 시절의 실수들 중 절대다수가 응석받이 양육 때문이라는 점을 잊어서는 안 된다. 그런 양육이 아이의 감정적 분투를 지속적으로 강화하고, 따라서 아이를 끊임없이 유혹에 빠뜨리니 말이다. 아이는 이런 식으로 다양한 종류의 유혹에 아주 심하게 시달리기 때문에 유혹에 저항하는 것이 더욱 어렵다는 사실을 깨닫는다. 아이가 나쁜 아이들의 집단에 속해 있을 때, 유혹에 저항하기가 특히 더 어려워진다.

개인 심리학자들이 사용하는 설문지

이 설문지는 다루기 힘든 아이들을 이해하고 치료하는 것을 돕기 위해 '국제 개인 심리학회'가 만든 것이다.

1. 문제가 얼마나 오랫동안 지속되고 있는가? 아이의 실패가 눈에 두드러지게 나타났을 때, 아이는 정신적으로나 육체적으로 어떤 상태였는가?

(다음 사항들이 중요하다. 환경 변화, 학교 입학, 전학, 선생의 교체, 동생의 출생, 학교에서의 좌절, 새로운 우정, 아이 또는 부모의 질병 등)

2. 그 전에 아이에게 특이한 점이 있었는가? 육체적 혹은 정신적 허약 때문이었는가? 소심함? 부주의? 혼자이고 싶은 욕망? 서투름? 질투? 식사를 할 때나 옷을 입을 때, 몸을 씻거나 잠을 잘 때 다른 사

람에게 의존하는가? 혼자 있는 것을 두려워하는가? 어둠을 무서워하는가? 자신의 성별에 대해 분명히 알고 있는가? 일차, 이차, 삼차 성징(性徵)이 있는가? 이성을 어떤 식으로 보는가? 성적 문제에 관한 교육은 어느 선까지 이뤄졌는가? 의붓자식인가? 혼외 관계에서 태어난 아이인가? 남의 손에 자란 아이인가? 양부모는 어떤 사람이 었는가? 아이는 지금도 양부모와 연락하며 지내는가? 아이는 걷고 말하는 것을 정상적인 시기에 배웠는가? 걷고 말하는 것을 실수 없이 제대로 하고 있는가? 치아는 정상적인 시기에 났는가? 글을 쓰고, 계산하고, 그림을 그리고, 노래하고, 수영하는 것을 배우면서 특별히 어려워했는가? 어머니나 아버지, 할아버지, 할머니, 보모 중 어느 한 사람에게 특별히 집착했는가?

(삶에 적대적인 태도를 갖게 된 배경을 발견하는 것이 중요하다. 열등감을 불러일으켰을 만한 요소와 문제나 사람을 피하려는 경향, 이기적인 특성, 성마름, 조급증, 격한 감정이나 활동, 과도한 열망이나 경계심 등을 낳은 원인도 찾아야 한다.)

3. 아이가 많은 문제를 야기했는가? 가장 무서워하는 사물은 무엇이며 사람은 누구인가? 밤에 우는가? 자면서 오줌을 싸는가? 지배하려 드는가? 강한 사람을 지배하려 드는가, 아니면 약한 사람만 지배하려 드는가? 부모의 침대에서 자는 것을 특별히 좋아하는가? 소심한가? 영리한가? 놀림을 당하고 비웃음을 샀는가? 머리카락이나 옷, 신발에 과도하게 신경을 쓰는가? 코를 후비는가? 손톱을 물어 뜯는가? 식탁에서 탐욕스런 모습을 보이는가? 무엇이든 훔친 적이 있는가? 학교에서 어려움을 겪는가?

(이것은 아이가 우월을 위한 분투를 어느 정도 벌이는지를 분명하게 보여줄 것이다. 더 나아가, 고집 때문에 본능적인 활동이 제대로 배양되지 않았는지 여부도 확인될 것이다.)

4. 아이는 친구를 쉽게 사귀었는가? 아니면 비사교적이고, 사람과 동물을 괴롭혔는가? 자기보다 어린 아이들에게 집착하는가? 아니면 나이가 많은 아이에게 집착하는가? 소녀(소년)에게 집착하는가? 주도권을 잡으려 드는가? 아니면 멀찍이 옆으로 비켜서 있는가? 물건들을 수집하는가? 인색한가? 돈을 좋아하는가?

(이것은 아이가 다른 사람들과 접촉하는 능력을 보여줌과 동시에 아이가 어느 정도 낙담하고 있는지를 보여준다.)

5. 아이는 이 모든 관계에서 지금 어떤 식으로 처신하고 있는가? 학교에서는 어떤 식으로 행동하는가? 학교엔 기꺼운 마음으로 다니고 있는가? 학교에 지각하는가? 등교하기 전에 흥분하는 모습을 보이는가? 학교에 가려고 서두르는가? 책이나 손가방, 시험지를 분실하는가? 학교 과제와 시험에 열심히 임하는가? 숙제를 까먹거나 하길 거부하는가? 시간을 낭비하는가? 지저분한가? 집중하는 편인가 산만한 편인가? 수업을 방해하는가? 선생을 대하는 태도는 어떤가? 비판적인가? 거만한가? 무관심한가? 공부를 할 때 다른 사람에게 도움을 청하는가, 아니면 언제나 다른 사람이 도움을 제안할 때까지 기다리는가? 운동에 관심이 많은가? 자신의 재능이 어느 정도라고 생각하는가? 재능이 전혀 없다고 생각하는가? 책을 많이 읽는가? 어떤 종류의 글을 선호하는가? 모든 과목에서 뒤처지는가?

(이 질문들은 아이가 학교생활에 필요한 준비를 어느 정도 갖추

고 있는지를, 또 학교에서 테스트를 거친 결과가 아이에게 어떤 식으로 나타나는지를 보여줄 것이다. 또한 아이가 곤경을 대하는 태도도 보여줄 것이다.)

6. 아이의 가정의 조건과 가족의 질병, 알코올 중독, 범죄 성향, 신경증, 쇠약, 매독, 간질, 생활수준에 대한 정확한 정보는? 가족 중에 죽은 사람이 있는가? 그 죽음은 아이가 몇 살 때 있었는가? 고아인가? 가족을 지배하는 사람은 누구인가? 양육이 엄격했던 편인가 아니면 애지중지 버릇없이 길러졌는가? 아이와 그의 형제자매들은 삶에 두려움을 느끼는가? 아이들은 어떤 식으로 키워졌는가? 양아버지나 양어머니의 손에 키워졌는가?

(이것은 아이가 가족 안에서 차지하고 있는 위치를 보여준다. 아울러 아이의 형성에 영향을 미친 요소들이 무엇이었는지를 파악하게 한다.)

7. 가족 서열에서 아이는 어떤 위치인가? 맏이인가, 둘째인가, 막내인가, 아니면 외동인가? 아이들 중에 경쟁자가 있는가? 자주 우는가? 악의적인 웃음을 짓는가? 이유도 없이 다른 사람들을 얕보려 드는가?

(아이의 성격을 파악하는 데 중요한 정보들이다. 아이가 다른 사람들을 어떻게 대하는지도 확인될 것이다.)

8. 아이는 지금 자신의 미래 직업에 대해 어떤 생각을 품고 있는가? 결혼에 대해서는 어떻게 생각하는가? 가족 구성원들의 직업은 무엇인가? 부모의 결혼생활은 어떤가?

(이 질문에 대한 대답을 바탕으로 아이의 용기와 미래 희망에 대

한 결론을 끌어낼 수 있다.)

9. 아이가 좋아하는 놀이는 무엇인가? 좋아하는 이야기는? 역사와 시에 등장하는 인물들 중에서 좋아하는 인물은? 아이가 다른 아이들의 놀이를 방해하길 좋아하는가? 공상에 잘 빠지는가?

(이 정보들은 아이기 우월을 추구하며 떠올리는 원형(元型)을 암시한다.)

10. 최초의 기억은 무엇인가? 인상적이거나 자주 꾸는 꿈은 어떤 것인가? (하늘을 날거나, 추락하거나, 방해 받거나, 역에 늦게 도착하거나, 경주를 하거나 교도소에 갇히는 꿈이나 불안 꿈.)

(이런 꿈들에서 아이가 고립되려는 경향과 아이가 과도하게 경계하도록 만드는 경고의 목소리, 야심적인 욕망, 어떤 인물들에 대한 선호, 수동성 선호 등이 자주 발견된다.)

11. 아이가 어떤 면에서 낙담하고 있는가? 자신이 멸시당하고 있다고 느끼는가? 타인의 인정과 칭찬에 호의적으로 반응하는가? 미신적인 측면이 있는가? 어려운 일 앞에서 물러서는가? 다양한 일을 시작했다가 금방 포기해 버리는가? 자신의 미래에 불안해하는가? 유전의 해로운 영향을 믿는가? 주변 사람들에 의해 체계적으로 용기를 잃게 되지 않았는가? 삶에 대해 비관적으로 보고 있는가?

(이것은 아이가 자신에 대한 믿음을 잃고 엉뚱한 방향으로 길을 찾고 있지 않은지를 확인할 수 있는 중요한 기회를 제공한다.)

12. 추가적인 결점들은 없는가? 예를 들어, 아이의 얼굴이 우거지상인가? 어리석거나 유치하거나 웃기게 행동하는가?

(이런 행동은 주의를 끌려는 용기 없는 짓이다.)

13. 아이가 언어에 결함을 보이는가? 추하게 생겼는가? 볼품없는가? 발에 선천성 기형이 있는가? 구루병에 걸렸는가? 안짱다리인가? 발달 상태가 좋지 않은가? 비정상적으로 뚱뚱하거나, 키가 지나치게 크거나 작은가? 눈이나 귀에 결함이 있는가? 정신적으로 성장이 멈춘 상태인가? 왼손잡이인가? 밤에 코를 고는가? 눈에 띌 만큼 잘생겼는가?

(여기서 우리는 아이가 대체로 과장하기 마련인 삶의 어려움들을 다루고 있다. 이런 것들은 아이가 만성적으로 실망을 느끼도록 만든다. 매우 잘 생긴 아이들에게도 마찬가지로 잘못된 발달이 종종 일어난다. 그런 아이들은 무엇이든 노력하지 않고 손에 넣을 수 있어야 한다는 식으로 생각하며, 그러다 보면 삶의 준비를 제대로 하지 못하게 된다.)

14. 아이가 자신의 능력 부족에 대해, 학교나 일, 삶에 필요한 재능을 충분히 타고나지 못했다는 점에 대해 공개적으로 말하는가? 아이가 자살할 생각을 품고 있는가? 아이가 성공을 거두지 못하는 사실과 아이의 잘못(방치, 갱단 조직 등) 사이에 시간적 연결이 있는가? 아이가 물질적 성공에 지나치게 큰 가치를 부여하는가? 비굴하게 구는가? 위선적인가? 반항적인가?

(이것들은 마음 속 깊이 자리 잡고 있는 절망이 겉으로 표현된 것이다. 아이들이 스스로 두드러지려고 노력하다가 실패하는 경우에 종종 나타나는 현상들이다. 실패의 원인으로 아이 본인이 적절한 목적을 갖지 못한 점 외에 주변 사람들의 이해력 부족도 꼽힌다. 실패한 뒤에 아이들은 다른 영역에서 대체용의 만족을 찾아 나설 것

이다.)

15. 아이가 성취를 가장 많이 이루고 있는 분야는 어디인가? 아이는 어떤 유형인가? 시각적인 유형인가? 청각적인 유형인가? 운동 감각적인 유형인가?

(중요한 길잡이이다. 아이의 관심과 성향, 준비 등이 이전에 보였던 것과 다른 방향을 가리킬 수 있기 때문이다.)

이 질문들을 바탕으로, 아이의 개성을 그림처럼 상세하게 그릴 수 있다. 이 단계까지 거치면, 아이들의 잘못들이 정당화되지는 않아도 꽤 이해할 만한 것으로 다가올 것이다. 실수들이 발견되면, 그것들에 대해선 언제나 다정하게, 협박 같은 것을 동원하지 않는 가운데 인내심 있게 차근차근 설명해 줘야 한다.

성인들의 실수에 대해 말하자면, 나는 다음과 같은 조사 모델이 가치를 발휘한다는 사실을 확인할 수 있었다. 이 모델을 이용하면, 전문가는 30분 안에 그 사람의 삶의 방식을 깊이 이해할 수 있다.

분명히 말하지만, 나 자신의 조사는 다음에 제시하는 순서를 늘 고집하지는 않는다. 전문가는 이 설문이 의학계의 설문과 다르지 않다는 사실을 알아차릴 것이다. 이 설문을 따름으로써, 개인 심리학자는 작업을 진행하는 시스템 덕분에 환자의 대답에서 이 방법을 동원하지 않을 경우에 알기 힘든 정보를 많이 얻게 될 것이다. 설문은 대략 다음과 같은 순서로 이뤄진다.

1. 불만은 무엇인가?

2. 증상을 처음 알아차렸을 때 어떤 상황에 처해 있었는가?

3. 지금 상황은 어떤가?

4. 직업은 무엇인가?

5. 부모님의 성격과 건강에 대해, 돌아가셨다면 어떤 병을 앓으셨는지에 대해 설명해 줄 수 있는가? 부모님과의 관계는 어땠는가?

6. 형제자매는 몇 명인가? 그 중에서 당신은 몇 째였는가? 형제자매들이 당신을 대하는 태도는 어떠했는가? 다른 형제자매들은 어떤 삶을 살고 있는가? 그들에게도 병이 있는가?

7. 아버지나 어머니가 총애한 아이는 누구였는가?

8. 어릴 때 어리광 부리며 버릇없이 컸음을 말해주는 증거를 찾으라(소심함, 수줍음, 친구를 잘 사귀지 못하는 태도, 불결 등).

9. 어린 시절에 병을 앓은 적이 있는가? 그리고 병을 대하는 태도는 어땠는가?

10. 어린 시절의 기억 중에서 최초의 기억은 무엇인가?

11. 뭘 무서워하는가? 아니면 가장 무서워하는 것은 무엇인가?

12. 어린 시절이나 그 후에 이성에 대해 어떻게 생각했는가?

13. 관심이 가장 많이 가는 직업은 무엇인가? 결과적으로 그 직업을 갖지 못하게 되었다면, 이유는 무엇이었는가?

14. 야심적이거나, 예민하거나, 화를 터뜨리거나, 아는 체하거나, 지배하려 들거나, 수줍어하거나 초조해하는가?

15. 지금 주변 사람들은 어떤 부류의 사람들인가? 짜증을 잘 내는

사람들인가? 심술궂은 사람들인가? 집착하는 사람들인가?

16. 잠은 잘 자는가?

17. 어떤 꿈을 꾸는가? (추락하거나, 날아다니거나, 예언적이거나, 시험에 관한 것이거나, 기차를 놓치는 일에 관한 꿈.)

18. 가족에게 대대로 내려오는 병이 있는가?

이 시점에 나는 독자들에게 중요한 힌트를 하나 전하고 싶다. 여기까지 왔으면서도 이런 질문들의 의미를 완전히 파악하지 못한 사람은 책을 처음부터 다시 읽으면서 지금까지 건성으로 읽은 것은 아닌지 깊이 생각해 봐야 한다. 아니면 어떤 악의적인 편견을 갖고 책을 읽었을지도 모른다. 여기서 내가 삶의 방식이 형성되는 과정을 이해하는 데 이 질문들이 중요한 이유를 설명해야 한다면, 나는 이 책을 처음부터 끝까지 다시 반복해야 한다.

그래서 이 질문들과 어린이들을 위한 설문지는 하나의 테스트 역할을 할 수 있다. 왜냐하면 그 결과가 독자가 지금까지 저자인 나와 어떻게 지내왔는지, 다시 말해 독자가 적절한 정도의 사회적 감정을 습득했는지를 보여주기 때문이다. 정말로, 사회적 감정을 습득하도록 하는 것이 이 책의 가장 중요한 목표이다. 말하자면, 독자가 다른 사람들을 이해하도록 할 뿐만 아니라 사회적 감정의 중요성을 파악하고 그것을 실제 생활에서 발휘하도록 하는 것이 이 책의 깊은 뜻이었다는 말이다.